法学教育研究

Legal Education Research

2022　第三十七卷　范九利 主编

法律出版社
LAW PRESS·CHINA
——北京——

CSSCI来源集刊

本书各篇文章中的观点均属作者个人观点，不代表主办单位或其他机构、个人的观点。

Contents

· The 11th Summit Forum of Legal League ·

· Teaching Research ·

· Comparative Study ·

· Management Framing ·

· Notice to Contributors ·

第十一届“立格联盟”高峰论坛

加快涉外法治人才培养 服务国家涉外法治建设

马怀德*

摘　要：习近平总书记强调，统筹推进国内法治和涉外法治，需要坚持建设德才兼备的高素质法治工作队伍。近年来我国已培养了大批涉外法治人才，取得了一定成绩，但仍存在诸多短板。包括人才数量存在较大缺口，质量不能满足新时代对外开放和涉外法治建设的需要等。要加快涉外法治人才培养，服务国家涉外法治建设，就要强调德法兼修，以德为先；要加强横向合作，创新涉外法治人才培养模式；要优化课程体系，补齐涉外法治人才的知识短板；要整合实践实训资源，强化涉外法治人才的实战能力；要加强国际化训练，坚持引进外国专家和送出优秀学生并举。

关键词：涉外法治人才培养　涉外法治建设

习近平总书记在2020年的中央全面依法治国工作会议上强调，要坚持统筹推进国内法治和涉外

* 马怀德，中国政法大学校长，教授，博士生导师。研究方向：行政法、行政诉讼法。

法治,坚持建设德才兼备的高素质法治工作队伍。① 当前,国内外形势正在发生深刻而复杂的变化,世界多极化、经济全球化、社会信息化、文化多样化深入发展,全球治理体系和国际秩序变革加速推进。我国正处于向第二个百年奋斗目标进发的新发展阶段,正加快构建以国内大循环为主体、国内国际双循环相互促进的新发展格局。为了使我国在国际领域更好地发挥负责任大国的作用,积极参与全球治理体系的变革与完善,法学院校作为法治人才培养的第一阵地,需要培养一大批具有国际视野、通晓国际规则、善于处理国际事务的涉外法治人才。

近年来,我国在涉外法治人才培养方面取得了很大的成绩,为涉外法治领域输送了大批涉外法治人才。但是,我们也必须看到,我国涉外法治人才培养也存在一些明显的短板,特别是涉外法治人才在数量上存在较大的缺口,质量还远远不能满足新时代对外开放和涉外法治建设的实际需要。人才培养不连贯、知识结构和课程设置不合理、实践实训不充分、高校人才培养交流不深入等问题还较为突出。针对以上问题,结合中国政法大学多年的探索与实践,我国的涉外法治人才培养需要从以下几个方面展开。

一、强调德法兼修,涉外法治人才培养要以德为先

涉外法治人才的主要工作是在国际场合维护国家利益,要能够独立地接触各类人群,特殊的工作性质要求他们必须讲政治、有德行、懂法律。近年来,中国政法大学始终坚持问题导向,持续深化新时代课程思政改革,专门制定了推进课程思政建设的实施方案,目的就是要把思想政治教育贯穿到涉外法治人才培养的各个环节。

涉外法治人才培养要进一步增强“四个意识”,坚定“四个自信”,贯

① 参见习近平系列重要讲话数据库,载人民网2020年11月17日,http://jhsjk.people.cn/article/31934454。

彻习近平总书记在中国政法大学讲话中所提出的“德法兼修”要求，②创新培养模式和教学方式，培养出一大批具有家国情怀和高尚道德情操，政治和业务素质都过硬，法学专业知识和外语双精通的高素质涉外法治人才。

二、加强横向合作，不断创新涉外法治人才培养模式

涉外法治人才培养是系统性、长期性的工程，需要着眼全局、统筹规划。在涉外法治人才培养模式的改革上，中国政法大学一直在积极探索新规划、新路径。2020 年 9 月，中国政法大学与北京外国语大学启动涉外法治人才本硕贯通培养合作；2021 年 5 月，北京市批准了中国政法大学与北京外国语大学“法学 + 英语联合学士学位项目”。联合学士学位项目的学生分别在两校完成主要的法学和英语课程学习任务，经考核合格的，获得中国政法大学国际法学硕士研究生的推荐免试资格。这是中国政法大学培养“外语法律双精通”的高端涉外法治人才，创新本科生和研究生跨校贯通培养模式的探索。

我们建议教育部联合相关部门制定高素质涉外法治人才培养的长远规划，采取精英化的培养模式和培养体系。鼓励更多外语类高校和政法类高校的横向合作，加强高校专业复合建设的力度。针对涉外法治人才，建议专门增加研究生推免指标和硕士、博士的招生指标。

此外，也要重视涉外法治人才走上工作岗位后的继续教育，加强学校教育与继续教育的衔接，根据实际需要，对涉外法治人才进行有针对性的培训。依托留学基金委为涉外法治人才的境外培养提供资助，对今后到国际组织任职的后备人才等，制定具体的人才建设计划和支持方案。

---

② 参见习近平系列重要讲话数据库，载人民网 2020 年 11 月 17 日，http://jhsjk.people.cn/article/29252264。

三、优化课程体系,补齐涉外法治人才的知识短板

在夯实法科学生法学基本理论的基础上,建立跨学科人才培养模式,培养复合型、应用型、创新型、国际型法治人才。课程是人才培养的基础环节,不仅要增设国际法相关课程,而且要加强外国语言、国际政治、国际关系、国际经贸、世界历史、跨文化交流等课程教学。中国政法大学于2012年入选首批“涉外法律人才教育培养基地”,随后设立涉外法律人才培养模式实验班、法学西班牙语特色人才培养实验班,这些举措就是要力求培养出厚基础、宽口径、高素质、强能力、国际化的全球治理法律人才和能够参与国别化和区域化法律事务的高级法律人才。同时中国政法大学一直在推进公共外语教学改革,法学专业增开法语、意大利语、日语、俄语、德语5个语种作为通识必修课,培养学生“一精多会,一专多能”的外语能力。

四、整合实践实训资源,强化涉外法治人才的实战能力

人才培养过程要注重理论与实践的紧密结合,培养出的人要能够学以致用。政法院校要与国际组织、涉外政府部门、涉外审判机构、涉外仲裁机构、国外大学、国内外著名法律事务所、涉外企业等单位开展合作,巧用“外脑外力”,将他们优质的实践教学资源引入校园,让学生更多地参与涉外法律事务的实践。2021年4月,中国政法大学和多家大型企业、律所发起成立了“涉外法治高端人才培养联盟”,旨在全面加强学界和实务界的涉外法治人才教育合作。这是新时代加强法治教育的创新之举,我们的目的就是充分调动整合各方优势资源,培养真正符合实际需求、具备解决实际问题能力的法治人才。在涉外法治人才培养过程中,学生至少要有1/4的时间去实习和实践,国内涉外部门和驻外机构

要为我们的学生提供历练的机会。

五、加强国际化训练，坚持引进外国专家和送出优秀学生并举

涉外法治人才应当熟悉外国文化和外国人的思维，所以在学生的培养过程中，既要"引进来"，又要"送出去"。除了邀请国内外研究外国法或者国际法的专家、从事涉外法律实务的专家提供指导外，还要让学生具有沉浸在外国文化环境的经历，熟悉外国人的思维。在学生攻读硕博期间，学校要聘请外国教授授课，外国教授课程数应达专业课程总数的1/3以上。保证至少一半的课程用外语授课。还要让学生有出国学习1～2年的机会，全面参加国外法律硕士课程的学习。高校要划拨专项经费，有计划、有组织地持续支持高校学生到国际组织实习实践。2008年中国政法大学与德国汉堡大学等16所欧洲院校共建中欧法学院，就是一次中外合作办学的有益尝试。十几年里，中欧法学院学生赴欧访学共计800余人，占学生人数的80%以上。2019年中国政法大学又新增了与美国圣路易斯华盛顿大学国际法双硕士项目，在培养学贯中西的法律人才上又多了一个重要支撑。中国政法大学还积极与国际组织和境外机构合作，设立实习实践基地。2017年至今共派出473人到联合国教科文组织、世界银行国际金融公司等国际组织学习交流。未来中国政法大学将进一步探索更多的合作机会，为学生提供全方位的国际化训练。

全面依法治国是一个系统工程，涉外法治人才培养是其重要组成部分。立格联盟高校要携起手来，统筹谋划、整体布局，共同努力让我国的涉外法治人才培养再上一个新的台阶，为维护国家主权、安全、发展利益，做出我们新的、更大贡献！

On Accelerating the Cultivation of the Rule-of-Law Talent Handling Foreign Related Matters and Serving the Construction of the National Policy of the Rule of Law for Foreign-related Matters

Ma Huaide

Abstract: General Secretary Xi Jinping emphasizes that the significance of coordinating the promotion of the rule of law for domestic matters and the rule of law for foreign-related matters, which is necessary to persist the policy of building a high-quality legal work team with both integrity and ability. In recent years, China has cultivated a large number of rule-of-law talent who can handle foreign-related matters and achieved certain results, but there are still many shortcomings. It includes the large gap in quantity, and the quality still waiting to meet the needs of the opening-up in the New Era and the construction of the rule of law for foreign-related matters. To speed up the cultivation of rule-of-law talent who can handle foreign-related matters, and to serve the country's construction of the rule of law for foreign-related matters, it is necessary to emphasize both virtue and law specialties and let virtue to be emphasized first, to strengthen horizontal cooperation, to innovate the model of cultivating rule-of-law talent who can handle foreign-related matters, to optimize the curriculum system and complement the knowledge shortcomings of rule-of-law talent who can handle foreign-related matters, to integrate practical cultivation resources, to strengthen the practical capabilities of rule-of-law talent who can handle foreign-related matters, to strengthen international cultivation, insist on introducing international experts to domestic universities and sending out outstanding students simultaneously.

Key Words: cultivation of the rule-of-law talent who can handle foreign-related matters, construction of the rule of law for foreign-related matters

用习近平法治思想引领政法院校新发展

樊　伟*

摘　要：习近平法治思想内涵深刻、论述精辟、逻辑严密、系统完备，是政法院校办学治校的重要遵循和行动指南。政法院校要坚持以习近平新时代中国特色社会主义思想为指引，认真贯彻落实习近平法治思想，坚持走正道、加长板、创一流，落实立德树人根本任务，在新的征程上奋力有为、敢于担当、不辱使命，培养更多德法兼修的高素质法治人才，更好服务党和国家工作大局。

关键词：习近平法治思想　人才培养　立德树人　德法兼修

习近平总书记在庆祝中国共产党成立100周年大会上发表重要讲话，为奋进新时代、走好新征程进一步指明了前进方向，提供了根本遵循。在新的征程上，政法院校必须坚持深学笃用习近平新时代中国特色社会主义思想，抓好习近平法治思想学习贯彻落实工作，提高法治人才培养质量，造就一大批德

* 樊伟，西南政法大学党委书记，教授，博士生导师。研究方向：马克思主义理论、思想政治教育、党内法规。

才兼备的高素质法治人才，不断推动法学教育与法治中国建设同频共振，在法治轨道上推进国家治理体系和治理能力现代化，切实扛起新时代政法院校的神圣使命与责任担当。

一、新时代政法院校要坚持以习近平法治思想为重要遵循

习近平法治思想是马克思主义法治理论中国化的最新成果，是习近平新时代中国特色社会主义思想的重要组成部分，是全面依法治国的重要遵循和行动指南。政法院校必须坚持以习近平新时代中国特色社会主义思想为指导，以习近平法治思想武装头脑、指导实践、推动工作，将习近平法治思想融入办学治校各个方面，坚持理论与实践相结合，不断完善法治人才培养机制，为推进全面依法治国、建设社会主义法治国家培养更多高素质法治人才。

（一）紧紧围绕习近平总书记关于高等教育的重要论述来定向导航

党的十八大以来，习近平总书记高度重视和关心高等教育事业，亲自主持研究高等教育问题，审议通过相关改革方案和政策文件，多次深入高校视察指导并发表重要讲话，作出重要指示批示，形成了办好中国特色社会主义大学的新思想、新论断、新要求。习近平总书记在全国高校思想政治工作会议上强调，要坚持把立德树人作为中心环节，把思想政治工作贯穿教育教学全过程，实现全程育人、全方位育人。[①] 习近平总书记在中国政法大学考察时指出，全面推进依法治国是一项长期而重大的历史任务，要坚持中国特色社会主义法治道路，坚持以马克思主义法学思想和中国特色社会主义法治理论为指导，立德树人，德法兼修，培养大批高素质法治人才。[②] 习近平总书记在清华大学考察时再次强调，

---

① 参见习近平系列重要讲话数据库，载人民网 2020 年 11 月 17 日，http://jhsjk.people.cn/article/28935836。

② 参见习近平系列重要讲话数据库，载人民网 2017 年 5 月 3 日，http://jhsjk.people.cn/article/29252264。

我国高等教育要立足中华民族伟大复兴战略全局和世界百年未有之大变局,心怀“国之大者”,把握大势,敢于担当,善于作为,为服务国家富强、民族复兴、人民幸福贡献力量。③ 习近平总书记关于高等教育的重要论述科学回答了“培养什么人、怎样培养人、为谁培养人”等一系列根本性问题,这是新时代政法院校办学治校的重要遵循。④ 新时代政法院校要坚持用习近平新时代中国特色社会主义思想统领学校办学治校全过程,全面贯彻党的教育方针,加快推进教育现代化、建设教育强国、办好人民满意的法学教育。

(二)紧紧围绕全面依法治国战略来谋篇布局

习近平总书记强调,法律是治国之重器,法治是国家治理体系和治理能力的重要依托。全面推进依法治国,是解决党和国家事业发展面临的一系列重大问题,解放和增强社会活力、促进社会公平正义、维护社会和谐稳定、确保党和国家长治久安的根本要求。⑤ 党的十八大以来,习近平总书记从坚持和发展中国特色社会主义全局和战略高度,定位法治、布局法治、厉行法治,创造性提出全面依法治国的一系列新理念新思想新战略,开创了全面依法治国的新局面,法治建设成就为世人瞩目,国家治理体系和治理能力的现代化、法治化进入新阶段。随着中国特色社会主义事业不断发展,法治建设将承载更多使命、发挥更为重要的作用。全面依法治国是一个系统工程,必须统筹兼顾、把握重点、整体谋划,从党的十八届四中全会通过中共中央《关于全面推进依法治国若干重大问题的决定》到提出习近平法治思想,再到印发《法治中国建设规划(2020—2025年)》,全面依法治国战略经历了从理念到实践、从实践到思想、从思想到新规划的波澜壮阔的历程。政法院校要坚持依法治国、依法执政、依法行政共同推进,法治国家、法治政府、法治社会一体建设,

③ 参见习近平系列重要讲话数据库,载人民网2018年9月10日,http://jhsjk.people.cn/article/32082039。

④ 参见习近平系列重要讲话数据库,载人民网2018年9月10日,http://jhsjk.people.cn/article/30284598。

⑤ 参见习近平系列重要讲话数据库,载人民网2016年8月17日,http://jhsjk.people.cn/article/28641570。

这个全面依法治国的工作布局,培养造就高素质的法治工作队伍,让法治领域人才辈出,有力推进中国特色社会主义法治体系建设。

(三)紧紧围绕全面建设社会主义现代化国家来聚智赋能

服务社会是高校的责任,也是社会对高校提出的要求。当前中国共产党正团结带领中国人民踏上了实现第二个百年奋斗目标新的赶考之路,这迫切需要法学教育推动解决在全面建设社会主义现代化进程中所产生的各类问题,直面国家战略需求,不断开创法学教育的新局面。政法院校要立足新发展阶段、贯彻新发展理念、构建新发展格局,围绕党和国家中心工作,服务经济社会发展,加快培养国家紧缺的大量高层次法治人才。要以新文科建设为契机,以创新为驱动,瞄准新征程上的增长点,大力推进"法学+"学科建设,强化大数据、人工智能等新技术在法学教育中的应用,促进复合型法治人才的培养,激发新业态法学教育的支撑。要紧紧围绕"一带一路"、长江经济带、成渝地区双城经济圈等国家重大发展战略,强化政法院校在为人民服务、为中国共产党治国理政服务、为巩固和发展中国特色社会主义制度服务、为改革开放和社会主义现代化建设服务方面的担当作为。

二、新时代政法院校要以内涵发展服务法治中国建设

政法院校要充分利用法学学科和人才密集的优势,不断提升办学实力,探索构建具有中国特色、中国风格和中国气派的一流法学学科体系、学术体系和话语体系,在培养更多优秀法治人才、提高社会服务水平、推动法治文化传承创新、提升国际合作交流水平等方面下功夫,切实为法治中国建设贡献力量。

(一)在培养更多优秀法治人才上下功夫

习近平总书记指出,建设法治国家、法治政府、法治社会,实现科学立法、严格执法、公正司法、全民守法,都离不开一支高素质的法治工作队伍。法治人才培养上不去,法治领域不能人才辈出,全面依法治国就

不可能做好。[⑥] 政法院校要做法治人才培养、法学理论创新的第一阵地,成为以我为主、兼收并蓄、突出特色的法学学科体系的前沿阵地,成为知识教学和实践教学结合并进的时代阵地,成为法治和德治互相促进的模范阵地;既要培养法治人才的法治素养,也要培养法治人才的全局眼光,既要培养能够从事法律职业的“法律工匠”,也要培养能够服务国家改革发展战略顶层设计的高端人才。近年来,西南政法大学对标国家和地方法治建设及其相关领域基础性问题,完善协同育人机制,着力实现高端法治人才培养。我们以法科学生的“实践技能—职业素养—创业素质”培养为中心,与实务部门联合制定培养方案,开设覆盖第一课堂、第二课堂的实务类课程,联合最高人民法院第五巡回法庭启动“高端法治人才联合培养试点班”,开设长江经济带高端法治人才试点班、“一带一路”高端法治人才试点班、西部地区高端法治人才试点班三个高端应用型法治人才试点班。整合校内法学优势资源,培养金融法学、破产法学、知识产权法学、生态环境法学等领域专门人才,为国家和地方创新驱动发展战略输送人才。

(二)在提高社会服务水平上下功夫

政法院校必须主动加强对外联络,与地方政府、政法部门、行业企业、科研机构等实体力量进行多形式、多层面、多维度合作,构建资政服务的新模式、新机制、新平台。把研究回答解决重大现实问题和理论问题作为主攻方向,打造高层次智库团队,为应用对策研究提供源头活水,发挥专业人才优势,充分发挥智囊团、思想库作用。通过立法调研、法规草案起草、法规草案论证等方式,在推进基层社会治理、生态共建共保、区域司法协作等方面开展建言献策。近年来,西南政法大学人权研究院作为国家高端智库培育单位,积极服务国家人权战略,深度参与国家人权事务,主动发挥资政建言功能,承担了国家有关人权文件起草及修订的相关工作,积极开展人权理论研究、人权实践调研、人权教育培训、人权对外宣传等工作,为国家有关部委决策提供人权事务方面的咨询建

---

⑥ 参见习近平系列重要讲话数据库,载人民网2017年5月3日,http://jhsjk.people.cn/article/29252264。

议,取得了良好的社会效果。此外,实施服务成渝地区双城经济圈建设“西政五大行动”,积极推进西部(重庆)科学城法治科技园建设。围绕营商环境、长江流域生态保护、城际交通、公共服务等,对成渝地区双城经济圈建设相关立法项目提出增补建议,多项建议列入相关立法计划。

(三)在推进法治文化传承创新上下功夫

法治文化是法治实践的观念形态的反映与表达,根植于法治实践又反作用于法治实践,对实现国家和社会治理产生了深远的影响。传承创新法治文化是高校法学教育必须肩负的历史和时代使命,对人才培养、科学研究和社会服务职能的精神总结有着重要意义。政法院校要始终坚持弘扬社会主义核心价值观,建设社会主义法治文化,坚持从实际出发,深入寻常百姓家,发展符合中国实际、具有中国特色、体现社会发展规律的社会主义法治理论,阐发中华优秀传统法律文化精华,提升全体公民法治意识和法治素养,推动全社会尊法学法守法用法。近年来,西南政法大学创新法治宣传,深入开展习近平法治思想阐释研究,加强中国法文化研究传播中心建设,成立大学生讲习所,组织成立“民法典宣讲团”,组建100支宣讲服务队进中心组、进机关、进企业、进乡村,线上线下宣传教育覆盖群众超过1300万人次,还创作了一系列法文化产品,宣讲服务队在全国范围进行巡回宣讲,打造全国知名的特色普法品牌,真正发挥法文化滋养人心的作用。

(四)在加强涉外法治合作交流上下功夫

习近平总书记强调,要坚持统筹推进国内法治和涉外法治。⑦ 当前,国际局势正在发生深刻的变化,法治在稳定国际秩序、规范国际关系、塑造国际规则、协调国际治理方面的作用越发凸显。政法院校必须加快涉外法治工作战略布局,更好地维护国家主权、安全、发展利益,不断满足我国和平发展、推进“一带一路”倡议、构建人类命运共同体的需要。要秉持“走出去、引进来”的办学理念,加强卓越涉外法治人才培养,在学科建设、培养模式、国际合作、学习实践等方面积极探索,为提升我国

---

⑦ 参见习近平系列重要讲话数据库,载人民网2022年2月16日,http://jhsjk.people.cn/article/32352872。

在国际法律事务和全球治理方面的话语权和影响力作出积极贡献。近年来,西南政法大学深入贯彻落实加快和扩大新时代教育对外开放的要求,全力开展国际合作项目、国际化师资队伍建设和学生境外交流项目,依托中国—东盟法律研究中心,与印尼、越南、泰国等国家的高校和司法部门合作,与新加坡管理大学等共建重庆市陆海新通道经济与法律政策研究院,积极围绕"一带一路"相关法律问题开展研究,助力中国公民海外利益保护,助力陆海新通道及中西部国际交流,促进学校教育对外开放提质增效。

三、新时代政法院校要以守正创新推动治理效能提升

制度建设管长远,治理成效立根基。党的十九届四中全会对坚持和完善中国特色社会主义制度,推进国家治理体系和治理能力现代化作出了重大部署,中共中央、国务院也印发了《关于加强基层治理体系和治理能力现代化建设的意见》,对构建国家治理体系和治理能力现代化的基础工程提出具体要求。政法院校必须始终坚持社会主义办学方向,遵循高等教育和人才成长规律,深化教育改革创新,积极打造更具活力、更富效率的管理体制和运行机制,让师生有更多获得感、幸福感、安全感。

(一)抓牢党的领导这个核心,把党的建设作为办学治校的基本功

习近平总书记强调,中国特色社会主义最本质的特征是中国共产党领导,中国特色社会主义制度的最大优势是中国共产党领导,党是最高政治领导力量,党政军民学,东西南北中,党是领导一切的。⑧ 政法院校要以习近平新时代中国特色社会主义思想为指导,深入贯彻习近平法治思想,把学习习近平总书记在庆祝中国共产党成立100周年大会上的重要讲话作为当前和今后的重要政治任务,全面落实新时代党的建设总要求,认真贯彻落实党委领导下的校长负责制,充分发挥党委把方向、管大局、作决策、抓班子、带队伍、保落实的职责,引导全校师生切实增强"四

⑧ 参见习近平系列重要讲话数据库,载人民网2021年9月15日,http://jhsjk.people.cn/article/32228168。

个意识”、坚定“四个自信”、做到“两个维护”。要深刻认识新形势新变化提出的新任务新要求，切实把依法治理作为学校治理的基本理念和基本方式，完善学校法人治理结构，带头落实教育部《关于进一步加强高等学校法治工作的意见》，加强学校各项规章制度合规性审查，以法治思维和法治方式引领、推动、保障学校改革与发展，切实把法治理念融入、贯穿学校工作全过程和各方面，努力成为高校法治建设的模范。

（二）抓细立德树人这个根本，把思想政治工作作为办好政法院校的生命线

立德树人是我们党对教育根本问题的时代性回答。高校要把加强和改进大学生思想政治教育作为人才培养的重要任务，着力培养担当民族复兴大任的时代新人，培养德智体美劳全面发展的社会主义建设者和接班人。法学是以法律和法律现象为主要研究对象的科学，法学教育则是以法学为主要教育内容的教育形态。全面发展的法治人才不仅应该具有法律从业者的综合素质，还应该具有从事法律职业所必备的知识能力，更为重要的是应该具有社会主义法治信念和社会责任感。政法院校要全面推进习近平新时代中国特色社会主义思想“三进”工作，发挥习近平法治思想在法学教育中的引领作用，加强思想政治理论课程建设，把社会主义核心价值观和社会主义法治理念融入教育教学全过程，加强大学生社会主义法治理念教育和法治精神培养，切实解决好培养什么人、怎样培养人、为谁培养人的重大问题，确保培养的法治人才能够做到忠于党、忠于国家、忠于人民、忠于法律。

（三）抓好学科建设这个支撑，把“双一流”建设作为办好政法院校的着力点

习近平总书记指出，法学学科体系建设对于法治人才培养至关重要。在法学学科体系建设上要有底气、有自信。要以我为主、兼收并蓄、突出特色，深入研究和解决好为谁教、教什么、教给谁、怎样教的问题，努力以中国智慧、中国实践为世界法治文明作出贡献。[⑨] 学科建设在高校

⑨ 参见习近平系列重要讲话数据库，载人民网2017年5月3日，http://jhsjk.people.cn/article/29252264。

处于重要地位,学科水平是高校竞争力的集中体现。政法院校要建设好与学校办学定位和办学特色相匹配的学科群,需要加强法学基础理论研究,围绕社会主义法治建设重大理论和实践问题,探索推进理论创新和实践创新,用马克思主义法学思想和中国特色社会主义法治理论全方位占领阵地,形成完善的中国特色社会主义法学理论体系、学科体系、课程体系、话语体系。要对标国家"双一流"建设,力争建成有特色、高水平的一流大学,切实把法学学科做精,把新兴交叉融合学科做实。

(四)抓实教师队伍这个基础,把高素质人才队伍作为办好政法院校的动力源

教师承担着传播知识、传播思想、传播真理的历史使命,肩负着塑造灵魂、塑造生命、塑造人的时代重任,是教育发展的第一资源,是国家富强、民族振兴、人民幸福的重要基石。政法院校要认真贯彻实施中共中央、国务院《关于全面深化新时代教师队伍建设改革的意见》,坚持把立德树人作为师资遴选和培养的基本标准,贯彻"四有好老师""四个引路人""四个相统一"的要求,让更多教师成为塑造学生品格、品行、品味的"大先生"。要坚持引育并举、以育为主,合理考虑学缘结构、职称结构,针对不同年龄阶段、不同学科背景的师资,分类开展领军人才、骨干人才、后备人才梯队建设,重点培养一批、大胆使用一批、及早储备一批,锻造一支高素质专业化创新型教师队伍,让教师队伍成为新时代政法院校发展的重要支撑力量。

(五)抓住改革创新这个关键,把教育评价改革作为办好政法院校的"牛鼻子"

教育评价事关教育发展方向,有什么样的评价指挥棒,就有什么样的办学导向。政法院校要深入贯彻落实习近平总书记关于教育的重要论述和全国教育大会精神,认真落实党中央、国务院《深化新时代教育评价改革总体方案》,全面贯彻党的教育方针,完善立德树人体制机制,扭转不科学的教育评价导向,坚决克服唯分数、唯升学、唯文凭、唯论文、唯"帽子"的顽瘴痼疾。政法院校必须以立德树人为主线,明确"为何破、为何立",准确把握教育评价改革方向;必须以教育问题为导向,明确

“破什么、立什么”，准确把握教育评价改革重点；必须以体制机制为路径，明确“怎样破、怎样立”，准确把握教育评价改革方法；必须以多元主体为抓手，明确“谁来破、谁来立”，准确把握教育评价改革责任。通过狠抓教育评价改革工作落实，确保政法院校沿着正确发展方向，坚定不移地走中国特色社会主义教育发展道路。

On the New Development of the Colleges and Universities of Political Science and Law under the Guidance of Xi Jinping Thought on the Rule of Law

Fan Wei

Abstract: Xi Jinping Thought on the Rule of Law has such characteristics as profound connotation, incisive exposition, rigorous logic, and complete system. It is an important follow-up and action guide for colleges and universities of political science and law to run and manage schools. The colleges and universities must adhere to the guidance of Xi Jinping Thought on Socialism with Chinese Characteristics in the New Era, which means to earnestly implement Xi Jinping Thought on the Rule of Law, to adhere to the right path, to expand the horizon, to create first-class universities. The colleges and universities should also carry out the fundamental task of virtue education in order to shoulder the responsibility, work hard for achievements, accomplish the mission in the new journey for the purpose of cultivating the high-quality rule-of-law talent with both virtue and law specialties and eventually serve the overall situation of the Party and the country.

Key Words: Xi Jinping Thought on the Rule of Law, talent cultivation, virtue education, promotion both virtue and law

以习近平法治思想为指引 推进高素质法治人才培养

郭为禄*

摘　要：习近平法治思想逻辑严密、科学完备、内涵丰富、博大精深，蕴含丰富的法学教育和法治人才培养观点，为新时代法学教育和高素质法治人才培养发展指明了方向。华东政法大学以习近平法治思想为指引，在办学过程中始终以理想信念教育和价值引领为重点，以立德树人为根本任务，着力构建德法兼修的育人新机制，以“多科融合、法科一流”为建设目标，调整优化学科专业布局，服务国家战略，为国家和地方法治建设提供法治保障。学校坚持开门办学、开放办学、创新办学，加强与法治实务部门的合作交流，着力构建高素质法治人才培养共同体；积极引入国外优质教育资源，着力培养高素质涉外法治人才。

关键词：习近平法治思想　高素质法治人才　德法兼修

2020 年 11 月召开的中央全面依法治国工作会

---

* 郭为禄，华东政法大学党委书记，教授，博士生导师。研究方向：法学教学和研究、高等教育法制。

议首次提出习近平法治思想。习近平法治思想蕴含丰富的法学教育和法治人才培养观点,清晰表达了中国特色法学教育的本质属性,系统描绘了高素质法治人才培养的基本路径,为新时代法学教育和高素质法治人才培养发展指明了方向,提供了根本遵循。华东政法大学(以下简称华政)把学习贯彻习近平法治思想作为当前和今后一个时期最重要的任务,多措并举,将习近平法治思想融入法学教育全过程,使之成为法学专业学生观察、思考、处理法治问题的世界观和方法论,着力培养造就符合法治中国、法治政府和法治社会建设需要的高素质法治人才。

一、突出价值引领,构建新时代德法兼修育人新机制

习近平总书记指出,法学教育要坚持立德树人,不仅要提高学生的法学知识水平,而且要培养学生的思想道德素养。[①] 在新形势下,培养德法兼修的高素质法治人才已成为各大法学院校共同的目标。以往我们多是用“法律人才”来表述法学教育的培养目标,如1998年全国法律硕士专业学位教育指导委员会成立时,对北京大学等八家法律硕士试点院校提出的要求就是“为政法部门和社会培养、输送高层次法律人才”。[②] 2011年12月,教育部、中央政法委联合下发的《关于实施卓越法律人才教育培养计划的若干意见》则把“卓越法律人才”作为人才培养目标。党的十八届四中全会首次提出“法治人才”的概念,从“法律人才”到“法治人才”,虽然只有一字之差,但其蕴含的人才培养导向、规格和要求则有很大差异。法治人才不仅强调人才的法律专业素养、专业技能,更强调人才的政治素养和道德情操。高标准的政治素质和高觉悟的道德修养是新时代高素质法治人才最鲜明的特征,法科学生不仅要具备

① 参见习近平系列重要讲话数据库,载人民网2017年5月3日,http://jhsjk.people.cn/article/29252264。

② 参见全国法律专业学位研究生教育指导委员会编:《全国法律专业学位研究生教育文献汇编(1995—2017)》,法律出版社2017年版,第6页。

扎实的法学理论功底和系统的法治思维能力,还要具有高尚的道德情操和奉献人民的家国情怀。

新时期的法学教育要以“立德树人”为根本目标,处理好“价值性”与“学术性”之间的关系,将“品质德行养成与法律知识能力教育相互衔接、相互协调、相互促进”。③ 华政在办学过程中始终以理想信念教育和价值引领为重点,以立德树人为根本任务,着力构建德法兼修的育人新机制。一是着力打造以德法并行、铸魂育人为目标的课程思政工作体系。学校推出一批价值引领和知识传授相结合的示范课程,积极推进“思政课程”向“课程思政”的创造性转化。推动将专业课堂讲授与社会主义核心价值观紧密联系,让学生在法学知识学习中领悟社会公平正义这一法治价值的深刻内涵,实现知识传授与价值引领同频共振,实现思政课显性教育功能与专业课程的隐性教育功能的协同效应。二是着力打造以价值引领,品德养成为目标的“三圈三全十育人”工作体系。建设“法治中国”精品思政课程,实现“思政课程”和“课程思政”有机统一;把“扶困”与“扶智”、“扶困”与“扶志”结合起来,构建物质帮助、道德浸润、能力拓展、精神激励有效融合的资助育人长效机制;通过开展“红五月”、诚信教育、模拟法庭和辩论赛等活动,实现文化育人、实践育人。以学校官微、“华政青年”等新媒体为依托,打造“互联网 + ”思政品牌项目实现网络育人;优化学校管理服务流程,调整校园功能布局,探索建立“八位一体”维权体系,实现管理育人、服务育人。④ 学校以“四史”学习教育和党史学习教育为契机,努力讲好校史中的党史故事,讲好党史中的法治故事,组织师生创作了原创话剧《雷经天》,开展了沉浸式的课程,取得了很好的教育效果和社会效果。

---

③ 参见杨雅妮:《新文科建设背景下法学教育的变革》,载《新文科教育研究》2021年第2期。

④ 参见郭为禄:《坚持立德树人培养一流法治人才》,载《中国大学教学》2020年第5期。

二、坚持与时俱进，形成科学完备的学科与课程新体系

习近平总书记高度重视法学学科体系建设，在视察中国政法大学时指出，法学学科体系建设对于法治人才培养至关重要。他明确指出了当前我国法学学科建设和法治人才培养方面存在的问题，比如"学科结构不尽合理，法学学科体系、课程体系不够完善；社会亟须的新兴学科开设不足，法学学科同其他学科交叉融合还不够，知识容量需要扩充；有的学科理论建设滞后于实践，不能回答和解释现实问题"。⑤ 长期以来，我国的法学学科建设基本上围绕法理学、宪法学、刑法学、刑事诉讼学、民法学等14门核心课程进行划分的，法学院校基本也是按照这一逻辑开展学科建设的，应该说这种学科划分方式，为我国法学学科的建设发展起到了关键作用，也为法治人才培养奠定了坚实基础。但是，随着经济社会的不断发展和依法治国的不断深入，传统学科的划分和建设方式已不能很好地适应人才培养需求，甚至在一定程度上成为法学学科体系完善的障碍。⑥ 因此，需要对传统学科加以改造升级。笔者认为，科学完备的学科体系、课程体系和教材体系是培养高素质法治人才的前提和基础，无论是学科建设还是课程建设抑或教材编撰，都应坚持以实践为基础，以问题为导向，关注现实急需的社会领域，构建具有历史性、继承性和时代性的法学学科体系和课程体系，扩宽法治人才培养知识体系的覆盖面。⑦ 近年来，华政坚持以"多科融合、法科一流"为建设目标，不断调整优化学科专业布局，服务国家战略，为国家和地方法治建设提供法治保障。

---

⑤ 参见习近平：《论坚持全面依法治国》，中央文献出版社2020年版，第174～175页。

⑥ 参见冯果：《加速新时代法学新兴交叉学科的发展》，载《光明日报》2017年12月29日，第7版。

⑦ 参见马怀德：《法学教育法治人才培养的根本遵循》，载《中国党政干部论坛》2020年第12期。

(一)依托法学学科优势,大力发展交叉学科

法学学科作为实践性很强的学科,其与国家法治建设及经济社会发展的结合度较高,但是因传统二级学科划分而产生的研究领域的分割,使法学学科在回应现实需求方面存在理论知识储备不足、全面解决问题的能力不够等问题,尤其在面对经济社会发展中出现的新领域新情况时,传统法学二级学科仅凭一己之力已经难以应对和处理,这时多学科的协同研究以及学科之间的交叉融合就在所难免。⑧ 法学是华政的传统优势学科,也是学校高质量发展的根基。近来年,学校不断夯实法律史、法学理论、经济法学、国际法学、刑事法学、民商法学等传统学科的优势地位,并以法学学科为依托,积极探索新文科建设路径,以"法学+"等为主导,大力建设公共卫生治理、法律与金融等交叉学科,多方位释放学科活力,促进各学科专业之间的渗透、交叉和融合发展。

(二)对接国家战略需求,积极培育新兴学科

中国特色社会主义已经进入新时代,新产业、新业态、新模式不断涌现,这对学校的学科建设提出了新的要求。学校学科建设思路强调变"被动适应"为"主动引领",积极对接国家战略发展需求和高等教育发展趋势,动态调整优化专业和学位授权点布局,加强新兴及关键亟须领域的专业建设,重点建设党内法规、监察法学、智能法学、涉外法治、教育法治等特色领域,扩展法学学科辐射范围,积极建设新法科高地,树立社会主义新法科标杆。同时,学校以国家战略和社会需求为导向,以重大项目为牵引,组建多学科创新团队,建设应用型学科集群,服务于政府决策和实践重大问题解决。充分发挥学科集群优势,推进学科、专业合作,创新高层次复合型人才模式,为新时代法治和社会治理提供更高质量的人才支撑。依托学科集群,提升新技术赋能,建设文科实验室,优化卓越法治和社会治理人才培养模式。

(三)全面修订培养方案,加快推进"三进"工作

习近平法治思想逻辑严密、科学完备、内涵丰富、博大精深,蕴含着

⑧ 参见马怀德、王志永:《完善中国特色社会主义法学学科体系的实践路径》,载《比较法研究》2021年第3期。

丰富的法治理念、法治原则和法治概念。习近平法治思想丰富和发展了中国特色社会主义法治理论，为政法院校开展法学教育提供了根本指引。政法院校是培养高素质法治人才的第一阵地，人才培养质量关系着依法治国的实现程度，无论是立法、执法、司法还是守法等法治领域和环节，“人”始终起着决定性作用，这对法学教育教学改革和法治人才培养提出了质的要求。[⑨] 要培养符合依法治国要求的高素质法治人才，离不开正确理论的指引，习近平法治思想为我国法学教育和法治人才培养提供了丰富的理论给养。为研究好、阐释好习近平法治思想，学校成立了习近平法治思想研究中心。作为上海市首个习近平法治思想研究中心，研究中心坚持高起点定位，组建跨学校、跨院系、跨学科的“三跨”研究团队，围绕“十一个坚持”设定研究主题，开展习近平法治思想学理化阐释、学术化表达、体系化构建。为推进习近平法治思想“进课堂、进教材、进头脑”工作，学校开设“习近平法治思想概论”课程，并把该课程作为必修课纳入本科生和研究生培养方案，以“习近平法治思想概论”课程开设为牵引，推动习近平法治思想融入其他专业课程，实现习近平法治思想覆盖“全课堂”。

三、注重开放协同，形成内外联动的人才培养新格局

长期以来，我国的法学教育理论和实践脱节受到诟病。法学院校培养的学生不能满足法治实践需要，法治实践部门无法深度参与到法治人才培养全过程，影响了法学人才培养质量。近年来，国家出台了一些促进高校和实务部门交流互动的政策措施，不少高校也做了一些有益探索，但实践中合作模式、广度和深度都有待深化。单就学生实习而言，大

⑨　参见梁平：《德法兼修：新时代卓越法治人才培养的实践进路探索》，载《河北法学》2021 年第 3 期。

多停留在认知实习、庭审见习的阶段,常态化的实践教育尚未完全形成。[10] 针对这一问题,习近平总书记指出,法学学科是实践性很强的学科,要打破高校和社会之间的体制壁垒,将实际工作部门的优质实践教学资源引进高校。[11] 高校开展法学教育应当注重开放协同,打破高校固有的封闭式人才培养环境,引入政府、法院、检察院、律师事务所等法治实务部门专家参与法治人才培养,形成高素质法治人才培养的共同体。高校还要注重加强与国外高校、机构和组织的合作,以开放的胸怀和姿态引入国外高校的优质教育资源,为我国培养具有国际视野、通晓国际规则、善于处理涉外法律事务的高素质涉外法治人才服务。近年来,华政认真贯彻全国教育大会精神,坚持开门办学、开放办学、创新办学的办学理念,积极引入国内外优质教育资源,着力打造内外联动的人才培养新格局。

(一)深化协同,破除培养机制壁垒

从本质上看,法学就是实践之学,实践教学对高素质法治人才培养发挥着不可替代的作用。"司法伦理一定是训练出来的,这种训练是在无数次的义务冲突中完成的。"[12]华政充分认识到法治实务部门在法治人才培养中的重要作用,积极探索校内外联合培养机制,与江浙沪皖三省一市法律实务部门对接,建立数百个实践基地,华政连续16年与上海市高级人民法院联合开展在全国具有较大影响的法律助理项目,法院遴选理论功底深、业务能力强的资深法官担任带教老师,法院和学校共同制定《法律助理带教指南》,明确带教老师的工作职责,解决了以往长期存在的带教老师不知教什么和怎么教的问题。学校引入资深法官、检察官和律师来校讲授"模拟法庭""法律职业伦理""法律谈判""法律文书"等实践课程,聘请法律实务部门专家担任兼职硕士生指导教师,充分发挥法律实务专家既具有深厚的法律功底,又具有丰富的法律实务经验

[10] 参见梁平:《德法兼修:新时代卓越法治人才培养的实践进路探索》,载《河北法学》2021年第3期。

[11] 参见习近平系列重要讲话数据库,载人民网2017年5月3日,http://jhsjk.people.cn/article/29252264。

[12] 徐显明:《法学教育的基础矛盾与根本性缺陷》,载《法学家》2003年第6期。

的双重优势，在一定程度上弥补了校内教师实务经验的不足。探索与行业共建律师学院，学校和行业共同确定办学定位，共同制定培养目标，共同设计课程体系，共同开发优质教材，共同组织教学团队，共同建设实践基地，共同开展学院管理。⑬

（二）促进开放，加强涉外法治人才培养

习近平总书记高度重视涉外法治人才培养工作。统筹推进国内法治和涉外法治，做好涉外法治人才培养是习近平法治思想的重要内容。涉外法治人才不是简单的"外语＋法律"的堆积，而应当是具备国家利益意识、法律专业素养、语言文化底蕴的复合型人才。⑭ 华政积极探索涉外法治人才培养工作，针对涉外法治人才培养在培养方案、师资队伍、国际交流等方面出台多项措施。2021 年 2 月成功入选教育部首批法律硕士（涉外律师方向）人才培养项目。根据涉外法治人才培养目标，注重"精英化"教学，强化全英文授课方式，积极开设法律英语视听说、法律英语写作、英美法律文化、中西法律语言对比等知识型课程，注重实践性教学，强调理论性与应用性课程的有机结合，突出案例分析和实践研究的授课方法。学校大力拓展与国际高水平大学和国际组织合作交流渠道，推进双方的教师互派、学生互换、学分互认和学位互授、联授，为涉外法治人才培养搭建良好的平台。同时，学校大力拓展师资国际化渠道，通过鼓励骨干教师到海外学习、进修、开展学术交流等活动，学校积极利用多种渠道引进世界一流专家学者到国内从事教学、科研工作，以此提高法学师资队伍的整体水平。

四、结语

培养德法兼修的高素质法治人才是习近平法治思想的重要内容，也

⑬ 参见郭为禄：《坚持立德树人培养一流法治人才》，载《中国大学教学》2020 年第 5 期。

⑭ 参见郭雳：《创新涉外卓越法治人才培养模式》，载《国家教育行政学院学报》2020 年第 12 期。

是新时代政法院校的重要使命。政法院校要坚持立德树人、德法兼修,以培养应用型、复合型、国际化法治人才为目标,推进融合式的"厚德育"铸魂工程,更新现有的课程体系、课程内容、培养模式、评价标准。同时,政法院校要完善协同育人机制,引入校内外、国内外优质教育资源参与法治人才培养,构建法治人才培养共同体,为全面推进依法治国培养大批高素质法治人才。

Promoting the Cultivation of High-Quality Rule-of-Law Talent under the Guidance of Xi Jinping Thought on the Rule of Law

Guo Weilu

Abstract: Xi Jinping Thought on the Rule of Law is logical and rigorous, scientific and complete, which is also abundant in its content in legal education and the cultivation of the rule-of-law talent. The thought points out the direction for the development of legal education and high-quality rule-of-law talent in the New Era. East China University of Political Science and law, guided by Xi Jinping Thought on the Rule of Law, has always focused on the education of ideals and beliefs and value guidance in the process of running the university. The university takes virtue education as the fundamental task and takes efforts to establish a new mechanism of cultivating students both virtue and law specialties. It also takes development goal of "multi-disciplinary integration and first-class law major" to adjust and optimize the layout of disciplines and specialties and serve the national strategy and provide the guarantee for the rule-of-law construction for both the region and the country the university adheres to the principle of open-up running, innovative running through cooperation and communication with legal practice departments in order to build a shared community of high-quality rule-of-law talent. In addition, the university also actively introduce overseas high-quality educational resources in order to comprehensively cultivate high-quality rule-of-law talent

Key Words: Xi Jinping Thought on the Rule of Law, high-quality rule-of-law talent, promotion both virtue and law specialties

新时代新思想孕育新法治新法学

杨灿明[*] 姚 莉[**]

摘 要:党的十九大宣告了中国特色社会主义进入新时代,中央全面依法治国工作会议确立习近平法治思想为全面依法治国的根本遵循和行动指南。新时代孕育新思想,新思想催生新法治,新法治呼唤新法学。顺应时代之变,回应时代之需,中国的法治建设、法学研究与法学教育亟待发展完善,以习近平法治思想为引领,回应新问题,开启新阶段,构建法治人才培养新格局。

关键词:新时代 新思想 新法治 新法学

党的十九大报告指出,经过长期努力,中国特色社会主义进入了新时代,这是我国发展新的历史方位。① 2020 年 11 月召开的中央全面依法治国工作会议正式提出"习近平法治思想",标志着我国法治建设有了科学的指导思想和系统的行动指南,步入了新阶段。与此同时,世界正经历百年未有之大变

---

* 杨灿明,中南财经政法大学校长,教授,博士生导师。研究方向:财政基础理论和财政政策。

** 姚莉,中南财经政法大学副校长,教授,博士生导师。研究方向:刑事诉讼法学、证据法学、司法制度。

① 参见习近平:《习近平谈治国理政》(第 3 卷),外文出版社 2020 年版,第 8 页。

局，新冠肺炎疫情全球大流行使这个大变局加速演进，全球进入动荡变革期，不稳定性、不确定性显著上升。在这样的背景下，中国的法治建设、法学研究与法学教育需要呼应时代之变和时代之需，在习近平法治思想的引领下回应新问题、开启新阶段，形成法治人才培养新格局。

一、中国法治面临的新挑战

新中国成立以来，虽然中国法治事业经历过波折，但总体上在不断进步，特别是改革开放以来，法治建设取得显著的成就，全面依法治国正在稳步推进。与此同时，我们也应当切实地认识到，中国法治仍然面临诸多挑战，国家法治能力的构建还存在一些短板。习近平法治思想是在推进伟大斗争、伟大工程、伟大事业、伟大梦想的实践之中完善形成，有着鲜明的时代性和实践性，我们要以习近平法治思想为指引，探寻应对挑战、弥补短板的新思路和新方法。概括而言，可以着重从以下三个方面把握中国法治面临的挑战。

第一，中国法治需要回应社会主要矛盾新变化。党的十九大报告指出："我国社会主要矛盾已经转化为人民日益增长的美好生活需要和不平衡不充分的发展之间的矛盾。"基于对社会主要矛盾新变化的准确判断，习近平总书记深刻地指出，人民美好生活需要日益广泛，不仅对物质文化生活提出了更高要求，而且在民主、法治、公平、正义、安全、环境等方面的要求日益增长。② 这些方面均构成新时代法治所要关切并回应的重要主题。在法治建设中回应社会主要矛盾新变化的关键之处在于，将党对全面依法治国的领导、以人民为中心作为法治建设的灵魂和主线，探寻社会主要矛盾各个方面的具体应对之策。在以法治思维和法治方式回应社会主要矛盾新变化的过程中，既要秉持法治原则，严格依法

② 参见习近平:《习近平谈治国理政》(第 3 卷)，外文出版社 2020 年版，第 9 页。

办事,坚守法律底线,又要善于理解和把握人民对美好生活的深层次需求,在法治框架中提升解决新矛盾、化解新问题的容纳度和回应性。

第二,中国法治需要满足服务海外利益保护新需求。随着国家实力不断提升,中国在国际格局中的位置正在发生深刻变化,中国的国家战略利益、企业和个人利益广泛延伸至海外。在总体国家安全观的视野下,法治建设尤其是法治人才培养需要与更好地维护和实现中国的海外利益相适应,为中国更为主动地参与世界规则的制定和运用提供法律方案。一方面,中国与美国等西方国家的关系正处于碰撞和调适阶段,西方国家试图通过科技、政治、法律等手段卡住中国发展的关键环节,中国需要适应这种激烈甚至严酷的现实斗争,提升应对来自国际秩序新变革的挑战和风险的能力;另一方面,“一带一路”的实施进一步扩展了中国与诸多沿线国家的交往,但是我国能够深入了解沿线国家法律以及经济、社会、政治等各方面状况的专门人才还十分稀缺,难以为“一带一路”沿线“走出去”的企业提供有力、有效的法律保障以及提出其他方面的专业性意见,以至于有些纠纷未能得到及时预防和化解,甚至在一定程度上引发国家与国家之间的某些不必要的紧张关系。

第三,中国法治需要适应信息产业革命新趋势。习近平总书记指出:从社会发展史看,人类经历了农业革命、工业革命,正在经历信息革命……信息革命则增强了人类脑力,带来生产力又一次质的飞跃,对国际政治、经济、文化、社会、生态、军事等领域发展产生了深刻影响。③ 在信息革命的时代背景下,大数据、云计算、人工智能、区块链等新技术对法律的制定与实施提出了新要求,与此同时也引发许多新类型的疑难复杂案件。例如,互联网平台交易、人工智能作品、金融领域的不少创新业务,都缺乏较为明确的法律依据,相关案件或问题处理的法律方案也尚未成熟、定型。从国际竞争的角度看,以法治方式从容回应信息革命产生的挑战,无疑会成为一个国家国际竞争力的重要组成部分。从近年来各国围绕信息革命中关键科技展开的激烈竞争可以发现,科技领域的控

③ 参见习近平:《在网络安全和信息化工作座谈会上的讲话》,载《人民日报》2016年4月26日,第2版。

制与反控制往往会通过法律方式加以建构并实现。特别是在科技领域占据领先位置的国家,实际上不仅在科技研发方面占据显著的优势,还要更为善于运用法律方式巩固并强化这种科技优势地位。

二、中国法学面临的新使命

关于法学学科发展方向,习近平总书记语重心长地指出,我们要坚持从我国国情和实际出发,正确解读中国现实、回答中国问题,提炼标识性学术概念,打造具有中国特色和国际视野的学术话语体系,尽快把我国法学学科体系和教材体系建立起来。④ 从这一论断可以看出,中国法学的发展要立足于国情、立足于实际,着力提升深入解读中国现实、回答中国问题的能力和水平。

第一,中国法学应当保持政治定力阐释中国法治正当性。新中国成立以来,我国法治建设从追仿型法治转向自主型法治,习近平法治思想的正式提出意味着当代中国法治的自主性真正得到确立。在新时代新思想的指引下,中国法学更应当有充分的理论自信和高度的理论自觉性理解,把握当代中国法治的国情基础和主要特色,在与西方法治实践及理论的对话中、在中国法治实践的具体探索中,更好地证成中国法治的正当性。正如习近平总书记所强调的,中国是一个法治国家,中国法治有中国特色。我们不能做西方理论的"搬运工",而要做中国学术的创造者、世界学术的贡献者。⑤ 从长远来看,中国法治和中国法学对世界的新贡献必然是集中体现为有效地回应许多在西方法治、西方法学框架内未能得到深入阐释和恰当解决的重要问题。

第二,中国法学应当适应时代之需构建完善法学学科体系。习近平总书记强调,我们有我们的历史文化,有我们的体制机制,有我们的国情,我们的国家治理有其他国家不可比拟的特殊性和复杂性,也有我们

④ 参见习近平:《论坚持全面依法治国》,中央文献出版社2020年版,第176页。
⑤ 参见习近平:《论坚持全面依法治国》,中央文献出版社2020年版,第176页。

自己长期积累的经验和优势,不能妄自菲薄,也不能数典忘祖[⑥]目前我国法学学科体系尚未完全覆盖法治运行全过程和各方面,与全面依法治国的要求还有一定距离。法学学科体系应当主要包括三个方面:一是由法理学和部门法学构成的高度体系化的学科体系。二是围绕中央提出的“法治国家、法治政府、法治社会一体建设”的要求构建相应的学科体系。三是契合“人类命运共同体”和总体国家安全观要求的国际法治学科体系。

第三,中国法学应当立足技术变革积极探索法学新样态。在信息革命快速发展的时代背景下,中国法学需要适应技术变革新潮流,更加注重法学与自然科学、技术科学、思维科学等的交叉融合,形成与新兴科学相适应的理念、思维及方法,积极开拓生态法学、人工智能法学等新兴学科和交叉学科的研究与教学,完善和提升法科学生的知识结构与思维方式。进一步看,中国法学新样态应当集中地体现为积极探索联通古今、联通中西、联通文理、联通人文与社科、联通理论与实践、联通教学与研究的法学样态,推动中国法学迈入新阶段,提升法学在更为广泛领域中的影响力和实际作用。

三、以新思想指引法治人才培养新格局

法治建设依靠人才培养,法学研究与教育发展的落脚点也在于人才培养。正如习近平总书记强调的,全面依法治国是一个系统工程,法治人才培养是其重要组成部分。法律的生命在于实施,法律的实施在于人。建设法治国家、法治政府、法治社会,实现科学立法、严格执法、公正司法、全民守法,都离不开一支高素质的法治工作队伍。法治人才培养上不去,法治领域不能人才辈出,全面依法治国就不可能做好。[⑦] 中国法治和中国法学正处于新阶段,面临许多新形势和新任务,我们应当准

⑥ 参见习近平:《论坚持全面依法治国》,中央文献出版社2020年版,第176页。
⑦ 参见习近平:《论坚持全面依法治国》,中央文献出版社2020年版,第174页。

确把握时代特点和时代需求，以新思想指引法治人才培养新格局。

首先，要夯实法治人才培养基础。人才培养最为要紧的是基础素质、基础能力的培养。法治人才培养应当重视基础环节。总体而言，法治人才培养的基础环节集中地体现在两个方面：一是要重视法学本科教育，坚持“以本为本”。在法学教育体系中，本科教育最为关键，本科教育直接影响法科学生能否形成正确的法治理念、能否掌握扎实的法律知识、能否领会基本的法律技能。近年来，我校积极探索法学本科教育的新理念和新方法，设立卓越法律人才实验班，将法律援助、法律诊所、法学实验以及“主题式新型实习项目”相结合，打造高水平国家级精品视频公开课、国家级精品资源共享课，不断扩展本科阶段法学教育新思路。实践证明只有不断强化、优化法学本科教育，才能带动提升法学研究生教育，才能为各行各业广泛输送大量优秀法律专业人才。二是要重视法律专业基础能力训练。长期以来，法科学生专业能力不足已广受批评，这应当引起我们高度重视。为提升专业能力，法学本科教育要重视基础能力训练，尤其要重视对司法案例的研习和运用，将司法案例教学置于法学教育的关键位置。自 2017 年起，我校即已实施并推广具有中南财经政法大学特色的“鉴定式案例教学”，实现法学教学方法的本土化，成为引领法学教学改革的风向标，对提升法科学生法律思维、夯实法科学生基础能力起到显著的积极作用。这样的有益探索仍然会在我校继续保持并强化。

其次，要融贯法治人才培养思路。著名的法学教育家孙晓楼先生曾言，所谓法律人才的培养，一定要具备下列三个要件：一是要有法律的学问，二是须有法律的道德，三是要有社会的常识。一个优秀的法律专业人才，不应当只是了解法律条文，更应理解和掌握条文背后的事理和情理。在新时代，中国社会仍然处于深刻的变革之中，法律相较于社会现实其滞后性更为凸显。若要培养契合时代所需的优秀法治人才，无疑需要着力实现理论法学与部门法学融贯、法学与其他学科融贯、知识教学与实践教学融贯，培养大量知晓“法律的学问”、体悟“法律的道德”、懂得“社会的常识”的优秀人才，提升法科学生适应社会变迁、处理新型疑难复杂问题的专业能力。我校充分发挥法学、经济学、管理学等多学科优势,不断拓展法学研究的跨学科视野,有效推动"法学+X"的复合型法治人才培养。一方面,依循融通性理念,将通识教育贯穿法学教育主要方面和基本环节,积极开设"读懂中国"系列通识课程;另一方面,推行"一个专业、分类培养"的新型卓越法治人才培养改革,结合"法学+科技、法学+经济、法学+金融、法学+外语"等跨学科建设思路,形成分类培养的法学教学体系。

最后,要提升法治人才培养视野。法治人才培养应当有战略高度,着眼于培养大量适应大国发展之需、顺应时代变革潮流的优秀法治人才。一方面,要将总体国家安全观融入涉外法治教育体系之中,尤其要在师资保障充分的法学院校加强涉外法治课程的教学,将总体国家安全观融入新法学。还应当富有前瞻性,要着眼于未来的国家战略所需,积极探索太空安全、深海安全、极地安全等方面的研究与教学,进一步扩展法科学生的专业视野。我校在发挥自身学科优势的基础上,不断汇聚各兄弟院校以及实务部门力量,积极探索"'一带一路'背景下我国涉外法治人才培养",探索涉外法治人才培养中的经法管学科高度融合,学校、学科特色在涉外知识产权人才培养、涉外律师专硕培养、国际组织创新人才培养等方面得以深刻体现。当然,如何从"人类命运共同体"以及总体国家安全观的高度构建涉外法治教育体系,仍然是摆在所有法学研究者和法学教育工作者面前的一项具有挑战性的重要议题。另一方面,要将新兴科技变革视野纳入法治人才培养过程。既要在条件具备的法学院校提高理科生比例,通过生源构成的变化带动法学教育新视野的形成,也要增加现代科学常识方面的课程设置,着力培养法科学生的现代科学基本素养,从而提升法科学生运用现代科技、应对时代变革的能力。我校顺应新兴科技变革的时代之需,充分发挥知识产权学科的科研与教学优势,继以往多年培养知识产权硕士和博士之后,于2021年起新增知识产权本科专业,对于形成法治人才培养新格局,尤其是广泛培育国家急需的知识产权人才,必定会起到显著的积极作用。今后,无论是对于中南财经政法大学法学还是对于整个中国法学,将科学知识、科学思维、科学素养进一步融入法学研究与教学的更多方面，无疑会产生深远的影响。

新时代诞生新思想，新思想引领新法治，新法治呼唤新法学。在习近平法治思想的指引下，中国的法治一定会稳步前进，中国的法学一定会蓬勃发展。我们相信，在未来的世界法学舞台上，中国法学必将会有更加突出的位置，也必将会为人类法治文明作出有厚重度的智识贡献！

On the New Rule of Law and the New Science of Law born by the New Thought in the New Era

Yang Canming　Yao Li

Abstract: The 19th National Congress of the Communist Party of China announced that socialism with Chinese characteristics has entered the New Era. The Party Central Committee's Working Conference on the Comprehensive Implementing the Rule of Law has established Xi Jinping Thought on the Rule of Law as the fundamental observance and action guideline to comprehensively implementing the rule of law in China. The New Era gives birth to new thought, and new thought gives birth to the new rule of law, and the new rule of law calls for new science of law. To adapt to the changes of the times and respond to its needs, China's construction of the rule of law, legal research and legal education urgently need to be developed and improved. They should be guided by Xi Jinping Thought on the rule of law responding to new problems, opening a new stage, and building a new pattern of cultivating the rule-of-law talent.

Key Words: the new era, new thought, new rule of law, new science of law

内涵式转型发展：甘肃政法大学全面推进高水平政法大学建设的实践与探索

马建东*

摘　要：内涵式转型发展有力推进了我国政法院校的历史性变革。甘肃政法大学在内涵式转型发展过程中，不断深化贯彻新发展理念、构建新发展格局，攻坚克难，采取一系列新举措推进高水平政法大学建设。在教育高质量发展新阶段，甘肃政法大学发展面临诸多挑战，主要表现在内涵式转型发展中核心竞争力不强、政策支持不够以及经费投入不足等方面。本文针对实现甘肃政法大学内涵式高水平发展提出了十二项新思路。

关键词：政法院校　内涵式转型　高水平　高质量发展

在中国共产党成立100周年之际，国家"十四五"发展规划和2035年远景目标纲要清晰擘画了我国未来发展新的宏伟蓝图，贯彻落实习近平法治思想、贯彻落实总体国家安全观、推进全面依法治国、

---

* 马建东，甘肃政法大学党委书记，教授。研究方向：汉语史、中华优秀传统文化、教育学决策与管理。

构建中国特色法治体系,在法治轨道上推进国家治理体系和治理能力现代化,这为政法院校服务全面依法治国战略提出了新要求、赋予了新使命。特别是习近平法治思想的提出,为新时期政法院校改革发展指明了方向、提供了动力。习近平法治思想是引领新时代法治中国建设取得更大成就的思想旗帜①,贯穿到改革发展稳定、内政外交国防、治党治国治军、经济政治文化社会生态等各领域各方面,引领"中国之制"保障"中国之治"②。中共中央、国务院《关于新时代推进西部大开发形成新格局的指导意见》《关于新时代振兴中西部高等教育的若干意见》确立了加快形成西部大开发新格局、推动西部地区高等教育高质量发展的时间表和路线图,这为地处西部的甘肃政法大学深化内涵建设提供了新的历史机遇,更为其进一步深化改革,激发内生动力和活力,强化办学优势特色,主动服务国家战略,精准对接区域经济社会发展重大需求,着力提升社会服务能力和水平的新动力带来重要机遇。

一、甘肃政法大学内涵式转型发展取得的成效

任务决定作为,使命决定存在,特点决定价值。甘肃政法大学坐落于西部,立足甘肃,处在祁连山生态保护核心区,以无比强大的力量保护着祖国生态安全;处在阻止两大沙漠会合的关键区,人进沙退,以六老汉为代表的民勤人民硬是把沙漠变成了绿洲;处在"一带一路"之"丝绸之路经济带"向西的黄金通道区,正在为国家倡议而践行努力。在习近平法治思想指导下,"十四五"时期保障绿色发展将是法治规划的一项重点任务,而这恰恰是处于国家西部生态屏障的甘肃尤其需要积极作为的领域。强化绿色发展的法治保障,要以绿色原则指导法治建设,将绿色

① 参见张文显:《习近平法治思想的实践逻辑、理论逻辑和历史逻辑》,载《中国社会科学》2021年第3期。

② 参见黄文艺:《论习近平法治思想的形成发展、鲜明特色与重大意义》,载《河南大学学报(社会科学版)》2021年第3期。

原则具体化、制度化[3]。在这一领域,我校较具优势的环境法学科已有高度的敏锐性和初步的行动。

甘肃政法大学受区域经济发展制约,给学校发展带来了诸多困难,但甘法大人始终坚持初心使命,勇于担当,不断深化贯彻新发展理念、构建新发展格局,聚力内涵式转型发展,攻坚克难,致力于西部区域经济社会发展和法治建设,不断促进学校向更高水平发展。近年来,经过几代人的共同努力,甘肃政法大学取得了以下成绩:

一是攻坚克难,强补短板,学校顺利实现更名甘肃政法大学的奋斗目标,实现了几代甘法大人的梦想,凝聚了全校上下努力奋进的精气神,提振了师生对学校快速发展的信心和期盼,为西北地区法学发展注入了新的活力和动力[4]。二是抢抓机遇,争取支援,经教育部同意,由中国政法大学对口支援甘肃政法大学,为学校发展再添强大推力。三是科学规划,精准施策,有效借助省内专项政策支持,积极实现学校事业编制数量明显增加,人才储备不断殷实。四是内涵聚力,特色发展,法学学科在全国第四轮学科评估中被评为B-,法学专业、信息安全[5]专业入选国家级一流专业建设点,学校坚持特色发展的信心更加坚定。五是转型发展,凸显成效,顺利完成本科教学工作审核评估,学校教学工作得到教育部专家组充分肯定,学校内涵建设成果进一步凸显。六是扩大建设,强化硬件,学校新校区开工建设,为学校未来发展提供了广阔空间。七是争取项目,助力改造,利用“中西部高校基础能力建设工程”项目支持,校本部前区改造工程有序推进,学校办学条件得到有效改善。八是强化国际交流与合作,开办国际生教育,开展丝绸之路国别政治与法治研究,开创了学校国际化办学的新途径。九是积极服务地方法治建设,提供较高水平智库服务,为甘肃省人大常委会、省政法委等提供了重要的智力和建言资政支持。这些成绩,一方面展现了甘法大人历代坚守“崇德明法、

③ 参见马怀德:《迈向“规划”时代的法治中国建设》,载《中国法学》2021年第3期。

④ 参见王健:《回望2019:法学教育值得记忆的十件大事》,载《甘肃政法学院学报》2020年第1期。

⑤ 甘肃政法大学依托信息安全学科专业建设的网络空间安全一级学科在国内布点较早,积极尝试与法学、公安学、公安技术、国家安全等学科交叉融合发展,取得了积极效果。

弘毅致公”的校训,坚持以服务地方社会发展、培养优秀人才为根本使命;另一方面也表现了甘肃政法大学积极向特色鲜明的高水平政法大学发展的决心和信心。

二、甘肃政法大学内涵式转型发展面临的新挑战

当前社会发展对甘肃政法大学发展的影响主要体现在:中国特色社会主义进入新时代为学校发展提出了新要求;全面依法治国、推进国家治理体系和治理能力现代化建设为学校发展赋予了新使命;“一带一路”建设的纵深推进为学校发展拓展了新空间;新时代推进西部大开发形成新格局为学校发展增添了新动力;新时代高等教育发展新态势为学校发展提供了新遵循;社会各界期盼建成一所西部高水平政法大学的强烈愿望为学校确立了发展新目标。

然而,新时代发展进程在带来前所未有的机遇的同时,也衍生出许多发展难题。从外部看,随着“双一流”建设的推进,高等教育已从以规模数量发展转入以提高质量、内涵发展的新阶段,政法院校面对的竞争不仅是同类型、同区域高校间的竞争,而且是更广范围、更高层次的竞争;国内众多同类高水平大学综合化发展战略对政法院校传统优势学科形成新的压力,教育资源尤其是高层次人才的竞争日趋激烈。从甘肃政法大学的实际情况看,一是学校的办学水平和核心竞争力总体不强,办学特色不够鲜明,人才培养质量有待进一步提高。二是一些干部职工的学习意识、创新意识、争先意识、危机意识、斗争意识不强,需要进一步解放思想、改革创新、居安思危。三是在推进“双一流”建设进程中,学校由于办学基础相对薄弱、办学设施相对落后、高层次拔尖人才数量不足、高水平教育平台项目少等,面对确定的较高建设目标,存在保障度低、信心不足的问题。四是学校高层次人才引进难,稳定更难,流失比较严重,学科领军人才和科研创新团队亟缺,三支队伍(专任教师、管理人员、教辅人员)结构不平衡,特别是管理人员断层严重。五是学科结构相对单

一,优势学科数量不足,支撑主要学科发展的专业承载量有限,可持续发展支撑度低,公安学、公安技术因政策原因发展受限,新办专业和学科社会认可度和竞争力较低⑥。六是围绕现代大学治理体系和治理能力建设的综合改革推进较慢,内部治理结构还不完善,人、财、物资源配置权限未能下移,绩效考核尚未压实,学院办学主体地位、功能未能充分发挥,办学活力不足。七是学校办学空间尚不能满足内涵发展需要,办学经费紧张,教学资源不足,能获取的外部资源与政策支持相对有限,兰州新区的新校区建设推进较慢。

为了有效实现转型跨越发展,甘肃政法大学必须立足新发展阶段、贯彻新发展理念、构建新发展格局,聚力内涵建设,提高办学质量。

三、甘肃政法大学通过内涵式转型实现高质量发展的新思路

"十四五"时期是我国全面建成小康社会后,乘势而上开启全面建设社会主义现代化国家新征程的第一个五年,是2035年实现我国教育现代化的重要阶段,也是甘肃政法大学加快推进内涵发展,构建高水平政法大学新发展格局的重要窗口期和发展机遇期。随着"一带一路"建设的纵深推进,需要统筹国内法治和国际法治,创新多元化、复合型人才培养体系,着力培养一大批具有家国情怀和世界眼光、精通相关国家语言、通晓国际法律规则、善于处理国际法律事务的高素质涉外法治人才,这是甘肃政法大学充分发挥地缘优势,打造高等教育对外开放新优势、新高地,提升在"丝绸之路经济带"沿线国家特别是西部地区影响力和竞争力,推进高等教育国际合作与交流发展的新空间。我们的国家利益延伸到哪里,维护这些利益安全的研究就要延伸到哪里,法学教育、法学

⑥ 甘肃政法大学目前开办37个本科专业,涵盖6个学科门类,学科专业间的支撑度尚待提高。

研究也要跟到哪里。[⑦] 这既是难得的机遇,更是使命所在。

为了克服现有困难,甘肃政法大学积极采取坚持质量和特色为核心的内涵式发展主线,瞄准高水平学科建设总体提升、省部或部省共建、合作建立境外办学机构及教学科研平台,在建成西部一流的政法人才培养基地、法治文化传播基地、“丝绸之路经济带”沿线法治合作交流基地方面取得突破。全力补齐短板,不断强化优势特色,紧紧围绕内涵发展、质量提升的总体要求,全面提升学校核心竞争力。为此,甘肃政法大学制定了 2035 年远景目标,努力实现法学学科进入国内一流学科行列,学校学科优势和办学特色进一步彰显。具体体现在,学校人才培养、科学研究、社会服务等主要办学指标稳居省属高校前列,学校优势特色更加突出,内涵建设全面提升,整体实力显著增强,国际化水平和社会影响力大幅提高,师生归属感、成就感和幸福感显著增强,建成西部法学创新人才培养高地,基本建成西部一流,在国内有重要影响,“丝绸之路经济带”沿线国家有较高知名度的高水平政法大学。

在高等教育质量革命的重大历史时期,甘肃政法大学从以下十二个方面制定了“十四五”时期重点工作:一是全面加强党的建设,以党建引领促进学校事业发展。深入学习宣传阐释习近平新时代中国特色社会主义思想、党的十九届五中全会精神和习近平法治思想,不断增强“四个意识”、坚定“四个自信”、做到“两个维护”。完善学习长效机制和分类分层全员教育体系,加强校院两级党委理论学习中心组学习,强化干部教育培训、党支部组织生活、教职工政治学习,用好学习强国、甘肃党建等线上学习资源,推进理论学习与学校工作深度融合。发挥校内科研机构和智库作用,深化习近平新时代中国特色社会主义思想原创性学理化学科化研究阐释。统筹谋划学校全面从严治党工作,定期听取工作汇报,分析研判工作形势,及时解决突出问题。层层压实责任,推动全面从严治党“两个责任”贯通协同、形成合力,巩固发展风清气正的校园政治生态和良好的育人环境。开展党风廉政宣传教育活动,推进纪律教育、

---

⑦ 参见徐显明:《新文科建设与卓越法治人才培养》,载《中国高等教育》2021 年第 1 期。

警示教育常态化制度化。深化运用监督执纪“四种形态”,锲而不舍落实中央“八项规定”及实施细则精神,严防“四风”反弹回潮。二是坚持和完善党委领导下的校长负责制,强化对权力运行的制约和监督;以建成具有甘肃政法大学特色的大学治理体系为目标,探索建立学校理事会,完善“两代会”、学代会等制度,拓宽民主管理、民主监督的渠道和方式;以构建现代大学制度体系为抓手,实现组织管理制度、执行保障制度、学生自治和监督制度高效衔接、相辅相成。三是坚持立德树人根本任务,全面提升人才培养质量。加快推进习近平新时代中国特色社会主义思想、习近平法治思想“三进”工作,将思想政治工作体系贯穿于学科体系、教学体系、教材体系、管理体系当中,构建一体化育人体系。优化习近平法治思想课程教学方式,将习近平法治思想融入法学专业人才培养和课程思政建设全过程。发挥专业课教师的育人作用,加强课程的价值塑造功能,推动课程思政与思政课程同向同行。四是切实加强教学基本建设,深入实施一流本科教育行动计划,以教学改革创新为动力,以有质量的课堂教学为抓手,以有特色的实践育人为突破,进一步落实本科教学中心地位,形成高水平人才培养体系。坚持“以本为本”,深入推进“四个回归”,健全人才培养保障机制,完善教育教学体系,严格教育教学管理,推进教育教学改革,提高课程教学效果,不断提升人才培养的能力和质量。五是坚持“打造高峰、强化特色、提升支撑、整体推进”的学科发展思路,积极探索“法学+”的学科建设路径,形成高峰学科引领,特色优势学科带动,支撑学科联动,形成各学科分层建设、交叉融合、协调发展的学科建设格局,提升服务国家战略和区域经济社会发展重大需求的能力。当前,要及时跟进研究数字经济、互联网金融、人工智能、大数据、云计算等重点领域相关法律制度和重大现实问题,为实现全面依法治国、推进国家治理体系和治理能力现代化提供学理支撑和智力支持。⑧ 六是坚持把教师队伍建设作为学校事业发展的基础工作,加强师德师风建设,精准引育高层次人才,优化教师队伍结构,提升青年教师专

⑧ 参见马怀德、王志永:《完善中国特色社会主义法学学科体系的实践路径》,载《比较法研究》2021年第3期。

业素养，建设一支长期扎根学校、政治素质硬、创新能力强、育人水平高的高水平教师队伍，为全面提高学校的综合实力和核心竞争力提供强有力的人才队伍保障。七是坚持科研兴校战略，聚焦国家发展战略和甘肃产业及创新体系，遵循"服务学校、服务社会、服务国家"的科研工作发展思路，以"聚学问焦点、育科研新人、出创新精品、建学术高地、厚学术基础"为主线，以项目建设为抓手，以制度建设为保障，以质量效益为标准，切实推进科学研究与人才培养和社会服务等方面协同发展。积极克服"五唯"顽瘴痼疾，着力完善过程管理、咨政建言、学术评价、成果转化、协同创新、社会服务等有关科研管理制度，健全科研项目管理长效机制。完善学校科研评价奖励制度体系，淡化论文收录数、引用率、奖项数等数量指标占比，突出学科特色、质量和贡献的考量，激励引导广大教师积极开展学术攻关，加强智库建设，产出高质量科研成果。八是开展面向全体师生的习近平法治思想学习教育，以继承和弘扬中华传统优秀文化为宗旨，以社会主义核心价值观为引领，以创新法治文化为导向，以创建全国文明校园为目标，积极构建体现政法院校特色的法治文化。九是紧盯地方需求，培养区域急需的高水平应用型人才。充分发挥学校各类人文社科研究基地的智库作用，形成高水平的智库成果，为地方立法、政府决策、社会治理等提供智力支持。强化服务国家治疆治藏治边法治人才培养⑨和法治研究的能力；加强国别法治比较研究，加强涉外法治人才培养，提升服务"丝绸之路经济带"建设的能力。充分发挥学校证据科学研究与应用重点实验室、司法鉴定中心、犯罪心理测试中心等省级科研、服务平台功能，推进科研成果的转化和推广，为区域经济社会发展和法治建设提供优质服务。继续把服务对口帮扶地区乡村振兴摆在重要位置，立足省情、校情，进一步加强教育扶贫，按照"四个不摘"要求，持续做好"四个加强"，充分利用学校学科专业、师资队伍、人才培养、科学研究等优势教育资源，找准切入点，绘制战略图，突出司法服务、普法

---

⑨ 甘肃政法大学累计向西部培养、输送各级各类人才5万余人，特别是有大量毕业生戍守疆藏边境，为维护西部安全做出了贡献。这是地处东部的院校无法替代的功能。学校于2016年专门开启藏汉双语法治专项人才培养，与省级政法部门协同育人，取得积极成效。

宣传、社会治理,实现法治成果同乡村振兴有效衔接,特别是在构建乡村振兴法治保障机制方面做出原创性贡献。十是持续推进学校国际化战略,加强对外合作顶层设计,丰富对外合作项目,完善对外合作交流布局,提升对外合作能力,提高国际化办学水平;加强中青年教师海外提升项目和学生暑期海外社会实践项目支持力度,扩大国际交流与合作。加强与国内高校及科研院所、地方政府、企事业单位的合作交流,提高合作数量与规模,促进学校对外合作办学能力提升。以学者为主角、学术为主导、项目为载体,推进国际合作数量和质量同步提升。十一是进一步增强党组织的组织力、凝聚力、号召力,坚持正确用人导向,完善政绩考核评价体系和奖惩机制,调动各级干部工作积极性、主动性、创造性,形成落实规划各项目标任务的强大合力。探索学校制定政策、部门统筹协调、学院自主实施、师生参与监督的运行管理机制,充分保障广大师生参与民主管理与监督的权利。明确校内各单位负责人的工作职责和绩效任务,健全分类考核评价体系,完善与岗位职责、工作业绩、实际贡献紧密联系的激励机制,充分释放改革效能,激发办学活力。十二是根据学校战略发展需要,着力破除制约高质量发展的条件短板,推进校园基础设施建设、智慧化校园建设,加强资金保障,维护校园安全,提升后勤服务科学化水平。

艰难困苦,玉汝于成。一切事业的成功,都源自奋斗。建设特色鲜明、优势突出的高水平政法大学,是甘肃政法大学坚定不移的奋斗目标,更是甘法大人肩负的光荣使命和历史责任。当前,学校正处于继往开来、接续奋斗,解放思想、提升内涵,爬坡过坎、攻坚克难,稳中求进、增压提速的新阶段,学校全体师生员工将以习近平新时代中国特色社会主义思想为指引,进一步坚定信念,牢记使命,撸起袖子加油干,俯下身子抓落实,奋力破解发展难题,为全面建成西部一流,国内有重要影响,“丝绸之路经济带”沿线国家有较高知名度的高水平政法大学而不懈奋斗,以优异成绩向中国共产党成立100周年献礼。

On the Connotative Transformative Development: Taking Gansu University of Political Science and Law's Practice and Exploration of Comprehensively Constructing High-Quality Universities as the Example

Ma Jiandong

Abstract: The connotative transformative development has effectively promoted the historical transformation of Chinese colleges and universities of political science and law. Gansu University of Political Science and Law has been striving for overcome difficulties in the process of continuously deepening the implementation of new development concepts, and constructing a new development pattern. The university has adopted a series of new measures to promote the construction of a high-level university of political science and law in the process of connotative transformation and development. In the new stage of developing high-quality education, Gansu University of Political Science and Law faces many challenges, which are mainly manifested in the weak core competitiveness, insufficient policy support and lack of funding in the development of connotative transformation. This article puts forward twelve new measures for realizing the connotative high-level development of Gansu University of Political Science and Law.

Key Words: colleges and universities of political science and law, connotative transformation, high level, high-quality development

新时代应用型政法院校高质量发展的路径选择

——以上海政法学院为例

刘晓红*

摘　要:应用型政法院校承载着新时代赋予的特殊的历史使命,需要直面世界百年未有之大变局加速演进的深刻调整,直面国家与地方经济社会发展的战略需求,直面国内外高等教育千帆竞发的竞争态势,直面教育对外开放、信息技术革新带来的诸多挑战。以上海政法学院为例,新时代应用型政法院校需要以未来为导向,坚持应用型特色,打造特色鲜明的应用型人才培养体系,强化差异化发展;优化大学治理体系,深化新时代教育评价改革,坚守自身办学定位,持续推进校院两级管理改革,坚持共享发展、提升师生共建共享成果获得感,推动现代化发展;以积极汇聚优质办学资源为基础融通地方与世界,以积极的国际化姿态在发展中创品牌,增进开放化发展。

关键词:应用型　政法院校　差异化　现代化　开放化

---

* 刘晓红,上海政法学院校长,教授,博士生导师。研究方向:国际私法学、国际商事仲裁。

新时代赋予了现代高等教育前所未有的重要使命。党的十九大报告指出,“建设教育强国是中华民族伟大复兴的基础工程,必须把教育事业放在优先位置,深化教育改革,加快教育现代化,办好人民满意的教育”。在新的历史方位下,应用型政法院校如何有新作为,如何以未来为导向,更好地完成立德树人的根本使命。上海政法学院立足新时代新阶段,适应新目标新要求,探索走差异化、现代化、开放化发展之路,推进学校高质量发展。

一、新时代应用型政法院校发展面临的机遇与挑战

新时代确立了应用型政法院校教育价值选择的新坐标,需要我们有更宽的时代视野和更大的格局,充分关注社会需求、技术革新、国家发展的现实目标和未来方向,以“时不我待的责任感、使命感和紧迫感加紧行动起来”。①

(一)新时代应用型政法院校发展面临的机遇

1. 习近平法治思想指引新方向。2020 年 11 月 16 日至 17 日,党的历史上首次召开的中央全面依法治国工作会议,将习近平法治思想明确为全面依法治国的指导思想。习近平法治思想从我国革命、建设、改革的伟大实践出发,着眼全面建设社会主义现代化国家、实现中华民族伟大复兴的奋斗目标,深刻回答了新时代为什么实行全面依法治国、怎样实行全面依法治国等一系列重大问题,是一个内涵丰富、论述深刻、逻辑严密、体系完备、博大精深的法治思想理论体系。习近平法治思想是中国特色社会主义法治实践和成就的科学总结,是马克思主义法治理论中国化最新成果,是习近平新时代中国特色社会主义思想的重要组成部分,是全面依法治国的根本遵循和行动指南。习近平法治思想为新时代新阶段法治人才培养,法学学科体系、课程体系、教材体系、学术体系、话

① 赵婀娜:《教育界热议如何不负新时代,开拓新实践——新时代教育当有新作为》,载《人民日报》2017 年 11 月 2 日,第 17 版。

语体系建设,政法院校高质量发展指明了方向。

2. 国家教育改革发展赋予新使命。当今世界正经历百年未有之大变局,新一轮科技革命和产业变革深入发展,新冠肺炎疫情影响广泛深远,国际经济政治格局复杂多变,世界进入动荡变革期,单边主义、保护主义、霸权主义对世界和平与发展构成威胁。教育改革发展的外部环境和宏观政策环境已发生深刻变化。“至2035年建成教育强国、实现教育现代化”——新时代国家教育总目标的实现,需要有一大批卓越的大学、卓越的学科、卓越的人才。党的十九大报告和历次中央全会文件做出一系列新的教育部署。2017年10月18日,习近平总书记在党的十九大报告中强调,要加快一流大学和一流学科建设。② “双一流”建设吹响了中国高校冲刺国际前列、打造世界顶尖学府和顶尖学科的“冲锋号”。根据习近平总书记关于教育的重要论述,特别是2018年全国教育大会重要讲话精神,中共中央办公厅、国务院办公厅印发的《加快推进教育现代化实施方案(2018—2022年)》,中共中央、国务院印发的《中国教育现代化2035》,对未来较长时期内的教育发展与变革作出了战略部署和总体设计,为高等教育发展提供了良好的政策环境。

3. 地方区域发展战略提出新要求。“地方高校要努力为地方建设服务,有地方特色,这样才能形成一个良性循环”,③主动对接地方区域发展战略需求自是其内在之义。作为地方应用型政法院校,上海政法学院也必然面临着上海区域性发展新格局,即作为全国改革开放排头兵、创新发展先行者,未来五年是上海在新的起点上全面深化“五个中心”建设、加快建设具有世界影响力的社会主义现代化国际大都市的关键五年。长三角一体化发展战略,上海建设“五个中心”、社会主义现代化国际化大都市、卓越的全球城市、具有全球影响力的科创中心的战略定位等均为学校提供了新的发展机会。上海又是全国教育综合改革的试验区,高校内涵建设和分类评价支持成为新的价值导向,这又为我们对标

② 参见习近平系列重要讲话数据库,载人民网2017年10月28日,http://jhsjk.people.cn/article/29613360。

③ 马陆亭:《开放是大学的本质属性》,载《辽宁教育研究》2008年第4期。

高标准推进学校各项事业改革发展注入了强大动力。

4. 经济社会发展对人才培养提出新需求。全球经济贸易增速放缓，国内周期性问题与结构性矛盾叠加，我国经济运行面临的风险挑战很多，已由高速增长阶段转向高质量发展阶段。创新是引领发展的第一动力，新技术、新产业、新职业不断涌现，社会对高层次创新型专门人才的要求越来越高，需求越来越迫切。推进国家治理体系和治理能力现代化，亟须大量基层治理专业化、法治化的高层次人才。上海正建设卓越的全球城市，并承担了增设上海自贸试验区新片区、设立科创板并试点注册制、将长三角区域一体化发展上升为国家战略三大建设任务，亟须培养具有全球视野、通晓不同国家和地区法律制度，拥有人工智能、信息网络等多学科知识的新型涉外法律人才。上海政法学院的学科特点在满足这些人才需求方面具有一定的优势，这也为学校法学主干优势学科实现新的跨越式发展创造了条件和契机，为学校教育事业的"供给侧"改革发展提供了机遇。

5. 国家级平台为学校高质量发展注入新动力。国家级平台是展示学校综合实力、提升学校社会知名度的重要标志，在支撑学校"双一流"建设、推动政法院校高质量发展方面具有重要作用。2013 年 9 月 13 日，习近平主席出席上海合作组织比什凯克元首峰会时宣布，中方将在上海政法学院设立"中国—上海合作组织国际司法交流合作培训基地"，愿意利用这一平台为其他成员国培养司法人才。④ 此后，习近平主席又分别在上海合作组织杜尚别峰会、乌法峰会、青岛峰会上强调了中国—上合基地的重要功能。这是新中国成立以来上海地方高校直接服务国家整体外交战略和安全战略的典型案例。2017 年，上海市人民政府发布的《上海服务国家"一带一路"建设发挥桥头堡作用行动方案》，对学校和中国—上合基地提出了"为沿线国家（地区）培养政府精英"的战略任务。上海政法学院充分珍惜这难得的机遇，主动对接国家外交和安全战略的重大需求，紧扣上海建设"五个中心"的发展目标，把中国—上合基

④ 参见习近平系列重要讲话数据库，载人民网 2013 年 9 月 13 日，http://jhsjk.people.cn/article/22917946。

地建设成为“国内一流、国际有较强影响力的培训、智库、论坛交流平台与人才学科高地”,成为以官员培训、反恐维稳、人才培养、国际交流、学术研讨、法律咨询、文献信息为主要功能的国家级国际司法交流合作平台。中国—上合基地的建设与发展,对学校学科建设、人才培养、队伍建设、国际化办学等都具有重要的推动作用。

总之,学校的发展处于战略机遇期,挑战虽艰、风险虽多,但也孕育着巨大机遇。要直面党和国家事业发展对教育、科学知识和优秀人才的迫切需要,直面世界百年未有之大变局加速演进的深刻调整,直面国内外高等教育千帆竞发、百舸争流的竞争态势,直面地方经济社会发展的定位需求。深刻把握时与势的变化、危与机的转化、竞与合的衍化,准确识变、科学应变、主动求变,努力开创扎根中国大地办大学、培养社会主义建设者和接班人的新局面,开创建设具有鲜明政法特色的一流应用型大学的新局面,进一步构筑起应用型政法院校特有的战略优势。

(二)新时代应用型政法院校发展面临的挑战

1.全国高等院校之间的竞争日趋激烈。我国高等教育进入大众化阶段以后,大学之间的竞争日趋激烈。由于高等教育人才培养结构错位、复合型人才需求与单科性培养模式尖锐冲突、规模扩张与内涵发展之间的矛盾加剧,我国高等教育面临大分化、大调整的格局。同时,政法院校同质化办学比较突出,传统的文科类专业培养模式与社会的需求存在脱节,综合性一流大学的法学院则逐渐拥有更多更大的发展平台。可以说,前面的标兵越来越强,后面的追兵越来越多。应用型政法院校如何通过凝练发展特色,持续发力,在法学教育教学领域形成优势,仍面临较大挑战。

2.学科建设与科学研究压力与日俱增。以法学为主干学科的应用型政法院校面临学科困局,即国家重点学科的布局基本完成,相应的学科圈层趋于固化,争创一流学科的竞争日趋激烈,给法学学科建设上层次上台阶带来巨大压力和变数。同时,国家级重点人文社科研究基地偏少,制约了承接研究重大科研项目的平台;重大社科研究项目偏少,妨碍科研核心竞争力提升;高水平科研成果不多,致使社会影响力有限。

3. 教育对外开放给地方高校带来全新挑战。十九届五中全会提出，新发展格局不是封闭的国内循环，而是开放的国内国际双循环。要实行高水平对外开放，开拓合作共赢新局面，形成对外开放新格局，这就要求未来要根据国内外形势的新变化，继续扎实推进高等教育国际化进程。高等教育国际化已成为当前我国高等教育发展的重要趋势，国际化程度已成为衡量一所高校办学水平的重要标志。在全球范围内选聘高水平的师资队伍、开展国际合作研究、吸引国际优秀生源、提升学生的跨文化交流能力和在国家改革开放战略中发挥积极作用等，都是学校在国际化进程中面临的全新挑战。

4. 信息技术对教育手段的冲击已见端倪。以教育信息化带动教育现代化，破解制约教育发展的难题，促进教育模式的创新与改革，是国家加快从教育大国向教育强国迈进的重大战略抉择。实现互联互通，促进教育资源共享，已迫在眉睫。应用型政法院校对现代信息技术的认识不足，掌握和运用现代信息技术的水平还有待提高；基础设施亟待完善和改造升级；数字教育资源共建共享的有效机制尚未形成；以信息技术为支撑、以教育内容为根本的人才培养模式尚未完全形成；信息“孤岛”成为提升管理工作效率和水平的掣肘。

因此，在未来较长的时期内，应用型政法院校将面临较为复杂的外部环境。随着信息技术的发展以及地方建设现代化城市步伐的迈进，高等教育面临的竞争压力将越来越大，任务越来越具有挑战性。作为以法科为主的地方特色性高校，必须认真思考如何充分吸取国际经验，整合国际资源，优化国际合作模式，提升核心竞争力；必须缜密论证如何结合国情、校情和学科属性，立足实际，走特色发展之路，实现高质量发展目标。

二、错位竞争，差异化发展——坚持应用型办学特色

应用型大学是适应高等教育由精英化向大众化发展、教育类型由学

术型向应用型演变的产物。[⑤] 作为全国教育改革先行试验区,上海更是根据人才培养与科学研究的主体功能,将高校进一步划分为学术研究型、应用研究型、应用技能型和应用技术型四种类型,并据此展开分类评价,其主要目的之一就在于"引导不同类型高校在各自类型中各安其位、努力办出水平和特色的作用"[⑥]。实践表明,提升学校应用型建设质量,需要强化差异化发展和错位式竞争,着力在办出学科专业特色上下功夫,以特色提升竞争力,以特色扩大办学影响力,以特色促进学校发展。

"应用型大学主要培养符合社会需求的,尤其是地方发展需要的各类应用型高级专门人才。"[⑦]新时代应用型政法院校需要打造特色鲜明的应用型人才培养体系。例如,上海政法学院以"凸显特色、提升质量"为目标,基本形成具有鲜明特色、符合学校定位的复合型、应用型人才培养模式。学校以培养"法律价值引领下的复合应用型人才"为特色,按照培养理论基础扎实,具有法治精神、创新思维、全球视野和实践能力的高素质复合应用型人才的目标,深入推进包括培养模式、教学计划、课程模块设置、教学内容、教学方法五个方面教学综合改革,努力形成相对成熟稳定的应用型人才培养模式和培养体系。

长期以来,法学教育规模扩大与教育质量确保之间矛盾突出,尤其"严重危害了本科教育这一法学教育中最基础部分的教学质量"。[⑧] 应用型人才培养体系构建不能哗众取宠,华而不实,要以提高人才培养质量为根本。具体而言,要从教、学、管三个维度完善健全质量监控体系、严格教学规范、强化过程考核、全面改善学风。在人才培养理念、课堂教学、实践教学、过程考核、期末考核等方面推进"严进、严管、严出"的学风建设,对学科主干课程制定高标准的教学与考核要求,以高标准的考核"倒逼"学生加大学习投入,持续推进优良学风建设,形成学生自主学习的良好氛围,大幅提升学校人才培养质量。探索学生成长增值评价,

---

⑤ 参见孔繁敏等:《建设应用型大学之路》,北京大学出版社2006年版,第34~47页。

⑥ 张兴:《分类评价:指标设计、操作程式和结果应用——以上海高校分类评价为例》,载《教育发展研究》2020年第19期。

⑦ 孔繁敏等:《建设应用型大学之路》,北京大学出版社2006年版,第54页。

⑧ 韩大元:《全球化背景下中国法学教育面临的挑战》,载《法学杂志》2011年第3期。

重视学生学习体验、自我发展能力和职业发展能力的具体措施及实施成效。此外,在上海政法学院的探索与规划中,应用型人才培养体系构建还需要全方位的机制改革与创新。

1.加强法学教育综合改革。探索试点学部制管理改革,在培养定位、学制、模式、课程等领域,统筹推进学校法学教育综合改革,实施法学专业一二年级基础学院培养机制改革、法律职业能力导向的课程与考核机制改革、法学专业复合型人才培养机制改革三大改革计划,形成与应用型人才培养和行业、职业人才需求相匹配的新一轮人才培养方案。做好司法警察学等新专业的申报工作,推进监狱学、法学(AI法学方向)、法学(体育法方向)、法学(海外安全管理)、人民调解等各类试点班、专业方向班的人才培养机制创新,着力凸显学校法学人才培养特色。

2.打造"卓越人才培养特区"。贯彻落实教育部《国家中长期教育改革和发展规划纲要(2010—2020)》中"牢固确立人才培养在高校工作中的中心地位,着力培养信念执著、品德优良、知识丰富、本领过硬的高素质专门人才和拔尖创新人才"的相关要求,总结学校卓越法律人才、涉外卓越法律人才等各类卓越人才培养试点班的经验,打造"卓越人才培养特区",在教学管理、师资队伍配置与考核、校企合作领域制定特区政策和实施方案。以涉外律师硕士培养项目为抓手,探索建立本硕贯通的涉外法治人才培养模式,围绕"具有国际视野、通晓国际规则、善于处理国际事务"的核心目标,制定以"厚基础、强能力、重外语、显特色"四个理念为特征的人才培养方案,构建"国内法治与国际法治并重、学科建设与课程创新并重、理论教学和实践教学并重、共性培养与个性发展并重"四个并重的特色课程体系。鼓励相关二级学院以专业方向班、特色人才培养试点班为载体,深入开展产教融合卓越人才培养模式改革,并取得良好效果。"十四五"末期,卓越创新类人才培养规模达到学校在校人数的10%以上。

3.推进法学新文科建设。学校坚持需求导向,主动适应国家和社会发展需要,紧盯相关学科前沿领域,通过多学科的复合交叉,努力构建具有政法底色和时代特色的学科体系。学校围绕服务国家战略和上海城市发展,推进多学科相互交叉融合,构建城市治理法治保障、多元纠纷解决机制、“一带一路”司法等特色学科方向群,努力在特大城市治理、国际商事仲裁、“一带一路”法律保障、长三角一体化法治建设、党内法规研究等方面形成学术品牌。深入贯彻落实总体国家安全观,推进国家安全学一级学科建设。目前已初步形成反恐安全、数据安全、海洋安全、全球安全治理等研究特色。在国家安全部、上海市国家安全局的支持下,着力打造国家(上海)反恐大数据重点实验室。深入贯彻落实人工智能国家战略,积极推进人工智能法学学科建设。加强专业论证,力争人工智能法学进入目录外专业。组建教材编纂委员会,编写人工智能法学系列教材。积极筹建《人工智能法学》连续出版物,推进人工智能法学学术交流和学科发展。

4.实施实践教学提升计划。以学校两级管理改革为契机,不断加快实验实训管理体制和运行机制改革,全面整合校内实验实训资源,促进实验实训教学资源优化。推进信息技术和本科教育教学的深度融合,持续加快虚拟仿真实验教学建设,丰富线上实验教学资源,提升学校实验实训教学水平。发挥“三学期制”优势,优化夏季学期实践教学方式方法,通过“校内实务课程+校外基地实习”,确保学生在实践教学环节“吃得饱”“吃得好”,切实提高专业应用能力。持续开展创新创业训练计划。以全国“挑战杯”、中国“互联网+”、“大学生创新创业训练计划”等赛事为导向,以校内“创新创业实践实训园区”为平台,加大力度选拔学生开展创新创业教育与实践活动,强化项目训练,遴选精品项目参加全国、上海市“挑战杯”,中国“互联网+”和“创青春”大赛,全面提升学生的科技创新能力。近年来,学校开展大学生创新创业教育取得了一系列成果,包括第七届全国大学生创新创业年会最高奖、第七届全国大学生模拟法庭竞赛冠军、第七届上海市“知行杯”社会实践大赛特等奖、第十六届上海市“挑战杯”决赛特等奖、2020美国大学生数学建模竞赛一等奖、四次上海市大学生法治辩论赛冠军等荣誉;大学生摄制的纪录片多次获得国内外大奖。

5.打造立体化高水平支撑平台。构建中央、上海和学校三个层面的立体化平台网络,为学科发展提供有力支撑。中央层面:先后获批中国—上海合作组织国际司法交流合作培训基地、最高人民法院民四庭"一带一路"司法研究基地、最高人民检察院上海合作组织检察官培训基地、司法部中国—上海合作组织法律服务委员会合作交流基地、司法部调解理论研究与人才培训基地、教育部全媒体时代教育法律法规执行力研究与实践中心等。上海层面:先后获批上海高校人文社科重点研究基地、上海教育立法咨询与服务研究基地、上海市规范性文件备案审查工作研究中心、上海一类智库(上海全球安全治理研究院)、上海市"一带一路"安全合作与中国海外利益保护协同创新中心等。学校层面:成立国家安全研究院、社会治理研究院、人工智能法治研究院、体育法治研究院、长三角一体化发展战略研究院及系列研究中心等。通过这些平台,为人才培养和学科建设提供有力支撑。

三、改革驱动,现代化发展——优化应用型大学治理体系

教育必须面向现代化,而现代化"核心是要构建现代大学制度"。[⑨]事实上,推进大学治理体系与治理能力现代化是完善和发展中国特色社会主义制度,推进国家治理体系和治理能力现代化的必然要求与题中之义。实践表明,"既有中国特色社会主义大学基本性质,又具有各自高校鲜明特色的大学治理结构,必将成为中国现代大学制度建设的坚实基础和强大推动力量"[⑩]。因此,新时代政法院校的发展需要坚持改革驱动战略,以改革引领发展,不断提升大学治理能力,推动政法院校现代化。申言之,包括制度与主体两个层面。

在制度层面,"现代大学治理是法律维度下的治理,是以章程为制度

---

⑨ 徐显明等:《改革开放四十年的中国法学教育》,载《中国法律评论》2018 年第 3 期。

⑩ 顾海良:《完善内部治理结构建设现代大学制度》,载《中国高等教育》2010 年第 15 期。

载体的治理”。[11] 上海政法学院按照“1 + N”模式,即“章程 + 若干核心制度”的模式构建大学内部治理框架,进一步修订、完善学校核心制度,严格做好学校规章制度的“废、改、立”工作与汇编公布制度。推进建立学校重大决策、规范性文件的合法性审查制度,全面梳理、新建、修订和完善学校的各项制度,加快推进依法治校和法治高校建设,建立完善现代大学制度体系。尤其要改革效能建设工作机制,制订《关于加强机关效能建设实施办法》,完善承诺制、公示制、问政答询制度、校务公开制、分层追究制、定期学习制等基本工作制度,促进效能建设长效机制的建立。

在主体层面,“大学治理结构必须体现以社会为本的现代精神,有能力吸纳各种利益相关者的资源”[12],需要发挥好学术委员会的作用,充分发挥教授在教学、学术研究和学校管理中的作用。充分尊重并切实保障教职工的合法权益,建立完善师生利益表达机制和建言献策渠道,充分发挥师生在学校建设与发展中的主体作用。同时,成立校务委员会,吸收政法部门、杰出校友、知名专家学者等参与办学治校,提高决策的民主化、科学化水平。加强校企联动,引入社会资源,建立学校与行业企业联合培养人才的有效机制。目前已在人工智能法学院、上海纪录片学院、丝绸之路律师学院试点建立理事会,实行与行业企业深度融合,共同培养专业人才。

当然,现代大学治理还需要进一步适应新时代的要求。

第一,现代大学治理需要深化新时代教育评价改革。中共中央、国务院印发的《深化新时代教育评价改革总体方案》指出,要“系统推进教育评价改革。坚持科学有效,改进结果评价,强化过程评价,探索增值评价,健全综合评价”。由此现代大学教育评价改革不能仅仅局限于教育质量科学监测和评估的管理问题、技术问题,而是要“实现立德树人根本

---

[11] 湛中乐、徐靖:《通过章程的现代大学治理》,载《法制与社会发展》2010年第3期。

[12] 龚怡祖:《大学治理结构:现代大学制度的基石》,载《教育研究》2009年第6期。

任务，培育德智体美劳全面发展的时代新人的价值问题、使命问题”。[13]

第二，现代大学治理需要高校坚持自身定位，推动自身特色发展。例如，上海政法学院严格对标上海高校分类评价指标的要求，坚持“特色类应用技术型高校”的定位和“创建具有鲜明政法特色的一流应用型大学”的发展目标，找差距、补短板、强弱项，汇聚全校力量，着力推进学校高质量发展、内涵式发展和特色发展，力争学校分类评价排名实现整体提升，大幅提升学校内涵建设整体影响力。

第三，现代大学治理需要持续推进校院两级管理改革。深化高校校院两级管理，既是建设中国现代大学制度的有效路径，也是建设中国现代大学制度的基点和突破口。[14] 例如，上海政法学院以3年为一个周期，持续深化校院两级管理改革。在规范目标管理的基础上，进一步完善科学、公正的考核评价机制和激励机制，鼓励二级单位集中精力完成各自的工作目标，引导学院实现创新发展、特色发展。同时，在严格预算管理和财务制度的基础上，将更多的经费下放学院，推进校院两级财务管理体制改革。

第四，现代大学治理需要坚持共享发展，提升师生共建共享成果获得感。打造“共建共治共享”新格局是实现大学善治的必由之路，“是新时代高等教育改革的客观要求，是促进高等教育内涵式发展的现实需要，是加快和保障‘双一流’建设的必要条件”。[15] 提升大学治理水平需要坚持共享发展，坚持“发展为了师生、发展依靠师生、发展成果由师生共享”的理念，使全体师生在共建共享发展中有更多获得感，进一步增强发展动力和凝聚力。坚持以社会主义核心价值体系为根本，形成尊重教师、尊重学生、尊重劳动、尊重创造、尊重个性的氛围，形成崇尚学术、崇尚创新、学风严谨、求真务实的校风，形成讲大局、讲责任、讲协作、讲公

---

⑬ 李怀杰：《把握新时代教育评价改革的四个维度》，载《中国社会科学报》2021年5月31日，第5版。

⑭ 参见许杰：《深化校院两级管理：经验与思索》，载《国家教育行政学院学报》2016年第1期。

⑮ 胡弼成、欧阳鹏：《共建共治共享：大学治理法治化新格局——基于习近平的社会治理理念》，载《中南大学学报（社会科学版）》2019年第6期。

德、讲诚信、讲正气的风尚,积极营造"心齐、气顺、劲足、和谐、安宁、稳定"的发展环境。

四、全球视野,开放化发展——打造国际化办学特色

"大学的发展历史是其成长开放的历史,开放是大学的本质属性,世界上越是一流的大学越是最开放的大学。"⑯因此,新时代政法院校需要做好"引进来"与"走出去"相结合,提高国际化办学水平。充分利用国际经验,对接国家和地方经济与社会发展战略,高度关注理论与实践前沿,谋篇布局、精心设计,明晰学校发展战略和路径。但更为重要的是,作为地方应用型政法院校,应如何处理好服务地方与面向世界、保持特色和对外开放这些关系。对此,上海政法学院正在进行相关的探索,具体而言。

(一)以中国—上合基地为平台提升服务国家战略能级

面对世界百年未有之大变局和日益复杂多变的国际形势,学校主动应变求变,以中国—上合基地为依托,聚焦安全和法治两大主题,大力推进涉外培训、智库建设和法律服务,努力为服务国家战略作出上海政法学院贡献。

1. 涉外培训搭建安全法治之桥。近年来,中国—上合基地已完成数十期涉外培训任务,培养了一大批上合组织国家、"一带一路"沿线国家的司法官员,为巩固安全稳定的地区环境,推进构建上合组织命运共同体和人类命运共同体发挥了积极作用。

2. 智库论坛贡献安全法治之策。学校以上海全球安全治理研究院为主体,着力打造"一带一路"安全合作与中国海外利益保护协同创新中心,围绕上合组织法治、反恐安全、中美关系、全球治理等加强应用研究,产出一批高质量决策咨询成果。决策咨询专报数量和质量稳居上海

⑯ 马陆亭:《开放是大学的本质属性》,载《辽宁教育研究》2008年第4期。

高校前列，对国家重大战略决策产生了重要影响。同时，每年举办20余场国内国际高端学术论坛，包括首届上合组织国家法律服务国际论坛、上合高端论坛、上合组织法治论坛、世界人工智能大会法治青年论坛等高层次学术活动，品牌效应不断凸显。

3. 法律服务构筑安全法治之基。加强中国—上海合作组织法律服务委员会交流合作基地建设，启动中俄法律翻译工程，先期完成30部俄罗斯法律翻译项目。收集整理上合组织法律、经济、安全与反恐等方面的文献资料，努力建成国内这一领域最具特色的文献信息中心。积极与海牙国际私法会议、国际商会、斯德哥尔摩商会仲裁院等建立合作关系，积极推动构建上合组织和"一带一路"多元化纠纷解决机制，助力上海建设"一带一路"国际仲裁中心。

（二）以积极汇聚优质办学资源为基础融通地方与世界

无论服务地方还是面向世界，都离不开办学资源的支持。正因如此，上海政法学院主动对接中央部委和上海市各委办局、区级政府，建立在相关领域的战略合作和共建机制，争取重大项目和平台落户学校。传承政法行业优良办学传统，探索与上海市司法行政系统合作培养司法人才新模式。以中国国际进口博览会为重要契机，深化与中央部委、上海各委办局和青浦区等地方人民政府全面战略合作，分批启动具体合作项目。拓展企事业单位合作渠道，鼓励二级学院积极开展与政府部门和企事业单位互利互惠合作。

同时，努力探索推进境外合作办学。2018年，经国家汉语国际推广领导小组办公室批准，学校与印度金德尔全球大学合作成立汉语言培训与研究中心。这是我国在印度建立的第一所汉语言培训与研究中心，对在南亚地区传播中国文化具有重要意义。目前，学校正在推进马耳他境外合作办学项目、与法国里昂商学院开展中外合作办学机构合作，拟设立中欧法商学院、与俄罗斯欧亚经济联盟大学合作设立中俄政法学院、与俄罗斯索契国立大学合作设立汉语言培训与研究中心等，更好地实施学校国际化规划，拓展国际教育资源。

（三）以积极的国际化姿态在发展中创品牌

是维持所谓特色还是在开放竞争中提升特色水平？上海政法学院

在两个方面给出了答案。其一,深化同国际组织合作交流,增强学校国际法学科优势与人才培养特色。选派优秀教师、研究人员与学生赴专业型国际组织开展对口科研合作和实习,深化同上海合作组织、国际商会、海牙国际私法会议、国际统一私法协会等高端国际组织等多边机构的深入合作,培养具有全球视野、通晓国际规则、善于处理国际事务的专业人才,为全球教育发展贡献中国力量,为全球教育治理贡献中国方案。学校连续四年入选上海市高校学生赴国际组织实习项目,累计入选人数47名,位居上海高校前列。其二,为更好服务国家战略,学校依托中国—上合基地,打造以上合区域为重点的国际化办学品牌。以上海合作组织成员国、"一带一路"沿线国家、东南亚国家为重点,欧美国家为关键,澳大利亚、新西兰及拉丁美洲地区为拓展,扩大来华留学生生源国别,服务于国家战略和地方发展需要,稳步扩大留学生的规模,提高层次,改善结构,大幅度提升学历学位生比例,争取在做大的基础上做强,树立起"留学上政"品牌。2020年,学校以优异成绩通过来华留学质量认证。2021年,在教育部国际合作与交流司的指导下,在"立格联盟"兄弟高校的支持下,我校与西北政法大学、甘肃政法大学、西安交通大学共同发起成立上海合作组织法律大学联盟,并得到了俄罗斯、乌兹别克斯坦、吉尔吉斯斯坦、哈萨克斯坦等上合组织国家法律大学的积极响应。未来将依托该联盟建成我国和上合组织国家法律类高校开展合作交流的重要平台。

站在实现两个一百年奋斗目标的历史交汇点,面向全面建设社会主义现代化国家的新征程,上海政法学院将在习近平法治思想的指引下,紧紧围绕立德树人的根本任务,紧密对接国家战略和社会需求,不断推进特色发展,持续深化内涵建设,努力建设具有鲜明政法特色的一流应用型大学,为国家经济社会发展和法治建设作出新的更大的贡献。

On the Path Selection of the High-Quality Development of the Application-Oriented Colleges and Universities of Political Science and Law in the New Era

—Taking Shanghai University of Political Science and Law as the Example

Liu Xiaohong

Abstract: Applied Colleges and Universities of Political Science and Law carry the special historical mission entrusted by the New Era. These colleges and universities need to face up to the accelerating changes in the world unseen in a century to the profound adjustment of evolution. These colleges and universities need to face the strategic needs of national and regional economic and social development. These colleges and universities need to face the competitive situation of domestic and overseas higher education. These colleges and universities need to face the many challenges brought about by the opening up of education and the innovation of information technology. To take Shanghai University of Political Science and Law as an example, in the new era, the applied colleges and universities of political science and law need to be future-oriented, adhere to application-oriented characteristics, and create a distinctive application-oriented talent cultivation system, and strengthen differentiated development. The colleges and universities should optimize university governance system, deepen the reform of education evaluation in the New Era, adhere to its own school-running positioning, continue to promote the university-school management reform, adhere to shared development, enhance the sense of achievement of shared results between teachers and students, and promote development modernization. The colleges and universities should also actively gather high-quality school resources as the basis for integration the local and the global, create a brand in development with an active international attitude, and promote openness development.

Key Words: application-oriented type, colleges and universities of political science and law in the new era, differentiation, modernization, openness

全面贯彻习近平法治思想实施七项工程　培养高质量应用型法治人才

吕　涛*　张玉成**

摘　要：贯彻习近平法治思想，提高法治人才培养质量，是法学院校的重要历史使命。山东政法学院以习近平法治思想为指导，以应用型大学建设为契机，深入实施德育引领工程、学科强化工程、科教融合工程、产教融合工程、实践育人工程、协同育人工程和法治服务工程七项工程，立足地方性，强调应用性，突出融合性，法治人才培养质量不断提高。

关键词：习近平法治思想　工程　法治人才　法学教育

党的十八大以来，习近平总书记从坚持和发展中国特色社会主义全局和战略高度，创造性提出全面依法治国的一系列新理念新思想新战略，形成了习近平法治思想。这是马克思主义中国化的最新成果，标志着马克思主义法治思想的新飞跃，是全面依法治国的根本遵循，也是我们进一步深化法学教育改革，提高人才培养质量的行动指南。山东政法学

---

* 吕涛，山东政法学院校长，教授，法学博士。研究方向：司法制度、法学教育。

** 张玉成，山东政法学院教务处处长。研究方向：高等教育学。

院2021年2月获批山东省应用型本科高校建设首批支持单位,学校将学习贯彻习近平法治思想与落实立德树人根本任务、推动应用型大学建设高质量发展紧密结合起来,深入实施七项工程,着力培养高质量应用型法治人才。

一、实施德育引领工程

习近平总书记强调,法学教育要坚持立德树人,不仅要提高学生的法学知识水平,而且要培养学生的思想道德素养。[①] 法学教育五大功能中,排在第一位的就是培养德才兼备的高素质法治人才。[②] 山东政法学院构建了"德育为先,专业为基,德法兼修,全面发展"的A型人才培养体系,大力实施德育引领工程,全面提高学生思想道德素养。强化课程思政,将习近平法治思想和社会主义核心价值观全面贯彻到课程教学之中,实施课程思政五大行动计划,立项一批教学研究与改革项目,培育一批示范课程,树立一批教学名师和团队,建设一批实践育人基地,总结凝练一批新成果、新经验、新模式,努力打造"山政"特色课程思政体系。突出全员育人,通过实施校领导联系班级制度,辅导员、思政教师、专业教师联席会议制度,设立领航党校和扬帆团校,发布学生热点话题排行榜,开展思政育人之星评选、"每院一品"活动等,形成"三全"育人、齐抓共管的德育工作大格局。加强文化育人,学校建有济南战役遗址爱国主义教育基地、法治广场、人权广场、民法典主题广场等特色文化阵地,开展"校长推荐阅读书目""读者俱乐部""名家讲堂"等特色文化活动,不断深化"书香校园"建设,塑造校本文化,弘扬中华传统文化、红色革命文化和社会主义先进文化。

---

① 参见习近平系列重要讲话数据库,载人民网2017年5月3日,http://jhsjk.people.cn/article/29252264。

② 参见徐显明:《高等教育新时代与卓越法律人才培养》,载《中国大学教育》2019年第10期。

二、实施学科强化工程

不管是理性主义的大学观还是工具主义的大学观,都不能忘了:现代大学制度的第一个重要传统就是学科中心,大学的基础组织结构以学科为基础。[③] 山东政法学院从学科建设入手,强化习近平法治思想的理论研究和实践应用。学校第一时间组建了山东政法学院习近平法治思想研究院,由学校党委书记任研究院院长,成员由法学、政治学、管理学、马克思主义理论等方面骨干教师和校外专家组成。同时,学校成立习近平法治思想学科团队,作为学校22个重点发展的学科方向之一予以支持,加大资金投入,完善组织保障。研究院坚持学科专业课程一体化建设,既负责确定研究选题,组织课题申报,开展学术研讨活动,也负责组织教师团队分专题进行集体备课,面向法学专业和非法学专业学生开设习近平法治思想必修课和选修课。研究院不断加强课程建设,开发"习近平法治思想"系列课程,建设"习近平法治思想"线上课程,并在山东省课程联盟上线推广。研究院积极开展对外交流和社会服务,在山东省各地政法系统宣讲习近平法治思想17场,与山东省社会科学院联合召开科研论坛。

三、实施科教融合工程

教学和科研是人才培养过程中的两大引擎,科教融合是高校创新驱动发展的内在要求和创新人才培养的根本保证,[④]应用型大学建设更需

---

③　参见王英杰:《大学基础组织结构的建构:传统与创新》,载《探索与争鸣》2013年第6期。

④　参见邹晓东、韩旭、姚威:《科教融合:高校办学新常态》,载《高等工程教育研究》2016年第1期。

要科研支撑。为促进科研反哺教学,学校集中科研实力强的优质师资,本科教育实施"登鼎计划",研究生教育实施"LAW计划",开办"鼎山学堂""立格法律英语实验班""涉外法治人才实验班"等特色班,推进卓越人才培养。同时,学校设置0.5~2学分的小学分课程,由教师依托科研成果对学生进行学术训练,设立"科研育人"专项研究课题鼓励教师吸纳学生参与研究,毕业论文也鼓励学生积极参与教师科研项目。加强科研机构管理,学校成立的纪检监察学院、网格学院、司法鉴定中心等研究机构,均按照科学研究、人才培养和社会服务"三位一体"的定位进行管理和运行,各类研究机构既承担科研任务,也承担教学任务,同时对外开展社会服务,实现社会服务与人才培养互动互促、融合发展。强化教师专业指导,实行导师制,所有本科生都有高水平教师指导,所有的社团活动都有专业教师指导,学科竞赛也有专业教师全程指导,大学生"双创"活动也大多依托于教师的教学科研项目。

四、实施产教融合工程

加强新文科建设,推动产教深度融合,已经成为应用型法学教育高质量发展的必由之路。"教"不是仅仅对接某个企业的"产",而是对接整个行业的"产";"融合"也不是学校和企业简单意义上的"合作",而是相互渗透、相互促进。⑤ 山东政法学院联合山东省司法厅和山东省律师协会共同创建的律师产业学院,就是要贯通理论和实务,促进人才培养规格与法律职业标准有效衔接、人才培养过程与法治工作实践有机融合,打造"政、产、教、学、研、服、用"一体化的法律职业共同体,为培养高质量应用型法治人才提供一个新平台。律师学院采取"1+N+N"的运行模式,基于学校和省律协的合作办学协议,学校对接N个律师事务所,分别开设N个专业特色培养班。目前设有涉外法治、商事法治、刑

⑤ 参见吴思等:《地方应用型本科院校产教融合人才培养模式:以金融学专业为例》,载《教育观察》2018年第13期。

事法治、行政法治等特色班,后续还会进行动态调整。各班采取微专业的办学模式,面向法学专业高年级学生、研究生、社会律师以及其他法律实务人员开放招生,由学校和合作律师事务所共同制定人才培养工作方案、共同组建师资队伍、共同开发课程体系、共同开展教学活动,形成“律所延伸到学校里、教室搬到律所里”深度融合的合作办学机制。学校与省监狱管理局合作共建监狱学专业,联合招生,采取警务化管理,多措并举、实现百分百就业,已经取得显著的办学成效。

五、实施实践育人工程

习近平总书记强调,法学学科是实践性很强的学科,法学教育要处理好知识教学和实践教学的关系。⑥ 在新文科建设推进人才培养中社会实践与理论教学相结合,提高实践教学在人才培养中的比重,促进法学教育与法律职业的深度衔接。⑦ 学校实施实践育人工程,不断强化实践教学,提高应用型人才培养质量。打造实践教育平台,形成了以法学教学实训中心为纽带,法律诊所教育中心、法律援助中心、司法鉴定中心、民商事调解中心等产教研平台为支撑,遍布全省 16 市的 365 个实践教学基地为补充的“1 +4 + X”法治实践教育平台。提高实践教学质量,在原有的案例库建设和实务大讲堂的基础上,进一步推进实践与教学的深度融合,启动法治人才(分岗位)职业标准调研行动,开设“大律师讲法律”系列课程,实施“学生在现场”计划,进一步推进教学内容与法律实践紧密对接,教学过程与实践过程紧密对接。提升教师实践能力,设立产业教授流动岗位,从行业企业选聘产业教授联合培养人才,积极探索本科教学“双导师”制,安排行业企业导师参与学生指导工作,在行业

⑥ 参见习近平系列重要讲话数据库,载人民网 2017 年 5 月 3 日,http://jhsjk.people.cn/article/29252264。

⑦ 参见胡巍:《复合型法律职业人才培养模式研究》,载《河南教育学院学报(哲学社会科学版)》2020 年第 2 期。

企业、国家机关建立覆盖所有专业的双师型教师培训基地,年师均实践锻炼1~2个月,学习锻炼1年以上的新教师数占比达到80%以上。

六、实施协同育人工程

协同育人模式是一种能够充分解决高校培养应用型人才的能力,缓解与地方企业行业的人力资源得不到满足之间的矛盾的全新的人才培养模式。为实现协同效应,需要在协同前识别目标协同、各要素产生协同的可能性,在协同中协调参与主体,综合现有资源,构建协同机制,最终实现整体价值的增加。[⑧] 山东政法学院作为新建普通本科院校,在"立格联盟"成员高校中属于建设基础相对薄弱的学校,就更需要借助和整合各种内外部办学资源,打造协同育人共同体,努力推动学校高质量发展。加强校内协同,大力推进新文科建设,出台《金课建设管理办法》,推动学校专业之间的交叉融合发展,面向社会需求和学生需求,开设更多的跨学科、跨学院的新课程,提高课程建设质量。加强校地协同,与山东省高级人民法院共建实习生制度,实习一学期,由法院安排业务精通、经验丰富的资深法官担任指导教师,进行"一对一"指导,让实习生全方位参与到审判执行工作的各个环节,帮助实习生深化对专业知识的掌握,提升解决实际问题的能力。加强校校合作,"立格联盟"高校给予支持和帮助,学校先后派送交换生赴中国政法大学、华东政法大学、西南政法大学和甘肃政法大学访学,今后还将探索与"立格联盟"其他高校建立合作关系,同时也将与山东省内高校建立合作关系,进一步扩展协同育人平台。

⑧ 参见刘晶晶:《基于协同理论的高职教育产教融合机制及优化策略研究》,华中师范大学2019年硕士学位论文,第24页。

七、实施法治服务工程

社会服务是高校基本职能之一，地方院校在履行社会服务职能时就应该扎根地方、着眼区域，以服务地方社会经济为己任。“高等教育区域化是我国经济社会发展的客观要求，是深化高等教育体制改革的必然结果，地方院校要适应地方经济的发展，办出地方特色，为地方社会经济发展服务。”⑨服务和保障全面依法治国战略和区域经济社会发展，是贯彻落实习近平法治思想的必然要求，也是应用型政法类高校的时代担当。山东政法学院与省人大常委会、省委政法委、省法院、省检察院、省司法厅、省法学会合作，分别设立山东省人大立法研究服务基地、政法干部培训基地、社会治理与法治建设研究中心、公益诉讼检察研究基地、民商事调解中心、网格学院等省级科研服务平台，与济南市人大常委会、济南市中级人民法院、济南市人民检察院、济南市司法局、济南市历下区等驻地单位签署战略合作协议，深度参与地方立法、司法实务、政府法治、法律服务、全民普法、基层社会治理等法治建设全过程。积极对接服务山东省八大发展战略、九大攻坚行动和十强产业，学校成立了山东省八大发展战略与法律保障研究中心，与山东黄河河务局合作，服务黄河发展战略；与山东省贸促会合作，服务中日韩自贸区建设；与山东京博控股集团等企业合作，服务民营企业健康发展；等等，校地合作“朋友圈”不断扩大。法律援助工作站和司法鉴定中心分别被评为“全国法律援助先进集体”和“全国公共法律服务工作先进集体”。学校在服务国家战略和区域经济社会发展的生动实践中锻炼了队伍，检验了办学成效，壮大了办学实力，也作出了山东政法学院的贡献。

立足新发展阶段，学校坚持以习近平新时代中国特色社会主义思想为指导，深入贯彻落实习近平法治思想，紧紧围绕立德树人根本任务，以应用

⑨　董泽芳、柯佑祥：《高等教育区域化研究》，载《江苏高教》2000年第5期。

型大学建设高质量发展为主线,以服务国家战略和新时代现代化强国建设为导向,以改革创新为动力,以实现学生德智体美劳全面发展为目标,继续深化"特色山政"、"文化山政"、"法治山政"、"智慧山政"、"开放山政"、"和谐山政"和"人才山政"建设,加速提升办学实力和整体水平,为全面建成特色鲜明、全省一流、在全国有重要影响的应用型政法类大学而努力奋斗。

On Comprehensively Implementing Xi Jinping Thought on the Rule of Law and Carrying out the Seven Projects to Cultivate high-quality applied Rule-of-Law Talent

Lv Tao　Zhang Yucheng

Abstract: Carrying out Xi Jinping Thought on the Rule of Law and improving the quality of talent cultivation for the rule of law is an important historical mission of the colleges and universities of political science and law. Shandong University of Political Science and Law is guided by Xi Jinping Thought on the Rule of Law is taking the construction of an applied university as an opportunity to implement seven projects in depth, including: moral education leading project, discipline strengthening project, science and education integrating project, production and education integration project, practical education project, collaborative education project and the rule of law serving project. based on her local characteristics, Shandong University of Political Science and Law emphasizes the features of application and integration and the cultivation of legal talent has been continuously improved

Key Words: Xi Jinping Thought on the Rule of Law, projects, rule-of-law talent, legal education

深化本科教学改革
培育卓越法治人才
——河南财经政法大学法学专业本科教学改革路径探索

高新才*

摘　要：河南财经政法大学在法学专业本科教学中，坚持以习近平法治思想为指导，持续推动“新文科”建设，大力加强一流专业和一流课程建设，全方位开展实践教学，不断完善质量保障体系，全过程打造课程思政，培育出一大批卓越法治人才。下一步，学校将推动法学专业本科教学改革进一步引向深入。

关键词：法学本科教学　习近平法治思想　卓越法治人才

习近平总书记在中央全面依法治国工作会议上发表重要讲话强调，要坚持建设德才兼备的高素质法治工作队伍。① 河南财经政法大学作为全国政法大学“立格联盟”成员单位，作为河南省首批“复合

*　高新才，河南财经政法大学校长，教授，博士生导师。研究方向：区域经济学和理论经济学。

①　参见习近平系列重要讲话数据库，载人民网 2020 年 11 月 17 日，http://jhsjk.people.cn/article/31934454。

型、实用型卓越法律人才教育培养基地",坚持以习近平法治思想为指导,坚持"以本为本",不断推进高水平法学本科教育,努力培育卓越法治人才。

一、河南财经政法大学法学教育的简要介绍

河南财经政法大学根植中原大地,以经济、管理、法学为骨干学科。作为全省唯一的财经政法类大学,在法学教育的历史渊源、招生人数、师资力量、院系设置、人才培养质量等方面在全省居于领先地位。目前,全校共有法学专业教师306人,其中教授57人、副教授115人,副高以上人员占比达56.21%。在专任教师队伍中,45岁以上136人,45岁以下185人,中青年教师成为教学和科研的中坚力量。拥有国务院特殊津贴专家、河南省优秀中青年法学家等20余人,30余名教师兼任全国性学术研究会常务理事、理事、河南省法学会及各研究会会长、副会长、秘书长等。

近年来,我校法学专业每年招生近1000人,现有法学专业在校生近4000人。我校具有完备的法学教学、研究机构和法学人才培养体系,有三个法学教学院系:法学院(以宪法、法理、国际法为主要研究方向)、民商经济法学院(以民商法、经济法、环境法为主要研究方向)、刑事司法学院(以刑法、刑事诉讼法、民事诉讼法为主要研究方向),有河南省省级实验教学中心——法学实验教学中心,河南省人文社会科学重点研究基地——诉讼法研究中心。2019年8月,最高人民检察院授予我校全国首批"司法案例研究基地"。自2006年我校法学获批3个二级学科硕士学位授权点以来,在人才培养、科学研究、社会服务、国际交流合作等方面不断取得进步。目前,我校有法学一级学科硕士学位授权点及法律专业硕士学位授权点。2012年和2018年,我校法学学科被评为河南省一级重点学科,2019年获批国家级一流本科专业建设点、河南省研究生教育创新培养基地。

二、河南财经政法大学法学学科建设的特点和优势

我校学科建设以经、管、法交叉融合为主要特色，学科互补优势明显，在与生态学、财政学、农林经济管理、文化传播等学科深度融合的基础上，产出了一批具有原创性和系统性的研究成果，在财政宪法、流域生态保护法律政策、中国传统司法文化等领域形成了稳定的研究方向。

在建设发展过程中，法学学科充分发挥特色优势，注重协同创新，紧密结合河南省经济社会发展现实需求，先后与中国人民大学共建律师学院、与河南省知识产权局共建知识产权学院、与河南省生态环境厅共建绿色发展法律政策研究基地、与南阳市委共建南水北调研究院；先后受托、受邀参与起草《黄河保护立法(草案)》《中国(河南)自由贸易试验区条例》《河南省南水北调饮用水源保护条例》《河南省辐射污染防治条例》等30余项地方性法规、规章和政策；多位教师被聘为河南省委法律顾问、河南省委法律咨询专家、河南省纪委法律顾问、河南省人大常委会立法咨询专家、河南省人民检察院专家咨询委员会委员、河南省法官检察官遴选委员会委员等，为促进法治河南建设和河南省经济社会发展建言献策，贡献智慧。

三、河南财经政法大学法学本科教学的做法和成效

1.持续推动“新文科”建设，培育复合型法治人才。我校法学专业发挥经、管、法学科交叉的优势，深化专业综合改革，优化专业结构，不断打造专业特色和优势。首先，凝练专业方向，逐步形成了环境资源法学、财税法学、经济刑法学等特色方向。其次，设立知识产权学院，与民商经济法学院合作办公，在传统法学专业基础上进行改造提升，实现法学专业内涵式发展。最后，设立律师学院，与法学院合作办公，融合法律硕士

教育,构建与省法学会、省市律协以及各类法律服务实体的合作平台,探索教学与实践合作、与科研合作、与社会服务合作的产学研一体化发展路径。比如,我校正在以“黄河流域生态保护和高质量发展法律制度体系研究”获批国家社科基金重大项目为抓手,以科研促进教学,提高法学专业教学质量。

2. 大力加强一流专业和一流课程建设,培育高素养法治人才。首先,我校以法学专业入选首批国家级一流本科专业建设点为契机,在人才培养特色上下功夫,持续提升专业内涵和建设水平。其次,开展课程体系化建设,持续实施一流课程项目、精品课程项目、慕课项目等教学培育项目工程,“外国法制史”课程被评为国家一流课程,“商法学”等多门课程被评为河南省一流本科课程。最后,开展青年教师课程竞赛、课程思政竞赛、美育课程竞赛等多层次的教师讲课竞赛,有力促进了教学团队和教学名师的发展。

3. 全方位开展实践教学,培育应用型法治人才。首先,不断增加实践实训课程比例,建构了包括案(事)例分析、社会调查、法律诊所等课程体系。其次,以法学实验教学中心为依托,建立网上法律法规库、法律案例库、典型案例研究中心、类案检索研究中心,启动网上实验互动平台,使学生通过网络完成角色选择和法律实务的操作流程。最后,通过邀请法律实务部门人员进课堂开展案例教学,举办庭审进校园、法律实务讲堂、案例分析沙龙、模拟法庭、法治辩论、法律文书写作比赛以及组织学生开展法律援助等方式,提高学生的法律知识运用能力、解决实际问题能力和法庭应变能力。至今,我校法学专业在河南省内的法院、检察院、律师事务所已建立80余个实践教学基地。

4. 不断完善质量保障体系,培育高质量法治人才。首先,我校落实教授为本科生上课制度,把教授为本科生上课作为聘任教授的必备条件,并成为法学专业本科教学的常态。其次,法学必修课程全部实行选课制,学校把相关课程老师的个人简介、教学科研情况、上课时间地点放到网上,每学期上课前学生自行选老师,开学后有一周的试听时间,不满意的可以重新选择。最后,实行本科生导师制,同时对本科生“增负加压”，从2018年起，我校对法学专业核心课程实行“双达标”，要求期末考试成绩和课程总评成绩均及格者方为及格，激励法学专业学生刻苦学习、追求卓越。

5.全过程打造思政课程，培育心怀家国的法治人才。我校将习近平法治思想融入法学教育各课程，积极开展习近平总书记重要讲话精神相关的思政课程，推动习近平总书记关于黄河流域生态保护和高质量发展的重要讲话进课堂，推动习近平总书记关于南水北调的重要讲话进课堂，引导学生在“环境保护法”等课程学习中深刻领会“绿水青山就是金山银山”。比如，积极开展疫情特殊时期的思政课程，三个法学院的院长讲授“开学思政第一课”，全校法学专业教师将“把灾难当教材与祖国共成长”主题教育活动有机融入课堂教学，引导学生把疫情当战场、把困难当磨砺，与国家共患难、与人民共进步。在疫情期间，刑事司法学院学生李玥瑶加入社区临时党支部，和父亲一起戴上“志愿者”袖章，在小区巡逻、入户走访，在监测点登记、测体温，父女齐抗疫被当地传为佳话。再比如，以“法律职业伦理”课程为载体，推进法学课程与思政内容的融合建设，在中国传统法治文化、生态文明法治建设等教学中凸显了思政特色。

我校法学专业本科教学改革开展以来，经过不断的探索和努力，取得了一定的成效，主要表现在：学生的信仰更坚定，家国情怀更浓，专业知识更实，视野更广，创新能力、动手能力、解决实际问题能力更强。同时，我们也清醒认识到，法学专业本科教学改革仍有不断提升的空间。下一步，我们将认真贯彻落实教育部办公厅《关于推进习近平法治思想纳入高校法治理论教学体系的通知》，在“1+10+X”课程体系基础上，在更多方面凝练特色学科方向，推动法学专业本科教学改革进一步引向深入，培养更多可堪大任的卓越法治人才，为党和国家实现第二个百年奋斗目标作出河南财经政法大学人的应有贡献。

On the Deepening of Undergraduate Teaching Reform and Cultivating Outstanding Rule-of-Law Talent

—The Exploration of the Path of Undergraduate Teaching Reform for the Law Major in Henan University of Economics and Law

Gao Xincai

Abstract: Henan University of Economics and Law adheres to Xi Jinping Thought on the Rule of Law in the undergraduate teaching of law major, and the university continues to promote the construction of "New Liberal Arts", vigorously strengthens the construction of first-class majors and first-class courses, conducts comprehensive practical teaching. The university also continuously improves the quality assurance system and add ideology education and politics in the curriculum, which aims at cultivate a large number of outstanding rule-of-law talent. In the next step, the university will further deepen the reform of undergraduate teaching in law major.

Key Words: undergraduate teaching of law major, Xi Jinping Thought on the Rule of Law, outstanding rule-of-law talent

以习近平法治思想指导新法学建设

杨宗科*

摘　要：习近平法治思想的提出，具有深刻的原创性和系统性，体现出鲜明的时代特征。其中有关法学教育的新理念新思想新战略，开辟了法学教育改革与研究的新时代，是建设新法学的根本指导思想，理应认真、全面学习贯彻并在法学教育领域加以落实。对于新法学建设而言，习近平法治思想是回答新时代之问的当代马克思主义法治思想，是创新中国特色社会主义法治理论体系的最新成果，是创新法学学术体系、学科体系、课程体系的指导方针，是新时代法学教育改革发展的行动指南，也是指导新法学建设的方法论。

关键词：习近平法治思想　新法学　指导思想

新时代新使命要求文科教育必须加快创新发展，走中国特色的文科教育发展道路。[1] 我国的法学建设已经走过了社会主义革命和建设法学、改革开

---

* 杨宗科，西安市人大常委会副主任，西北政法大学教授，博士生导师。研究方向：法治理论、立法理论、法学教育、国家安全法治及公安法学。

① 参见《新文科建设宣言》，载中国教育在线网，https://news.eol.cn/yaowen/202011/t20201103_2029763.shtml。

放新时期法学两个时期,并进入新时代"新法学"建设时期。② 在新文科建设背景下,以实现中华民族伟大复兴提供法治保障和法学方案作为历史使命的新法学建设,是新时代法学教育发展的重要任务。建设新法学不仅是新文科建设的重要组成部分,更是适应新时代社会主要矛盾变化的客观需要,是法治中国建设的迫切要求,是一场正在兴起的法学教育领域"革命",③也呈现鲜明的中国特色和时代特色。

新时代孕育新思想,新思想指导新实践。④ 习近平法治思想的提出,具有划时代的重要意义,而习近平法治思想中关于更好发挥法学教育在法治中国建设中的基础性、先导性作用的新理念新思想新战略,则把法学教育在推进全面依法治国、推进国家治理现代化历史进程中的地位和作用提到前所未有的高度。党和国家对法学教育改革发展的殷切希望与高度重视,彰显了以习近平同志为核心的党中央对于法学教育的高度重视,也指出了新时代法学教育应该承担的重大历史使命。

事实上,学习贯彻习近平法治思想不仅是一项根本政治任务,也与新法学建设之间存在密切的有机统一关系。一方面,习近平法治思想是新法学建设的根本指导思想,开辟了法学教育及研究的新领域,建设新法学必须在习近平法治思想的指导下展开与落实。另一方面,新法学建设丰富了习近平法治思想在法学教育领域的具体内容,是对习近平法治思想在法学教育领域的践行与呼应。建设新法学必须以习近平法治思想为指导,也一定要体现习近平法治思想有关新时代法学教育新理念新思想新战略的指导意义,以全面推进科学立法、严格执法、公正司法、全民守法为现实任务,发挥法学教育在法治中国建设中的基础性、先导性作用,坚持和发展中国特色社会主义法治对中国传统法律文化的转化,逐步建立体现新时代中国特色、中国风格、中国气度的法学教育新体系。

---

② 参见杨宗科:《论"新法学"的建设理路》,载《法学》2020年第7期。

③ 参见杨宗科:《适应新时代新要求建设"新法科""新法学"》,载《法学教育研究》2020年第1期。

④ 参见王晨:《习近平法治思想是马克思主义法治理论中国化的新发展新飞跃》,载《中国法学》2021年第2期。

一、习近平法治思想是回答新时代之问的当代马克思主义法治思想

如何赋予新时代以新内涵？如何给新时代提供新思想？这是强调"不忘初心、牢记使命"的执政大党在新形势之下所必须回答的新时代之问。⑤ 马克思主义法学思想的基本依据是唯物史观，从时代发展来看，这在当时本身就是一种创新。基于唯物史观，马克思主义法学能够准确揭示法律现象产生、发展的一般规律，又反过来正确指导法律运作和法治实践。马克思主义法学思想中国化的过程与中国的法治实践探索相伴而生，贯穿中国特色社会主义法治国家建设和法治体系建设的全过程，不断回应着不同时代、不同历史时期所提出的新问题。

习近平法治思想是在全面依法治国的伟大实践中创立的，是马克思主义法治理论中国化的新发展新飞跃。⑥ 习近平法治思想运用马克思主义基本立场、基本方法、基本观点，从历史和现实相贯通、国际和国内相关联、理论和实际相结合上深刻回答了中国特色社会主义进入新时代为什么实行全面依法治国、怎样实行全面依法治国等一系列重大问题，形成了思想深邃、内涵丰富、逻辑严密、系统完备、具有原创性的习近平法治思想，有助于指导构建具有突出的社会主义性质，具有鲜明的中国特色、实践特色、时代特色的法治理论体系和话语体系，引领中国法学研究从法律主题向法治主题转换，并进一步创新发展了马克思主义法治思想。⑦

中国特色社会主义法治道路归根结底源于丰富生动的中国实践。

---

⑤ 参见《人民网评："新思想"正是回答了"新时代之问"》，载人民网2017年10月22日，http://m.people.cn/n4/2017/1022/c25－10013498.html。

⑥ 参见王晨：《习近平法治思想是马克思主义法治理论中国化的新发展新飞跃》，载《中国法学》2021年第2期。

⑦ 参见杨宗科：《习近平法治思想中的法治学学理》，载《法律科学（西北政法大学学报）》2021年第2期。

从历史上看,习近平法治思想经过了长期的实践检验,具有系统性、针对性、时代性、科学性、实践性、人民性,在法治建设领域和法学教育领域科学地回答了培养什么样的法治人才和如何培养法治人才等重大理论问题,是指导新时代法治中国建设、法学教育、法学研究的世界观和方法论,是能够回答新时代之问的当代马克思主义法治思想。⑧ 也将在未来继续对中国法治实践、建设新法学提供根本性指引。

习近平法治思想能够正确理解和深刻领会"坚持中国特色社会主义法治道路"的精神实质,对于实现建设中国特色社会主义法治体系、建设社会主义法治国家的全面依法治国总目标意义重大。⑨ 习近平法治思想作为习近平新时代中国特色社会主义思想的重要组成部分,是中国特色社会主义法治理论的重大创新和核心内容,是法治中国建设的行动指南,是全面依法治国的根本遵循,是马克思主义法学思想中国化的典范,毫无疑问也是建设新法学的根本指导思想。⑩

二、习近平法治思想是创新中国特色社会主义法治理论体系的最新成果

问题是时代的先声。围绕新时代重大课题,我们党进行了艰难的理论探索,取得了一系列重大理论创新成果,习近平法治思想就是其中的重要组成部分。

习近平法治思想提出了良法善治新理念,提出了法治基本原理新观点,创建了全面依法治国新理论,提出了建设法治中国新战略,提出了加强法治理论研究新要求。习近平法治思想的"新",是紧密结合新的时

---

⑧ 参见杨宗科:《习近平法治思想开辟了法治学研究新领域》,载《法治日报》2021年1月27日,第9版。

⑨ 参见杨宗科:《习近平法治思想开辟了法治学研究新领域》,载《法制日报》2019年5月17日,第2版。

⑩ 参见杨宗科:《适应新时代新要求建设"新法科""新法学"》,载《法学教育研究》2020年第1期。

代条件和实践要求的产物，是党和人民实践经验和集体智慧的结晶。具有重大理论创新、制度创新和实践创新意义，指出了中国发展新的历史方位。[11] 它以马克思主义为指导，以法治建设为统领，始终坚持以人民为中心，植根于新时代，回答了新问题。“新思想”因为紧密结合“新时代”而更具使命感，因为始终坚持“中国特色社会主义”而更具方向感。习近平法治思想具有深厚的理论品格和丰富的实践内涵，是全党和全国人民坚持全面依法治国的行动指南，是充分体现继承性、民族性、原创性、时代性、系统性、专业性的中国特色社会主义法治理论体系的最新成果。

习近平总书记指出，中国特色社会主义进入新时代，意味着科学社会主义在21世纪的中国焕发出强大生机活力，在世界上高高举起了中国特色社会主义伟大旗帜。[12] 中国特色社会主义新时代以及中国特色社会主义法治体系等概念，是习近平总书记自党的十八大以来提出的最具原创性和标志性的统领性概念，具有重大理论创新、制度创新和实践创新意义，它指出了中国发展新的历史方位，“给世界上那些既希望加快发展又希望保持自身独立性的国家和民族提供了全新选择”。[13] 对于新法学建设而言，习近平法治思想毫无疑问也为法学教育改革和高素质法治人才培养的中国模式等提供了新的指引。

---

⑪ 参见杨宗科：《论新时代全面依法治国背景下政法高校的使命担当》，载《法学教育研究》2018年第4期。

⑫ 参见习近平：《决胜全面建成小康社会夺取新时代中国特色社会主义伟大胜利——在中国共产党第十九次全国代表大会上的报告》，载共产党员网，https://www.12371.cn/2017/10/27/ARTI1509103656574313.shtml。

⑬ 习近平：《决胜全面建成小康社会夺取新时代中国特色社会主义伟大胜利——在中国共产党第十九次全国代表大会上的报告》，载共产党员网，https://www.12371.cn/2017/10/27/ARTI1509103656574313.shtml。

三、习近平法治思想是创新法学学术体系、学科体系、课程体系的指导方针

推进全面依法治国,提高法治人才培养质量,需要从法学教育这个基础和源头做起。法学教育是法学学科专业教育,离不开法学学科体系的支撑,离不开法学理论体系、学术体系、话语体系的引导。新时代法学教育的新目标新任务新使命,对于法学学术体系、学科体系、课程体系建设提出了新的要求,而这也是新法学建设的核心内容。⑭

2017年5月3日,习近平总书记在中国政法大学考察时发表重要讲话,从法治中国建设战略和全局出发,指出了当下我国法学教育和法治人才培养工作存在的一些问题和不足,主要表现在学科结构不尽合理,法学学科体系、课程体系不够完善;社会亟须的新兴学科开设不足,法学学科同其他学科交叉融合还不够,知识容量需要扩充;有的学科理论建设落后于实践,不能回答和解释现实问题;有的教材编写和教学实施偏重西方法学理论,缺乏鉴别批判,对中国特色社会主义法治理论研究不够深入;有的法学教育重形式轻实效、法治人才培养重专业轻思想政治素质;等等。⑮ 面对法学学科建设和法治人才培养工作存在的这些问题,我们应当坚持问题导向、目标导向,尽快解决这些问题。解决这些问题,要统筹谋划、整体布局,该坚持的坚持,该改进的改进,该调整的调整,该创新的创新,使法学学科建设跟上时代发展,体现坚持和发展中国特色社会主义的客观要求。⑯

事实上,由于法学学科对于社会日益增长的法治需求缺乏全面系统

---

⑭ 参见杨宗科:《新时代法学教育新理念新思想新战略》,载《法学教育研究》2021年第1期。

⑮ 参见习近平:《全面做好法治人才培养工作》,载习近平:《论坚持全面依法治国》,中央文献出版社2020年版,第174~175页。

⑯ 习近平:《全面做好法治人才培养工作》,载习近平:《论坚持全面依法治国》,中央文献出版社2020年版,第175页。

的回应,出现了法学理论研究与法治实践需求之间的矛盾和脱节现象,法学理论不能够科学地揭示法律现象的各种矛盾及其背后的原因,不能很好地满足人们对于法治建设的美好期望与要求。比如,目前的法学学科体系存在的一个明显缺陷,就是有法律之学,无法治之学;有法无治,重法轻治;只有法律体系的知识,缺少法治体系的知识,这与建设中国特色社会主义法治体系的目标任务不相适应。而要完成这一历史使命,就需要以习近平法治思想为指导方针,适应知识创新和发展的规律,创新法学学术体系、学科体系、课程体系,创建诸如法治学、数据法学等新兴交叉学科体系,通过更加全面系统的理论研究和学科建设,推动全面依法治国进程中的各种问题的系统、深入、持续研究。⑰ 法学学术体系也应破除旧有体系封闭、保守及参照系不确定等弊端,加强"法治学"等新兴学科建设,致力于构建以法律学、法治学、法理学三位一体的法学学术新体系。⑱

总之,新法学建设就是要在习近平法治思想的指导下,创新法学学科体系、课程体系,包括优化学科结构,完善法律学学科体系,创新法治学学科体系,加快国际法学建设,推动法学与其他社会科学、自然科学、工学、思维科学等的交叉融合,用新法学的学科建设成效推动法治人才培养新模式的创建,实现从培养法律人才向培养德法兼修的高素质法治人才的历史性转变。⑲

---

⑰ 参见杨宗科:《习近平法治思想开辟了法治学研究新领域》,载《法治日报》2021 年 1 月 27 日,第 9 版。

⑱ 2019 年 10 月 11 日,在中国法学会举办的"学习贯彻习近平总书记全面依法治国新理念新思想新战略论坛"开幕式上,中共中央政治局委员、全国人大常委会副委员长、中国法学会会长王晨同志在讲话中,明确提出加强"法治学"等新兴学科建设。张文显教授也对法学学术体系构建提出新的认识。参见张文显:《在新的历史起点上推进中国特色法学体系构建》,载《中国社会科学》2019 年第 10 期。

⑲ 参见杨宗科:《坚持立德树人根本任务培养德法兼修高素质法治人才》,载《法学教育研究》2017 年第 4 期。

四、习近平法治思想是新时代法学教育改革发展的行动指南

习近平法治思想从全面依法治国的战略布局出发,高度重视法学教育改革和全面做好法治人才培养工作,提出要更好发挥法学教育对于法治中国建设的基础性、先导性作用,指出了法学教育的根本任务是培养德法兼修的高素质法治人才,法学教育在性质上是高水平素质教育与高质量职业教育的有机统一,强调法学教育要坚持以马克思主义法学思想和中国特色社会主义法治理论为指导,要统筹国内法治人才与涉外法治人才培养工作,要致力于构建法学院校与政法实务部门合作育人实践育人新格局。[20]

法学教育在严格意义上特指法学高等教育,是高等政法院校或者法学院校等组织机构培养法学专门人才、从事法学研究、推动法治建设的活动。法学教育作为高等教育重要组成部分,具有特殊的社会功能,对于国家法治建设具有至关重要的影响。党的十八大以来,中国特色社会主义进入新时代。以习近平同志为核心的党中央坚持和发展中国特色社会主义,立足建设社会主义现代化国家、实现中华民族伟大复兴的战略全局和世界百年未有之大变局,致力于建设法治中国、推进国家治理体系和治理能力现代化,高度重视法学教育,面向新时代法治建设现实需要和战略需求,提出了坚持建设德才兼备的高素质法治工作队伍,培养信念坚定、德才兼备、明法笃行的高素质法治人才等一系列法学教育新理念新思想新战略,作为习近平法治思想重要组成部分,成为指导新时代法学教育改革发展的根本遵循。新法学建设必须坚持中国特色社会主义法治道路,坚持以马克思主义法学思想、中国特色社会主义法治理论为指导,坚持党的教育方针不动摇。

事实上,在习近平法治思想中关于更好发挥法学教育在法治中国建

---

⑳ 参见杨宗科:《新时代法学教育新理念新思想新战略》,载《法学教育研究》2021年第1期。

设中的基础性、先导性作用的新理念新思想新战略，把法学教育在推进全面依法治国、推进国家治理现代化历史进程中的地位和作用提到前所未有的高度，对法学教育改革发展提出了殷切希望，彰显了以习近平同志为核心的党中央对于法学教育的高度重视，也指出了新时代法学教育应该承担的重大历史使命，是指导新时代法学教育改革发展的行动指南。不仅具有十分重要的理论和实践价值，而且具有重要的时代意义、历史意义和世界意义，开辟了法学教育改革的新时代。

五、习近平法治思想是指导新法学建设的方法论

马克思主义哲学既是世界观也是方法论，学习贯彻习近平法治思想，就要特别注意掌握蕴含于其中的科学方法论。作为当代马克思主义法治思想和创新中国特色社会主义法治理论体系的最新成果，习近平法治思想就是马克思主义唯物辩证法在法治领域的实际运用和生动体现。要通过深入学习马克思主义基本理论，学懂弄通做实新时代中国特色社会主义思想，掌握贯穿其中的辩证唯物主义的世界观和方法论。

习近平总书记强调，我们要增强战略思维、辩证思维、创新思维、法治思维、底线思维，加强宏观思考和顶层设计，坚持问题导向。[21] 习近平法治思想通过运用系统思维等科学方法，统筹推进全面依法治国，坚持法治战略思维，把握法治系统思维。习近平法治思想之所以具有原创性和系统性，之所以能够表现得逻辑严密、体系完整，就在于它对科学思维方法的深刻运用。通过战略思维、历史思维、辩证思维、创新思维、系统思维、精准思维、战略思维、系统方法、问题导向方法等，将经过实践检验的治国理政的科学方法运用到了对依法治国的准确分析和对新时代之问的精准回答上。

进入新时代，建设新法学，是法学研究和法学教育适应中国特色社

---

[21] 参见习近平：《改革开放四十年积累的宝贵经验》，载《习近平谈治国理政》（第3卷），外文出版社有限责任公司2020年版，第189页。

会主义进入新时代新的历史方位、社会主要矛盾发生深刻变化的历史要求,是实现法学发展回应时代发展要求的必然选择。建设新法学要坚持以习近平法治思想为指导,就是要用科学的思维方法统筹推进新法学建设,就是要始终坚持马克思主义唯物辩证法并将其生动地体现在法学教育各项事业发展上。也可以说,习近平法治思想就是指导新法学建设的方法论。事实上,基于研究对象等客体因素的历史性变化,新时代的法学研究已经出现了研究任务的调整、研究主题的转化、学科结构的优化、学术体系的创新和话语体系的重构等历史性变化。建设新法学也意味着传统法学研究内容、研究范式的变化,研究思维、研究方法的更新等。要研究和把握这种变化的规律,厘清新法学建设的发展思路,必然离不开对习近平法治思想中蕴含的科学方法论的深刻理解与认识。

On the Construction of the New Discipline of Law Under the Guidance of Xi Jinping Thought of Law

Yang Zongke

Abstract: The proposal of Xi Jinping Thought on the Rule of Law is profoundly original and systematic, which reflects the distinctive characteristics of the times. Among them, there are the new concepts, new thoughts, and new strategies related to legal education and they open up a new era of legal education reform and research. Meanwhile, they are also the fundamental guiding ideology for the construction of new science of law, which should be studied and implemented in a serious and comprehensive manner and implemented in the field of legal education. For the construction of new science of law, Xi Jinping Thought on the Rule of Law is a contemporary Marxist thought on the rule of law that answers the questions of the New Era. It is the latest achievement in innovating the theoretical system of the socialist rule of law with Chinese characteristics and an innovative guiding principle in academic system, disciplinary system and curriculum system of the law as a discipline. They are also the action guide for the reform and development of legal education in the New Era and the methodology for guiding the construction of the new science of law.

Key Words: Xi Jinping Thought on the Rule of Law, new science of law, guiding thought

法律职业伦理教育

论新时代法律职业伦理教育的内在价值、关键目标及内容构造

廖永安*刘浅哲**

摘　要：法律职业伦理教育是培养德才兼备的法治人才的基础工程，新时代下法律职业伦理教育迎来了发展的"春天"。但是由于其长期处于被忽视的地位，导致目前法律职业伦理教育面临在"有用性"评价标准下遇冷、职业伦理教育目标模糊不清以及教育内容贫瘠等多重困境。为了使法律职业伦理教育健康快速发展，提升法律职业伦理教育水平。应当重塑法律职业伦理教育的内在价值，明确以培养道德判断能力为关键的教育目标，并且基于内外双层视角搭建法律职业伦理教育的内容架构。

关键词：法律职业伦理教育　道德判断能力　义务性职业伦理　品格性职业伦理

2017年，习近平总书记考察中国政法大学时指出，中国特色社会主义法治道路的一个鲜明特点，就是坚持依法治国和以德治国相结合，强调法治和德

* 廖永安，湘潭大学法学院教授，博士生导师。研究方向：民事诉讼法学、司法制度、法学教育。

** 刘浅哲，湘潭大学法学院博士研究生。研究方向：民事诉讼法学、司法制度。

治两手抓、两手都要硬。法学教育要坚持立德树人,不仅要提高学生的法学知识水平,而且要培养学生的思想道德素养。[①] 在习近平总书记重要讲话精神的指示下,教育部等相关部门出台了多项关于加强法律职业伦理教育的文件,比如,在教育部、中央政法委发布的《关于坚持德法兼修实施卓越法治人才教育培养计划2.0的意见》中,进一步明确要求"加大学生法律职业伦理培养力度,要面向全体法学专业学生开设法律职业伦理必修课,实现法律职业伦理教育贯穿法治人才培养全过程。坚持一课双责,各门课程既要传授专业知识,又要注重价值引领,传递向上向善的正能量"。在教育部2018年发布的《普通高校法学本科专业教学质量国家标准》中规定"法律职业伦理"属于法科学生必须完成的10门专业必修课之一。自此,法律职业伦理教育迎来了发展的"春天"。[②] 全国各大高校在其法学教学中陆续展开了法律职业伦理课程的科研与教学工作。但是,之前法律职业伦理教育在法学教学中经常处于被忽视的地位。同时,由于法律职业伦理教育不同于一般的法学专业知识与技能的传授,该课程属于一种思想道德修养的内化教育,极具特殊性。就目前情况而言,对法律职业伦理教育的教学与研究并未形成一个科学性的体系,其中还存在许多亟待解决的问题,特别是法律职业伦理教育的价值定位、教学目标、内容体系的问题尤为突出。鉴于此,本文试图从剖析法律职业伦理教育的现实困境入手,对标解决现实困境的需要并基于法律职业伦理的特有属性与教育规律对这三个方面的问题予以回答,以期对提升法律职业伦理教育水平有所助益。

一、法律职业伦理教育的现实困境

与上述顶层设计对法律职业伦理教育高度关注的情况相比,现实中

① 参见习近平:《论坚持全面依法治国》,中央文献出版社2020年版,第179页。

② 参见许身健:《法律职业伦理课程的春天》,载《检察日报》2019年12月11日,第7版。

的法律职业伦理教育遭遇诸多困境,致其重要作用无法有效地发挥出来。这种理想与现实之间的差距,表现为我国法律职业伦理学科不仅在教学上举步维艰,而且在法律职业伦理的理论研究上也捉襟见肘。就实际情况来看,一方面,虽然法律职业伦理教育已经被列入必修课的范围,但是在以“有用性”衡量高等法学教育成果的标准下,其处于被忽视的状态,导致法律职业伦理教育相较于其他部门法学而言,未能受到教育机构与学生的重视。另一方面,对于法律职业伦理教育本身而言,也出现了对法律职业伦理教育目标不明、对可教性的质疑与教学内容贫瘠化的弊病。所以,为了在改革法律职业伦理教育中能够提出有建设性的对策,我们有必要对这些困境予以详细说明。

(一)法律职业伦理教育在“有用性”价值评价标准下遇冷

当今社会占主要地位的功能为经济功能,在经济发展中效率被奉为最高准则,推动着现代社会急速前进。但是,随着经济生活以一种前所未有的规模膨胀,挤压掉了其他社会功能的空间,尤其是道德功能,使人们开始过于追求事物的“有用性”,而忽视了事物的固有价值属性,导致“人的异化与物化”。③ 如同涂尔干所言“在经济生活面前,我们看到军事、行政和宗教的功能逐渐败落了。唯有科学功能才能挑战它的基础地位,甚至在现代人的眼中,科学也很难赢得这一荣誉,除非它能够提供物质上有用的东西,也就是说除非它能够在经营中起到很大的作用”④。这种以追求“有用性”为目的的功利化思想成为目前社会的一种强有力的价值评判标准,并且影响了社会的各个方面,包括法学教育。在法学教育的培养过程中,法律职业伦理教育课程被视为“见效慢”而遭忽视。具言之,经济活动扩张的直接结果使高等教育与职业市场形成了一种供需关系。更多的用人单位着重考量的标准基本以法律专业技能为重点,考虑的是法科学子运用专业技能满足工作需要的能力。因为相较于法律专业技能而言,法律职业伦理的有用性并不明显,所以用人单位对职

③ 参见冯果:《论新时代法学教育的公共精神向度》,载《中国大学教学》2018 年第 10 期。

④ [法]涂尔干:《职业伦理与公民道德》,渠敬东译,商务印书馆 2015 年版,第 12 页。

业伦理层面的考察并不重视。因此,高等法学教育为了让法科学生满足职业市场所需的专业技能,将主要教学资源都投入在专业技术知识的传授上面,促使专业技能的传授成为法律职业教育的中心。而法律职业伦理教育的教育效果相对隐性,并且职业伦理教育效果的评判标准在迎合市场需要的过程中不像其他部门法学那般客观,所以法律职业伦理教育的发展受到了现实的限制。这种在"有用性"导向下的强技术性倾向的法律职业教育虽然在一定程度上满足了职业市场的需要,并且强化了我国法科学生的专业能力,但是忽视了法律职业本身公共性的特征,而公共性特征是法律职业的核心特质。因此,如果仅从专业技能的角度去考虑法律职业教育,将会造成法律职业因只关注道德含量极低的技术理性而患上非道德化的"职业病"。⑤ 进而造成法律职业教育失去人文底色,最终将使法律职业面临正当性的伦理危机。

(二)法律职业伦理教育目标的抽象化与模糊化

从现有的研究成果来看,大部分高校关于法律职业伦理教育目标的设定过于抽象。很多高校关于法律职业伦理教育的培养目标表述相当模糊,甚至有些高校的职业伦理教育的目标过于口号化,对实际教学并不能给予明确的指导。⑥ 教学目标的不明确最直接的后果有三:一是导致教学方案的设计不具体、不科学,即无法回答法律职业伦理课堂要做些什么、侧重学生哪些能力的培养、课时的安排、教学效果的检验方式等基本问题。二是导致法律职业伦理教育的道德泛化,即宏观抽象的教育目标看似涉及面广,实则不然。因为在对教育目标的抽象认知下并不能形成既具体又富有体系的知识结构,能够带来的仅仅是将法律职业伦理教育的课程变成一种道德说教与道德漫谈,没有实际效果。可以说,这也属于下述教育内容实质性贫瘠的另一种表达。三是导致法律职业伦理教育的特殊性无法彰显。因为某个学科的教学目标是该特定学科特殊性或区别于其他课程的标志,换句话说,是该特定学科教学内容的独

---

⑤ 参见孙笑侠:《法律家的技能与伦理》,载《法学研究》2001年第4期。

⑥ 参见张涛、刘聪:《司法改革视阈下法律职业伦理教育之路径研究——以大学生法律援助"课程化"为视角》,载《交大法学》2017年第2期。

特性在教育目标上的集中反映。

(三)对法律职业伦理教育可教性的质疑

虽然目前在制度层面已经将法律职业伦理列入法学必修课程,但是由于教学实践中重重困难的影响,导致法律职业伦理教育举步维艰。同时,从法律职业伦理教育的实际效果出发,其是否真正可以内化于学生心中,人们并不能给予肯定答复。故此人们对法律职业伦理是否可以被教授或者被掌握不无疑问。甚至有学者认为"职业伦理教育就等同于一种不适当的道德说教,其道德学说太过空泛而不值得被严肃对待,法律教育应当是一门与道德无关的科学"⑦。在这些法律职业伦理是否能够被教的诸多质疑中,⑧相对主义立场对伦理可教性质疑的影响最为深远。这也是迈克尔·英伍德所言的威胁伦理学的七大因素之一。从相对主义立场来看,伦理并不是一种绝对的、客观的规范,不同的群体或个人都有不同的伦理观点。对伦理问题的争论,如同是对彩虹的尽头在哪里的争论,争论的主体都会因视角相异而各执一词。而且,人们就伦理问题的讨论并没有事实的根据,也没有确凿证据可以支撑伦理学命题的正确性。每个人都有其自己的理由,谁也不能评判谁的观点一定是正确。⑨ 据此,法律职业伦理教育也同样具有相对性,老师的伦理感受并不等于学生的伦理观点,一味地强调这种相对化的道德内容可能会造成学生道德上的强制感。除了将老师的价值观强制灌输给学生之外,并不会产生其他教育上的功效。同时,与这些可以给出具体答案并且内容的逻辑性、可验证性强的法律推理、法律概念体系等知识相比,职业伦理的知识性显得相当微弱。进而有人指出"以对某种有争议的问题进行理性的和严肃的分析而自豪的教师们担心,职业伦理的课堂将会转变为一种

---

⑦ See Pearce & Russell G, *Teaching Ethics Seriously: Legal Ethics as the Most Important Subject in Law School*, Loyola University Chicago Law Journal 29, 1998, p. 728.

⑧ 相关讨论还可参见赵哲:《困境与出路——法律院系的法律职业伦理教育问题》,载《西部法学评论》2012 年第 2 期;陈云良:《新时代高素质法治人才法律职业伦理培养方案研究》,载《法制与社会发展》2018 年第 4 期;刘晓兵:《法律职业伦理及其基本教学问题》,载《中国法学教育研究》2016 年第 1 期。

⑨ 参见[英]迈克尔·英伍德:《我们时代的伦理学》,何怀宏译,译林出版社 2013 年版,第 18~27 页。

精神上的露营会或精神冥想”[10]。

(四)法律职业伦理教育内容的贫瘠化

就法律职业伦理教育本身而言,对其所教为何的问题的把握至关重要,只有掌握法律职业伦理教育的内容架构才能使法律职业伦理教育真正落地并受到教师与学生的重视。然而,在实际教学中能够掌握的具体内容却显得相当的贫瘠与不足。我们认为主要有两方面的体现,详言之:第一,法律职业伦理教育的具体内容方面,主要停留在对现行各个具体法律角色的职业行为规范与道德准则的宣讲上。我们认为这部分内容的讲授确实属于法律职业伦理教育内容的组成部分,但是法律职业伦理教育还具有更为多元并且体系性更强的内容,比如,法律职业的本质、处理伦理道德困境的标准与方法、社会情理所影射到法律职业的伦理要求、作为法律职业伦理基石与渊源的各法律制度的内在伦理等内容。所以单就前述现行规则的讲解显然过于狭隘,从客观上看属于法律职业伦理教育内容的形式贫瘠。第二,在教学方法上简单套用教义学的那套运作模式,当然这也是侧重现行职业行为规范与道德准则灌输下所衍生的问题。具体表现为应试教育的色彩浓厚,导致学生还是如学习法条一般死记硬背,纯粹应对课程考试。同时以教师为中心,偏向单向传输,学生被动接受等。[11] 就法律职业伦理教育的实际效果而言,这种情形属于法律职业伦理教育内容的实质性贫瘠。因为在这种教学方式下,会导致学生的学习态度纯粹是为了应付考试,法律职业伦理很难真正内化进学生的品格精神中,学生对法律职业的伦理品质的理解收效甚微。

至此笔者已经详细梳理了目前法律职业伦理教育的四个突出问题。在明确了所要解决的问题之后,接下来的任务就是对标问题予以分别论述解决对策。在此我们为读者就下文内容提供一个概览,即包括这三个方面的内容:首先明确法律职业伦理教育之于法律职业的内在价值;其

---

[10] See Deborah L. Rhode, *Ethics by the Pervasive Method*, Journal of Legal Education 42, 1992, p.49.

[11] 参见马勇:《法律职业伦理教育在课堂教学中的展开》,载《法学教育研究》2020年第2期。

次精准定位法律职业伦理教育的关键目标，并基于教育目标的定位，我们将对可教性质疑予以回应；最后就是构建法律职业伦理教育的内容架构。

二、法律职业伦理教育的价值反思：之于法律职业的内在价值

在论述法律职业伦理教育的其他内容之前必须要解决法律职业伦理教育的价值问题，因为价值问题是关于一个事物或制度是否值得被推行的前提。对这个问题予以明确地回答，可以破除前文法律职业伦理因“有用性”价值评判标准而不受重视的困境，重塑法律职业伦理教育的内在价值定位。

（一）价值理论：内在价值与工具价值

人们在观察某种事物时，最先想了解的是所观察对象的价值，比如对自己的作用或对实现某种目标的作用等。然而对“什么是善的或有价值的”这个问题的回答注定模棱两可，因此需要对事物价值进行必要的类型化，以便能够更直观地去获得关于事物重要性的认知。一般情况下，笔者认为某些事物本身就是善的或值得的（可取的），而其他事物是善的或可取的只是因为该事物可以实现一些有价值的结果。[⑫] 根据这种看法：可以将前者定义为事物的内在价值，这种价值来自事物本身，事物本身就具有价值或重要作用，无关乎该事物是否会带来什么结果。同时，将后者定义为事物的工具价值（或外在价值），具有该种价值的事物仅仅因其可以实现某些有价值的目标而具有存在的意义。其重要性与能否实现某些目标紧密联系，如果该事物不能帮助我们实现某些目标或者出现更具工具价值的事物，那么该事物就会被替代。这也意味着具有工具价值的事物同时也具备可替代性特征。最后，需要着重说明的是，具有内在价值的事物并不影响其充当某种工具以便实现某一目的。也

---

⑫ See Louis P. Pojman & James Fieser, *Ethics: Discovering Right and Wrong, Eighth Edition*, Boston: Cengage Learning, 2017, p. 46.

就是说,具有内在价值的事物之重要性与该事物能否实现某一目标并不具有必然的联系,即使该事物不能或者不完全能实现某一目标,该事物的重要性也不会受到影响。因为其内在价值的根源在于该事物本身,不因是否实现外在目标而受影响。但是具有外在价值的事物只能充当一种实现目标的手段。该事物的工具价值与是否能够实现某种目标存在必然的联系。⑬

(二)法律职业伦理教育具有塑造合格法律人的内在价值

以上我们已经对价值这个前提性问题进行了必要的梳理。那么根据价值理论的指引,可以帮助我们回答法律职业伦理教育对于法律职业而言是属于哪种类型的价值问题。在此笔者认为这个问题的答案是:法律职业伦理教育具有塑造合格法律人的内在价值。具言之,首先,从法律职业本身的构成要素来看,所谓的职业化就是指某一群体享有社会给予的在特定的劳动分工范围内具备排外的竞争特权,同时承担着因职业行为产生的特殊责任。这种具有排除其他群体进入的特权就是职业技能(如法学专业知识体系),防止因滥用特权而产生的特殊责任就是违背职业伦理的结果(如法律职业伦理)。从这一角度来看,法律职业的构成要件必须包含职业技能与职业伦理两者,缺少其中任何一种,法律职业将不复存在。所以,评价一个法律人是否合格的标准除了他的专业水平之外,还必须包括他的职业伦理素养。其次,从职业伦理与职业技能的关系来看。在中国古代历来就有将讼师贬低为“讼棍”的现象,古人之所以对讼师群体作出如此鄙薄的评价,并不是因为这些人欠缺专业知识,究其根因乃是古人对讼师群体只知利用法律技巧唯利是图、搬弄是非的不道德职业行为的不满,是对该群体职业伦理上的否定。同时,在现实生活中,如对律师专业技能水平的评价只会涉及该律师个人,如果认为该律师专业知识水平不高,并不会殃及律师整体或者整个法律职业共同体。但是如果有某个法律职业者因违反职业伦理的要求,那么,就可能会引发社会公众对整个法律职业共同体的道德声讨与责难,甚至

⑬ 参见陈景辉:《法律的内在价值与法治》,载《法制与社会发展》2012年第1期。关于内在价值与工具价值更为详细的理论梳理请参见该文及上注书。

成为公共事件。这其实就是法律职业伦理的“整体性苛责效果”。[⑭] 于是我们可以说一个法律职业者专业水平再高,如果不遵守职业伦理的要求,那么也不是一个合格的法律人。正如学者所言法律人才“一定要有法律的道德,才有资格来执行法律”[⑮]。因此法律职业伦理相较于法律职业技能而言,职业伦理赋予了法律职业正当性的道德基础,社会给予法律职业的信任、荣誉与赞许均因法律职业伦理的存在而得以维系。这也是在坚持建设德才兼备的高素质法治工作队伍的过程中,强调德为先的原因所在。最后,综上所言,可以得出法律职业伦理之于法律职业而言具有内在价值,即法律职业伦理本身是法律职业的构成性要素以及法律职业伦理本身具有维护法律职业道德正当性的不可替代作用。所以,在培养合格的法律职业者的过程中,法律职业伦理教育不是一种可以被其他专业教育所能替代的事物,法律职业伦理教育不因是否实现某些目的而变得可有可无。但凡想要培养出合格的法律人,法律职业伦理的教育就不可或缺。所以,法律职业伦理教育对塑造合格的法律人具有内在价值,这种价值来自法律职业伦理本身,并且这种价值不因上述所谓的职业市场需求的多寡等其他原因而有任何损益。

三、法律职业伦理教育的目标明确:在于道德判断能力的培养

法律职业伦理教育的目标为何,目前在学界存在不同的说法。有学者认为法律伦理教育的基本目标就是要培养学生健全的法律伦理人格,[⑯]还有学者认为法律职业伦理教育在于给法律职业者提供一种软约

---

⑭ “因为个别行为人违反职业道德的行为,所引发出来对整个行业的道德正当性的质疑,这就是整体性的课责效果的具体显现。”参见陈景辉:《忠诚于法律的职业伦理——破解法律人道德困境的基本方案》,载《法制与社会发展》2016 年第 4 期。

⑮ 孙晓楼、王健编:《法律教育》,中国政法大学出版社 1998 年版,第 13 页。

⑯ 参见喻玫、王小萍:《法学教育中的法律伦理教育问题研究》,载《河北法学》2006 年第 12 期。

束,[17]各种说法不一而足。

(一)道德判断能力的培养是法律职业伦理教育的目标

为了解决法律职业伦理教育目标抽象化带来的困境,明确定位法律职业伦理教育的目标至关重要。笔者认为,如同法律职业技能教育的目标是培养法律人形成法律思维一样,法律职业伦理教育的目的也是培养法律人形成法律伦理的思维,即法律人依循职业伦理的要求,评判职业活动对错、善恶的道德判断能力,或称为道德性反思能力。笔者认为这种判断能力是行为主体内心融贯了法律职业伦理知识体系而为的一种职业行为,是法律职业伦理教育目标的关键所在。那么道德判断能力为何关键,主要有以下三个方面的理由:

第一,培养道德判断能力符合教育规律。依循教育的规律可知,教育所能起到的作用在于为受教育者在复杂环境中提供一个走向正确道路的指引。[18]这个指引所包含的关键内容在于促成受教育者形成对自己及他人行为对错、善恶的道德认知,促使他们在面对各种复杂的价值冲突与道德困境时具有作出正确选择的能力。换言之,造就一个完满的道德人是一个极其复杂的社会工程,教育只是其中一环,其所能起到的作用在于促进受教育者对法律职业道德的认知,[19]以期学生基于这种认知的引导形成判断职业活动善恶的能力。所以,笔者认为符合教育规律的法律职业伦理教育目的是对道德判断能力的培养,为法律人形成完满人格提供机会与“养分”。

第二,培养道德判断能力能够防止伦理教育异化为道德说教。道德判断能力的作用在于为法律人处理其在职业中遇到的各类道德困境提供指引,帮助他们认知职业行为的边界,结合自身经验与伦理认知等因素主动反思自己的职业行为,以免陷入道德责难的深渊,并由此在职业者心中形成对法治的信仰以及职业荣誉感与责任感。所以,以培养学生

---

[17] 参见贾一锋、马长山:《法律职业伦理重建与法治底线支撑》,载《学习与探索》2020年第12期。

[18] 参见李本森:《法律职业伦理》(第3版),北京大学出版社2016年版,第290页。

[19] 参见张志铭:《法律职业道德教育的基本认知》,载《国家检察官学院学报》2011年第3期。

道德判断能力为目标的伦理教育,可以让课堂教学真正关注职业伦理的内化过程,而不是将职业伦理教育异化为道德规则的说教。可以说,道德判断能力运用的熟练程度从侧面体现出职业伦理要求内化于心的深度。并且评判法律职业伦理教育是否具有成效的标准之一就在于受教育者是否形成了职业道德判断的习惯性思维或不逾越行为边界的道德自觉。

第三,培养道德判断能力可以给予学生更为宽广的思维视角。纯粹追求职业技能教育的法律职业教育将导致学生产生唯技术主义的倾向,落入纯粹技术主义的泥潭,我们应该清楚地懂得对职业行为善恶、对错的判断既不是简单地将一般性原则适用到具体案件,也非单纯的直觉问题。这种判断能力与利用逻辑公式计算出唯一答案为目标的理论推理相比,其视野更为宽广。因为我们依靠判断力在对特定情况中敏感且相互冲突的价值观之间取得一致性认知时,需要根据自己的经验和对世界的理解,对所涉伦理的要求和应该关注的人性特点进行全面审视,[20]所以在时刻都需要面对各种价值冲突与价值复杂多变的法律职业中,我们需要这种判断能力帮助我们打开视野,获得更为恰当的行为指引。因此,正如有学者所言"法律职业伦理教育实则为真正的公民教育,它不但要法律人的特有身份介入政治与社会,主持法律正义,同时有时也需要实践智慧和政治眼光,超越法律乃至法学的视界;不仅是特定国家下的法律公民,也需要超越国家,成为真正的世界公民"[21]。

(二)对可教性质疑的反驳:以培养道德判断能力的目标为据

笔者认为道德判断能力的培养可以有力反驳前文关于法律职业伦理可教性的质疑。在前文质疑法律职业伦理可教性的相对主义观点中,他们认为每个人都有其自己的道德主张,无法在社会中达成共识,认为法律职业伦理教育将可能沦为一种似是而非的精神冥想,所教授的东西

---

⑳ See Gerald J. Postema, *Moral Responsibility in Professional Ethics*, New York University Law Review 55, No. 1, 1980, p. 68.

㉑ 危文高:《法律职业伦理教育的主要问题与反思》,载《法学教育研究》2015 年第 2 期。

不具有客观性与共识性。我们认为相对主义观点难以成立,他们只会造成问题讨论的停止,不会对解决问题提出任何建设性的对策。因为他们只会用“是的,这只是你的观点”的诡辩话术搪塞对方,他们自己并不能提出更好的观点或者赞同某种说法。[22] 但是在道德实践中总是存在我们都必须遵守的并被大多数人都用来判断行为善恶与否的共识性规则。所以,不管对汽车靠右行驶好还是靠左行使好的问题如何激烈地争论,我们都不可能靠相对主义的观点得到解决,我们总能确定出并且必须依循一个方向,否则只会造成交通混乱。同理,在职业实践活动中同样存在指导我们进行道德判断的伦理价值共识[23],所以,在以培养学生道德判断能力为目标的职业伦理教育中肯定会存在影响判断力形成的导向性指引与共识性伦理知识体系。据此法律职业伦理教育并不会出现相对主义者所认为的那种“和稀泥”式的、无实际意义的道德冥想。同时在判断力培养的过程中,教师在课堂上或指导实习中必须对学生判断能力的形成提供指引,为学生在形成判断能力的过程中提供必要的参考。并且通过自身行为的示范,为学生提供模拟学习的对象。[24] 学生在教师的指引与帮助下,通过不断模仿与试错等方式总结自己的判断行为,在职业伦理要求的边界内不断反思,逐步形成一种习惯性思维。学生一旦获得了这种正确判断的习惯,证明他们于内心已然形成了一种道德自觉。在这个基础上,他们自己就有能力以抽象和系统的方式组织和反思行为,形成自己的方法论与经验法则,并将其扩展到更广泛的领域。[25] 因此,笔者认为以培养学生道德判断能力为目标的法律职业伦理教育具备客观性与共识性的意涵,是法律职业伦理能够被教授与掌握的有力证明。

---

[22] 参见[英]迈克尔·英伍德:《我们时代的伦理学》,何怀宏译,译林出版社2013年版,第26~27页。

[23] 比如在我国,社会主义核心价值观就是社会方方面面的伦理共识。再如忠于法律的职业伦理也是所有法律人首要的基本伦理要求。

[24] 可以看出相较于职业技能教育而言,在法律职业伦理教育中,教师的示范作用更为明显,对教师的品行要求更高。

[25] See David Luban & Michael Millemann, *Good Judgment*: *Ethics Teaching in Dark Times*, Georgetown Journal of Legal Ethics 9, 1995, p. 58 - 60.

行文至此,关于法律职业伦理教育目标的讨论已经完成。但是道德判断能力的培养与法律职业伦理教育的内容密不可分,课堂上所教授的伦理知识将是受教育者形成判断力不可或缺的基础。换言之,这种能力的形成是以受教育者自主地灵活运用其所掌握的丰富伦理知识为前提。同时,法律职业伦理教育所反映出的内容贫瘠的根本原因亦是教育机构对法律职业伦理教育的内容架构认知不清所致。所以,此二者凸显了对回答"教什么"的问题的迫切性。故在接下来的内容中,我们将论述法律职业伦理教育的本体,即教育的内容架构。

四、法律职业伦理教育的内容架构:基于内外视角的内容搭建

目前,国内大部分法律职业伦理教材给出的法律职业伦理教育的内容架构基本都围绕着我国现行的关于法官、律师、检察官、公证员等各法律职业角色的行为规范文件中所规定的内容进行罗列与说明。首先,这些官方职业行为规范文件中的规定是具有法律效力的职业伦理规则,具有权威性的特点,所以在职业伦理教育中对这些规则的分析与传授当然不可或缺。其次,在学界也有许多学者对法律职业伦理课程的设计提出了一些理论层面的看法。有学者认为"法律职业伦理应主要涉及职业伦理观念、职业伦理关系和职业伦理规则,故其教学内容亦应沿此三个方面展开"㉖。还有学者从教学方法的视角认为课程内容要以案例教学与理论教学相结合,要重视多种法律职业伦理规范的教学。㉗ 最后,综上所言,可以看出回答法律职业伦理教育内容的构造问题的关键在于对法律职业伦理本身的剖析与理解。故此,笔者认为对法律职业伦理教育课程内容的设计不仅需要以现行职业伦理规范为基础,而且需要结合法律

㉖ 刘晓兵:《法律职业伦理及其基本教学问题》,载《中国法学教育研究》2016 年第 1 辑。

㉗ 参见陈云良:《新时代高素质法治人才法律职业伦理培养方案研究》,载《法制与社会发展》2018 年第 4 期。

职业伦理的价值与特性对其进行内外两种视角的理论透视。只有这样才能摆脱单纯地对现行规则的机械说教,搭建一个富有"血肉"、视角全面的法律职业伦理教育的内容框架。

(一)内部划分:义务性职业伦理与品格性职业伦理

伦理规范的作用在于引导人们做出被社会认可的行为,在人们基于这些道德规则所为的行为中,有些行为是维持社会秩序的基本要求,比如不能故意杀人,而有些行为与创造更好的生活有紧密的联系,如乐于助人。我们可以很清楚地看到在这些包含道德要求的规则中对行为的评价存在某种"价值等级体系",并且这种"价值等级体系"对行为的要求可以被划分为两类,一类是利于"社会有序化"的基本行为要求;另一类是"有助于提高生活质量和增进人与人之间紧密联系"的更高行为要求。[28] 相应地,法律职业伦理作为伦理规范的一种,同样可以划分出两类行为要求不同的伦理规则,即义务性职业伦理与品格性职业伦理。[29]

所谓的义务性职业伦理指对法律职业者的行为底线提出的伦理要求且职业者有不得逾越这一底线要求的义务的规则。义务性职业伦理规范是维持职业活动有序稳定运行所必要的且基本的伦理规则,这种规则的基本特性在于对职业者的底线要求。同时为了增强底线要求的约束力,人们会将其中一些规则转化为法律规则使其具有法律效力。可以说目前现行的关于法律职业者从事法律活动时所应当遵守的行为规范中相当大的部分属于义务性职业伦理的范畴。[30] 如《法官职业道德基本准则》第15条规定法官应当廉洁,杜绝以权谋私、贪赃枉法行为就是一

[28] [美]E.博登海默:《法理学 法律哲学与法律方法》,邓正来译,中国政法大学出版社1998年版,第392页。

[29] 在学理上,有学者认为法律职业伦理包括狭义的法律职业道德与法律职业伦理二者,前者关注的是人的行为,后者关注的是人的品德。具体内容请参见马长山主编:《法律职业伦理》,人民出版社2020年版,第86~106页。

[30] 目前我国对各法律主体职业行为的道德准则主要包括,法律层面有:《法官法》《检察官法》《律师法》等法律中关于职业道德的规定;各法律主体管理部门出台的相关职业行为准则有:最高人民法院颁布的《法官职业道德基本准则》《法官行为规范》,最高人民检察院颁布的《检察官职业行为基本规范(试行)》《检察官职业道德基本准则》,司法部发布的《律师执业管理办法》,中华全国律师协会制定的《律师执业行为规范(试行)》等。

项义务性职业伦理。法官的廉洁是实现司法公正的基础,是维护社会正义的根基。所以对法官廉洁的道德要求属于职业行为的底线,如果法官连廉洁的底线都无法遵守,那么所谓的公正为民以及对法治抱有信仰的更高信念也就无从谈起。再如忠于法律的伦理要求也属于义务性职业伦理。如果法律主体从事法律活动时钻研如何逾越法律,善于利用法律漏洞,视法律为职业活动的阻碍,那么,即使是再公平正义的法律制度,也得不到公平的实施。这种影响相比非法律职业的违法者而言,对国家法治环境所造成的影响更加恶劣。所以,法律职业者忠于法律的伦理理应立于基础位置,作为对法律职业者的底线要求。

而品格性职业伦理是人们对职业行为的一种更高的道德期许,如同富勒所言的"愿望的道德"(morality of aspiration),"它是以人类所能达致的最高境界作为出发点"㉛。人们之所以对法律职业提出如此崇高的伦理要求,是因为法律职业不同于其他职业,它以服务公共利益为职业追求,可以说公共性是该职业的核心特征。其所从事的是立法、司法与执法等涉及公共利益与维护人类社会正义的事业,如果要使人们将这些活动放心地交由法律职业共同体处理与决断,那么,除了对他们提出义务性职业伦理的要求外,还必须要求他们具有卓越的品格。因此,所谓的品格性职业伦理是指,对法律职业者具备高尚的道德人格与品格的伦理要求。品格性职业伦理关注的是作为一种美德或品性的职业者的道德责任感,这种责任感具体表现为法律职业者对高尚人格的追求、对正义的信仰、对职业荣誉的珍视等。因此,品格性职业伦理与义务性职业伦理相比,前者在现行的职业道德准则与行为规范中主要以法律职业者的司法良知、道德情感、理想信念等相对抽象的形式展现出来。㉜ 我们还以法官为例,在2015年,一起某大学生因掏鸟窝被判10年半的案件引起了舆论一片哗然,之所以造成如此广泛的舆论关注是因为裁判结果

㉛ [美]富勒:《法律的道德性》,郑戈译,商务印书馆2005年版,第8页。

㉜ 比如《法官职业道德基本准则》中的第6条规定,"热爱司法事业,珍惜法官荣誉,坚持职业操守,恪守法官良知,牢固树立司法核心价值观,以维护社会公平正义为己任,认真履行法官职责";再如《检察官职业道德基本准则(试行)》中的第42条规定,"牢固树立社会主义荣辱观,恪守社会公德、家庭美德,慎独慎微,行为检点,培养高尚的道德操守";等等。

与人们的朴素情理观形成了巨大反差。换言之,就是合法律与合情理间的冲突,该案虽然在形式上符合法律的规定,但是这种合法裁判却并不能被人之常情接受。那么法官在面对这种伦理困境时,要想调和合法律与合情理之间的矛盾,除了依循法律之外,更取决于法官是否敢于为合乎情理的判决采取行动。而这种敢于行事的态度需要法官的职业伦理尤其是品格性职业伦理予以支撑,即法官必须依循自己的道德良心与责任感同形式主义做抗争或者敢于突破阻力基于对实质正义的追求而主动采取措施对裁判予以纠正。恰如学者所言,"在这样的案件中,只有法官明确地意识到按照既有的规则量刑极为不妥,并坚定地认为不应该如此重判或者如此判决根本无法跨越自己内心的道德门槛或司法良心时,他的司法行为才有可能沿着有利于当事人的路径去运作"㉝。

综上所述,我们可以说义务性职业伦理为法律职业者划定了职业行为的边界,而品格性职业伦理的要求则为法律职业注入了美德与善的品质,这种品质又为法律职业的健康发展与法律职业维护正义的道德形象提供了不断再生的内在源泉。故此,在实际法律职业伦理教育中,这两种职业伦理的传授应当是法律职业伦理课堂内容的主要组成部分。

(二)外部透视:法律职业伦理与法律制度伦理

上述两种法律职业伦理的分类是对法律职业伦理的内部划分,但是为了学生更全面地把握伦理规范在职业活动中的重要作用,更准确地把握法律职业伦理的意涵与渊源,我们认为法律职业伦理教育的内容构造还需要通过外部视角予以审视。所谓的外部视角是指将法律职业伦理教育放在一个广义的范畴中去理解,通过把握法律职业伦理与法律制度伦理间的关系,进而认识到将法律制度伦理纳入课堂内容的可行性。具言之,我们可以基于法律职业伦理与法律制度伦理间的关系证成法律职业伦理教育的内容应当包含法律制度伦理的命题:

㉝ 李拥军:《合法律还是合情理:"掏鸟窝案"背后的司法冲突与调和》,载《法学》2017年第11期。在该文中,作者指出该案法官如果真想突破既有规则的不合理限制,总是可以找到办法,比如启动"层报"程序,报请最高人民法院核准在法定刑以下判处刑罚。但是法官最终是否采取相应措施,作者认为这属于职业伦理的范畴,取决于法官的道德责任感与良心。

第一,法律制度伦理是保障法律制度正义的基础,而法律职业伦理以实现法律正义为目标。法律制度伦理是指“贯穿于法律制度体系中的价值准则,是法律实现社会秩序和社会正义价值的内在要求”[34]。在理论上,法律伦理有广义与狭义之分,前者包括法律制度的内在伦理与法律职业伦理,后者仅指法律制度伦理。其中法律制度伦理被认为是法律制度的内在伦理与实体伦理,而法律职业伦理被认为是法律制度的外在伦理与程序伦理。[35] 我们可以看出法律制度伦理是决定法律正义与否的根本所在。换句话说,法律的真正效力在于被实施,如果法律制度本身不符合正义或者不合理,那么法律也只是一纸空文。所以法律制度得以施行的前提是符合制度伦理的道德内涵。而法律职业伦理的基本内涵也必须充分融入法律制度的道德要求,以满足实现法律制度正义目标的需要。

第二,“信仰法律”的基本职业伦理因法律制度的内在伦理而得以产生。法律之所以能够被信仰,就在于法律制度本身的道德内涵。正如学者所言,法律的逻辑品质背后,隐含的是法律的伦理品质,而逻辑品质之所以能够换形为逻辑力量,正在于其秉有道义力量。可以说这种道义的力量是让法律人真正对法治产生仰赖的根源。所以“信仰法律”的职业伦理的生命力来自法律制度内在的道德机理。

第三,作为基本职业活动的法律解释与适用是法律制度伦理与法律职业伦理共同作用的场域。法律乃是善与衡平的艺术,对法律内在价值的衡平与解释是法律人最为基本的职业活动。在解释适用法律的过程中,解释者具有主动性,这个过程就如同德沃金所言的建构性解释,“解释者将目的施加于某个对象或实践,以便将其理解成其被认为所属之行事或类型的最佳可能实例”[36]。其中解释者所认为的“最佳可能实例”即

---

[34] 喻玫、王小萍:《法学教育中的法律伦理教育问题研究》,载《河北法学》2006 年第 12 期。

[35] 参见齐延平:《论现代法学教育中的法律伦理教育》,载《法律科学(西北政法学院学报)》2002 年第 5 期。

[36] [美]罗纳德·德沃金:《法律帝国》,许杨勇译,生活·读书·新知三联出版社 2016 年版,第 42 页。

法律解释的结果,该结果肯定不是随意地想象,解释结果的正当性源自解释者基于对法律制度内在伦理的理解与衡平以及法律职业伦理对其解释行为的道德规制。在整个法律解释适用的过程中,法律制度伦理为解释者提供实体内容,㊲保证解释结果符合法律制度的意旨与价值追求。法律职业伦理则帮助解释者形成道德自觉,防止解释者利用其专业的优势寻租牟利、恣意或机械地解释法律。因此可以说,二者是法律解释的源泉和法之正义实现的保障,对促成解释结果的合法与合理至关重要。最后需要注意的是,法律的解释适用是解释者基于法律制度的伦理内核、经验法则、道德观与价值观等因素综合评判的结果,所以在实际中,法律制度的内在伦理与法律职业伦理各自作用的范围并不会像前述那样界限分明甚至还会交叉重叠,但可以肯定的是,二者共同作用于法律解释与适用这个场域。

第四,法律制度伦理可以推动职业伦理教育渗透整个法学教育。在惯性思维的引导下,我们将会把法律职业伦理的教学认为是法律职业伦理教育课程的任务。但是法律制度的伦理正当性让我们时刻都必须留意法律制度中情、理、法三方面的内容,而非仅仅满足于形式逻辑与概念的掌握,因此在以法律制度为教学内容的各个必修的部门法课程中遍布道德的追问。并且绝大多数伦理困境的产生都依附在各部门法的具体问题之中,如前文的大学生掏鸟窝案。鉴于此,那么,法学教育中的伦理教育并不仅仅是法律职业伦理课程的专属领域,而是可以渗透到各个部门法专业知识的课程中去。我们不仅要设置专门的法律职业伦理的课程,而且要在以法律制度为教学内容的各部门法课程与实习指导中渗透伦理问题的思考。后者不仅可以帮助学生掌握法律制度形成过程中的价值取向与道义考量等背景知识,帮助学生增加对相关部门法问题认知的深度,同时也会反哺法律职业伦理教育的课程,具体表现为:一是各类部门法课程的教师在其课堂中就法律伦理问题展开讨论,在提升学生运用伦理思维的能力与频次的同时,也可以增加学生对法律职业伦理本身

㊲ 比如拉伦茨认为法官可以基于法伦理性的原则从事法之续造。参见[德]卡尔·拉伦茨:《法学方法论》,陈爱娥译,商务印书馆2003年版,第293~298页。

更为具象的理解。二是仅靠一堂专门的法律职业伦理课程来培养学生的道德判断能力,在时间与内容上显然不够,所以将法律职业伦理教育的教学延伸到所有部门法的课程上,与专门的法律职业伦理课程相结合,弥补单一的专门法律职业伦理课堂的不足与局限。

五、结语

习近平总书记在中央全面依法治国委员会第一次会议上提出了全面推进依法治国需要坚持建设德才兼备的高素质法治工作队伍。[38] 从中我们可以明显地看出,新时代下培养高素质法治人才必须坚持"立德树人、德法兼修"的要求。所以在此要求下,高校的法学教育必须长期将法律职业伦理教育摆在基础性位置,将其贯穿法治人才培养全过程,不断强化法科学生的法治精神。并且要使法律职业伦理真正入脑入心,只有在法学教育中充分发挥法律职业伦理教育课程的引导作用。通过道德判断能力的培养,将公平正义的理念植入法治人才的内心深处,树立他们对法治的信仰,增强他们对社会深厚的责任感。这样培养出来的法治人才才能合乎法治理念的本质,合乎全面依法治国战略的要求。

---

[38] 参见习近平系列重要讲话数据库,载人民网 2020 年 11 月 17 日,http://jhsjk.people.cn/article/31934454。

On the Intrinsic Value, Goal and Content Structure of Ethics Education of Legal Profession in the New Era

Liao Yong'an　Liu Qianzhe

Abstract: The legal professional ethics education is the fundamental project of cultivating legal workers. In the New Era, the legal professional ethics education has entered into the Spring of development. However, due to the vacancy of the legal professional ethics education for a long time, the current legal professional ethics education is facing with multiple dilemmas such as negligence of legal professional ethics education, ambiguity of professional ethics education goals, and poor course content. In order to promote the healthy and rapid development of legal professional ethics education, and to improve the level of ethics education. The intrinsic value of legal professional ethics education should be reshaped, the key educational goal of cultivating moral judgment ability should be clarified, and the content structure of legal professional ethics course should be built based on the internal and external perspectives.

Key Words: legal professional ethics education, the ability of moral judgment, obligatory legal professional ethics, character legal professional ethics

论“德法兼修”理念下公安院校法律职业伦理课程建设*

田力男**　李逯炜***

摘　要：德法兼修理念强调以德为先、德才兼备，为公安院校培养卓越公安人才提供了方向指引。法律职业伦理与道德的定位模糊、法学专业与公安类专业职业伦理教育割裂发展、公安行政执法伦理与刑事司法伦理割裂发展是当前公安院校法律职业伦理教育遭遇的困境。借鉴美国警察伦理双轨制培养模式和英国警察伦理“以学员为中心”培养模式，德法兼修理念下我国公安院校法律职业伦理课程建设应坚持公安类专业与法学专业职业伦理教育、法律职业伦理教育与思政教育、在校教育与在职教育等同频共振，实现全方位铸魂育人。

关键词：德法兼修　公安院校　法律职业伦理

---

* 本文是教育部首批虚拟教研室建设试点“公安刑事程序法治课程群虚拟教研室”，以及中国人民公安大学2022年高级警官培训专题课程建设项目“公检法同堂培训‘模拟法庭’实训及其案例开发”(2022GJKC0103)的阶段成果之一。

** 田力男，中国人民公安大学副教授、博士生导师。研究方向：刑事诉讼法学。

*** 李逯炜，河南开物律师事务所律师。研究方向：刑事诉讼法学。

同频共振

2017 年 5 月 3 日,习近平总书记在中国政法大学考察时发表重要讲话,强调法学教育要坚持立德树人、德法兼修,抓好法治人才培养。① 2017 年 5 月 19 日,习近平总书记在全国公安系统英雄模范立功集体表彰大会上发表重要讲话,提出了"对党忠诚、服务人民、执法公正、纪律严明"的十六字总要求,指明了新时代人民警察应当具有的职业伦理观。② 教育部于 2018 年年初发布实施了《法学专业类教学质量国家标准》,法律职业伦理课程被明确设定为法学专业的核心课程。教育部再次会同中央政法委于 2018 年 10 月联合发布《关于坚持德法兼修实施卓越法治人才教育培养计划 2.0 的意见》,强调在教学过程中要注意培养学生的思想道德素养,着重培养学生的法律职业伦理,实现法律职业伦理教育贯穿法治人才培养全过程。③

人民公安是国家重要的行政执法和刑事司法力量,是法律职业共同体的重要组成部分。公安队伍随着执法规范化的建设,社会形象得到了明显提升。但由于公安执法具有对抗性、强制性的特点,不规范执法的现象仍时有发生。中央纪委国家监委网站显示,自全国开展政法队伍教育整顿以来,仅公安系统接受纪律审查和监察调查的中管干部和省管干部已有数十位。④ 笔者认为究其原因是缺失法律职业伦理,丧失理想信念。因此,公安院校在人才培养和教学过程中应当重视法律职业伦理教育,加强法律职业伦理课程建设,确保公安院校培养的预备警官在踏入

---

① 参见习近平:《全面做好法治人才培养工作》,载习近平:《论坚持全面依法治国》,中央文献出版社 2020 年版,第 179 页。

② 参见《习近平在会见全国公安系统英雄模范立功集体表彰大会代表时强调始终坚持人民公安为人民做到对党忠诚服务人民执法公正纪律严明》,载《人民日报》2017 年 5 月 20 日,第 1 版。

③ 参见《关于政协十三届全国委员会第二次会议第 0676 号(教育类 082 号)提案答复的函》,载教育部官网,http://www.moe.gov.cn/jyb_xxgk/xxgk_jyta/jyta_gaojiaosi/201912/t20191205_410993.html。

④ 参见中央纪委国家监委官网 2021 年 9 月 18 日,https://www.ccdi.gov.cn/scdc/。

公安职业前就扣好第一粒扣子。⑤

一、德法兼修:卓越公安人才培养的方向指引

公安院校是培养预备警官的摇篮,输出人才的质量事关未来公安法治的发展。卓越公安人才的培养是注重专业知识教育还是德法兼修,这是公安院校教育领域亟待解决的问题。

(一)德法兼修:卓越公安人才的新时代要求

人民公安肩负着行政执法和刑事司法的职能,在依法治国全面推进、中国特色社会主义法治国家建设过程中,人民公安一方面承担着治理社会、维稳反恐、防控犯罪等繁重的任务;另一方面也需要应对各种不稳定、不确定因素和风险的严峻考验。⑥ 人民公安只有切实打牢“服务人民”的思想根基和“执法公正”的执法理念,才能更好地发挥社会管理与服务的职能。

德法兼修为新时代公安院校教育工作指明了方向,为卓越公安人才的培养提供了价值遵循,是对卓越公安人才培养的必然要求。因此,卓越公安人才培养既要注重学生专业知识教育,也要注重学生思想道德和职业伦理的教育。⑦

(二)德法的关系定位:是“割裂发展”还是“同频共振”

法律与道德之间的关系,是一个在法理学和法哲学上长期争论不休的命题。⑧ 习近平总书记指出,法律是成文的道德,道德是内心的法律。

---

⑤ 参见刘想树:《加强警察职业伦理教育　推动公安院校立德树人》,载《公安教育》2019 年第 6 期。

⑥ 参见任士英、王世卿:《切实肩负起新时代赋予的神圣职责》,载《人民公安报》2018 年 1 月 14 日,第 3 版。

⑦ 参见刘坤轮:《法学专业人才培养目标的三个维度》,载《中国高等教育》2020 年第 7 期。

⑧ 参见王艳艳:《论法律与道德之间的辩证关系》,载《才智》2010 年第 20 期。

法安天下,德润人心。[⑨] 公安院校对学生如何培养以实现德法兼修的目标,[⑩]准确把握道德与法律之间的关系至关重要,这需要明确道德素养教育与专业知识教育的关系定位。

1. 传统“割裂发展”的问题:道德素养教育与专业知识教育脱钩,引发法律人才素养的“瘸腿”。在德法关系的定位上,传统“割裂发展”的思维模式习惯性地将二者割裂。一方面在学科建设上偏重专业知识教育,道德素养教育相对远离专业知识教育,无论是法学专业教育还是公安类专业教育,道德素养课程与专业课程都相对封闭,授课教师又分属不同的学院(系),课程设计缺乏沟通交流,没有形成良性互利与促进的关系,思政课程尚未完全实现向课程思政的转化。另一方面道德素养教育形式化、单一化,道德素养课程主要以思政课为主,全国高校使用的教材基本一致,缺乏公安院校特色,不利于公安院校学生的全面发展。

2. 否定同频共振的后遗症:道德素养教育与专业知识教育两极化。笔者认为,否定同频共振理念将衍生诸多不利影响。在教学实践中,道德素养课程即思政课程一般由非专业课教师所在学院统一安排,而专业课程的授课教师则出自本专业所依托学院,教学内容安排由各自的教学目标所决定,课程缺乏互通互融,不同的教学目标使道德素养教育与专业知识教育各自独立开展。在授课过程中,思政课程内容与专业课程内容缺乏融合,专业课程教学案例不能结合思政内容有效地启发学生深入思考。总之,由于道德素养课程与专业课程在教学目标的安排上、教学内容的统筹上、教学案例的共享上、教学方式方法的交流等方面都缺乏“同频共振”,道德素养教育与专业知识教育已经越发显现两极化发展的局面。

(三)“同频共振”的实质:德法兼修

公安院校人才培养要坚持育人和育才同向而行。高素质公安人才

---

⑨ 参见习近平系列重要讲话数据库,载人民网2016年12月11日,http://jhsjk.people.cn/article/28940092。

⑩ 参见王莉:《论公安院校学生法律职业道德的培养》,载《公安教育》2019年第10期。

培养体系的构建,必须全面推进课程思政建设,切实解决思政教育与专业知识教育割裂发展的问题。

笔者认为,同频共振的实质是公安院校人才培养要注重道德素养教育与专业知识教育同向发展、互融互通。在教学上推动课程思政建设,在科研上促进学术交流融合,培养德法兼修的卓越公安人才。具体追求的目标应为:着力构建一套全方位、多层次、统筹协调下的相关学院全面联动的课程思政教学体系,推动道德素养教育与专业知识教育互促互进,培养德法兼修的卓越公安人才。

(四)"德法兼修"的创新点:推进法律职业伦理教育

当前公安院校普遍比较重视思想政治教育工作,但笔者认为,思政教育多为公共通识性课程,主要培养学生的基本道德素养和政治素养,不具有公安院校专业特色性,对全面培养卓越公安人才的作用有限。结合公安院校的特色,应当引入法律职业伦理教育,与思政教育同向而行,起到互相补充和促进作用。公安院校教育中,进行法律职业伦理教育是必要的,理由如下。

1. 培养高素质公安人才的需要。公安教育工作是公安工作的重要组成部分,处于基础性、先导性、全局性地位,肩负着为人民公安事业培养高素质公安法治人才的重要使命。[11] 公安院校要坚持把立德树人作为根本任务,着力培养理想信念坚定、勇于担当责任、拥有过硬本领、纪律作风良好的高素质公安人才队伍。[12] 作为执法者"一定要有法律的道德,才有资格来执行法律"。[13] 人民公安作为法律职业共同体的一员,承担着行政执法和刑事司法的重要职能,应当具备相应的职业伦理。因此,公安院校应当重视对学生职业道德、职业素养的培养,法律职业伦理教育不可缺失。

---

⑪ 参见《在第三十五个教师节到来之际,赵克志发出慰问信向全国公安教育训练战线的同志们致以诚挚的问候和崇高的敬意并看望慰问公安院校师生代表》,载公安部官网 2019 年 9 月 1 日,https://www.mps.gov.cn/n2255053/n5147059/c6684418/content.html。

⑫ 参见《习近平向中国人民警察队伍授旗并致训词强调对党忠诚服务人民执法公正纪律严明坚决完成党和人民赋予的使命任务》,载《人民日报》2020 年 8 月 27 日,第 1 版。

⑬ 郭哲:《"德法兼修"下法律职业伦理之构建》,载《南京社会科学》2019 年第 6 期。

2. 职业发展的需要。公安肩负着国家重要的行政执法和刑事司法职能,职业地位的保证、发展和繁荣,都需要法律职业伦理教育。

(1)保证公安行政执法和刑事司法公信力的需要。公安行政执法和刑事司法的公信力,除了要求公安执法人员需具备高超的业务水平,还需具备良好的职业伦理。从我国当前的司法实践来看,公安行政执法和刑事司法公信力个别不高的主要原因是执法水平有限、执法不公正、腐败渎职等。虽然其背后涉及多重复杂因素,[14]但是公安执法人员内在原因不可忽视,尤其是欠缺职业伦理意识导致自律性差等也是至关重要的影响因素。因此,保证公安行政执法和刑事司法公信力需要全面推动法律职业伦理教育。当然,外部的监管与惩戒制度仍然不可或缺,同时内因的自觉约束也极为重要。

(2)法律知识和技能的组成部分。法律职业伦理是包括公安执法者在内的法律职业共同体的所有法律人在处理法律事务,面对价值冲突时协调解决问题所应遵循的价值准则。虽然其抽象内容仍然以原则性规范的形式体现,但发展至今已经有越来越多精密、细致的具体规则。[15]由于这些规则单纯依靠朴素的法律直觉无法深刻领悟和付诸实施。这也决定了法律职业伦理应当成为公安院校整套教育知识体系的组成部分。

(3)职业公共性的要求。法律职业不能只有冷冰冰的技术理性,还需要致力于一定的社会公共利益,即法律职业兼具技术性与公共性的双重属性,[16]公安职业亦是如此。其技术性特征体现为专业知识,公共性特征体现为法律职业伦理。因此,基于公安职业公共性的要求,人民警察应当具备法律职业伦理,公安院校作为培养预备警官的摇篮,应当开设法律职业伦理课程,系统培养学生的职业伦理意识,这也是公安职业

---

⑭ 参见关玫:《司法公信力研究》,人民法院出版社2008年版,第132~149页。

⑮ 参见刘坤轮:《法律职业伦理教育必要性之理论考察》,载《中国法学教育研究》2013年第4期。

⑯ 参见李学尧:《法律职业主义》,中国政法大学出版社2007年版,第5~10页。

长期存续的重要条件。[17]

二、遭遇“瓶颈”:公安院校法律职业伦理教育的困境

法律职业伦理教育在公安院校尚未得到重视,全国公安院校中有的是刚从专科升为本科层次,各专业的培养方案也都在改善过程中,多数公安院校当前并未开设法律职业伦理课程,主要依托有关思政课程培养学生的职业道德、执法伦理。虽然法律职业伦理课程自2018年起被设定为法学专业的必修课,但是法律职业伦理教育在法学专业的开设和授课情况也并不理想。

(一)法律职业伦理与道德的定位模糊:是混为一谈还是互相补充

职业伦理与道德的关系是各国职业伦理学者关注的重点问题,国内外学者也都从不同角度进行了解析。

法国学者涂尔干(Emile Durkhein)就“职业伦理”与“公民道德”之间的关系在其《职业伦理与公民道德》一书中进行了充分论述。涂尔干认为,任何职业都必须有相应的职业伦理,这些职业伦理与共同意识没有紧密的关系,因为它们是独立职业所特有的伦理,而不是所有职业或公众成员共有的伦理。[18] 虽然共同道德的“器官”是唯一的,但职业伦理的“器官”是多样的。有多少职业,就有多少“器官”;每个“器官”都彼此关联,具有相对的自主性,分别处理各自规范的关系。[19] 共同道德的基础是公意,由社会公众所决定,散布在社会各处;而职业伦理则不同,由职业本身所决定,被限定在独立的区域。[20]

---

[17] 参见刘坤轮:《法律职业伦理教育必要性之理论考察》,载《中国法学教育研究》2013年第4期。

[18] 参见华燕:《论“忠”之法律义务及其限度》,载《法律科学(西北政法大学学报)》2011年第6期。

[19] 参见孙渝:《律师与牧师》,载《企业文明》2017年第7期。

[20] 参见[法]涂尔干:《法律职业伦理与公民道德》,渠敬东译,商务印书馆2015年版,第8页。

涂尔干认为,职业伦理具有特殊性,是不同于公民道德的。我国学者孙笑侠教授也持类似的观点,他以法律职业伦理与普通道德的关系为例,进行了阐述。法律职业共同体成员都遵循一套关于职业操守、价值判断等方面的职业伦理规范。㉑ 这种伦理规范内容涵盖普通道德内容,但同时又比普通道德标准更高、更全面。法律人在社会中往往扮演着多种角色,处理法律事务时难免会与大众思维产生冲突,为确保职业正常的运转,需要一套明确且具有可操作性的职业伦理规范予以约束。

笔者认为,职业伦理与道德之间既有区别,又有联系。职业伦理与道德都是"伦理"范畴下的一种"伦理现象"。因此,职业伦理中的很多基本原则都能在基本道德原则或道德价值中找到根源。但是,伴随社会分工、职业选择的推进,职业伦理随着各类职业的形成而出现并稳定下来,它必须反映和体现职业所具有的特殊性。因此,职业伦理与道德出现了分界。㉒

公安院校思政教育主要是对学生的道德培养,职业伦理的培养则需要法律职业伦理教育。2021年年初教育部明确提出思政教育为本科教育教学的重要关键点,强调要加强对思政教育成效的审核评估。㉓ 思政教育被摆在公安教育工作更加突出的位置,公安院校课程一般由通识课、专业基础课、专业必修课、专业选修课四部分组成,思政课程和法律职业伦理课程一般会被设置在通识课中。为进一步掌握公安院校思政教育与法律职业伦理教育的基本情况,对部属公安院校和个别地方公安院校通识课中思政课程及法律职业伦理课程的开设情况进行调研,基本情况如表1、表2所示:

㉑ 参见孙笑侠、李学尧:《论法律职业共同体自治的条件》,载《法学》2004年第4期。

㉒ 参见许身健:《法律职业伦理》,高等教育出版社2020年版,第12页。

㉓ 参见《深化新时代教育评价改革全面提升本科教育教学质量——教育部教育督导局负责人就〈普通高等学校本科教育教学审核评估实施方案(2021—2025年)〉答记者问》,载教育部官网,http://www.moe.gov.cn/jyb_xwfb/s271/202102/t20210207_512832.html。

表 1　三所公安院校通识课中思政课程与法律职业伦理课程开设情况

课程类别	学校名称		
	中国人民公安大学	中国刑事警察学院	中国人民警察大学
政治理论课程	马克思主义基本原理概论	马克思主义基本原理概论	马克思主义基本原理概论
	毛泽东思想和中国特色社会主义理论体系概论	毛泽东思想和中国特色社会主义理论体系概论	毛泽东思想和中国特色社会主义理论体系概论
	中国近现代史纲要	中国近现代史纲要	中国近现代史纲要
	思想道德修养与法律基础	思想道德修养与法律基础	思想道德修养与法律基础
法律职业伦理课程	无	无	无

资料来源：于群、杨志秋：《论公安高等学校通识教育的发展路径》，载《云南警官学院学报》2014 年第 3 期。

表 2　新疆警察学院通识课中部分必修课与选修课开设情况

课程类别	必修课	选修课
社会科学类	马克思主义基本原理概论、毛泽东思想和中国特色社会主义理论体系概论、中国近现代史纲要、逻辑学等	中国法制史、外国法制史、中西哲学思想史、民族与宗教研究等
跨学科课程类	思想道德修养与警察职业道德、警察心理健康等	警察公共关系学、警察社交礼仪、警务谈判、公安文学

资料来源：姜轶群：《公安院校实施通识教育途径探索——以新疆警察学院为例》，载《产业与科技论坛》2016 年第 11 期。

可以发现，马克思主义基本原理概论、毛泽东思想和中国特色社会主义理论体系概论、中国近现代史纲要、思想道德修养等思政课程为公安院校通识课中的必修课。新疆警察学院为了培养学生的警察职业道德和价值观，通识必修课在思政课程的基础上增设了与警察职业道德、警察心理健康相关课程。[24] 以上四所公安院校在通识必修课和选修课当中均未开设法律职业伦理课程。笔者认为,职业伦理与道德之间的关系定位认识模糊,是当前公安院校不重视法律职业伦理课程建设的重要原因。

(二)法学专业与公安类专业职业伦理教育:是割裂发展还是一体化发展

法学专业与公安类专业同为公安院校学科专业的重要组成部分,但在教学实践中,公安院校普遍偏重公安类专业的建设,法学专业与公安类专业往往"各自为战"。法学专业在2018年将法律职业伦理设定为必修课,但就公安院校法学专业中开设法律职业伦理课程的教育现状而言,很少有专职授课教师,也无统一教学教材,教学内容灵活性大,教学方法基本是"填鸭式"教学,效果并不理想。公安类专业开设法律职业伦理课程的公安院校甚少,即使有个别公安院校在公安类专业中开设了法律职业伦理,该课程也没有被指定为必修课,一般被列为选修课供学生自行选修。虽然公安类专业有的开设了"人民警察职业道德规范"课程,但更偏向于一般的道德规范,不能代替法律职业伦理课程的作用,难以全面承担起对学生的警察意识、职业道德、执法和司法伦理的塑造。

法学专业与公安类专业职业伦理教育割裂发展,出现"各自为战"的两极化发展格局,不利于卓越公安人才素养的全面培养,更不利于法律职业共同体的建立。

(三)公安行政执法伦理与刑事司法伦理:是割裂发展还是融合统一

通过对比许身健教授主编的《法律职业伦理》[25]、李本森教授主编的《法律职业伦理》[26]、王进喜教授主编的《法律职业伦理》[27]发现,基本上法律职业伦理教材体系都是按照职业分为律师职业伦理、法官职业伦理、检察官职业伦理、公证员职业伦理、仲裁员职业伦理、行政执法人员

㉔ 另外,如中国人民公安大学为公安管理专业本科生开设了《警察伦理学》课程并设定为必修课,但仅是为个别专业开设并非全校所有专业的通识必修课。

㉕ 许身健主编:《法律职业伦理》,高等教育出版社2020年版。

㉖ 李本森主编:《法律职业伦理》,北京大学出版社2016年版。

㉗ 王进喜主编:《法律职业伦理》,中国人民大学出版社2020年版。

职业伦理(涉法公务员职业伦理)、司法鉴定职业伦理,均没有将人民公安的职业伦理进行单章设立。人民公安肩负着国家重要的行政执法和刑事司法职能,毫无疑问,人民公安应当属于法律职业共同体的重要组成部分。虽然人民公安作为行政执法公务人员可以受行政执法人员职业伦理(涉法公务员职业伦理)的约束和调控,但是人民公安作为刑事司法人员的职业伦理在现有法律职业伦理教材体系中尚未涵盖。

三、域外考察:警察职业伦理培养模式窥探

我国公安院校的公安教育为学历教育,国外公安教育主要为职业教育,虽然其警察教育体制与我国不同,但是非常重视警察职业素质的培养。笔者重点选取美国和英国的警察职业伦理培养模式并进行分析,以期我国公安院校法律职业伦理教育能够有所借鉴。

(一)美国警察的职业伦理培育——双轨制培养模式

美国没有专门进行警察学历教育的高等院校,获得学历教育的主要形式是通过普通高校开设的有关警察专业。[28] 普通高校开办的警察专业学历教育为高中毕业后学生和在职警察提供了接受高等教育与素质提升的机会。普通高校警察相关专业的学历教育与警察职业教育是美国警察教育体系的两部分。美国警察的职业伦理培养为双轨制培养模式,即实行学历教育和职业教育双轨制,学历教育主要通过通识课程培养学生的职业伦理,而职业教育也非常注重职业道德教育,二者相互促进。

通识课程在美国普通高校警察专业学历教育中占据重要位置,美国教育联合委员会认为广泛的通识教育决定高质量的刑事司法教育。[29]

---

[28] 参见王大伟:《中国公安教育的特色与定位——从中西比较的角度考察》,载《中国人民公安大学学报》2003 年第 2 期。

[29] 参见王彦吉:《北美刑事司法教育的发展及其启示》,载《中国人民公安大学学报(社会科学版)》2005 年第 6 期。

通识教育的核心是培养学生如何塑造价值观,主要通过人文、社会科学的教学来实现道德理性的养成。

美国警察职业教育也非常重视职业道德的教育,除了讲授大量法律程序以规范警察的执法行为外,还注重对新警察进行执法道德规范的教育,主要内容包括警察使命、警察的基本职责、执法道德。美国各警察部门也都非常重视警察职业道德建设,如芝加哥警署将"致力于保护社区全体公民的生命、财产安全和人权,维护治安秩序,公正执法"作为使命。[30]

(二)英国警察的职业伦理培育——"以学员为中心"培养模式

英国警察教育不开展学历教育,为单一的职业教育,实施警察教育和培训的基地是警察学院。[31] 警察职业教育的主要内容包括警察职业伦理教育,警察的发展史上最早的警察执法伦理守则便是由英国的皮尔主持编制的。在教学过程中,坚持"以学员为中心"的培养模式,引导和激发学员主动参与课程学习,批判性地探索和思考警务实践问题,最终达到"我做了,我理解"的教学效果。例如,在职业伦理培育方面,通过引导学员思考"伦理道德与警务活动""平等性和多样化""依照法律和酌情处置"等一系列问题,[32]了解学员的所思所想,再经过培训师的归纳和指导,把知识与实践联系起来,从而提高学员的知识和技能水平,最终改变其行为,使其树立正确的职业观和处理事务的正确态度。[33]

(三)比较与启示

综观英美为代表的警察教育,虽然教育体制与我国不同,但是非常重视职业素质的培养,注重人格的塑造和价值观的树立,我国公安院校在对学生的职业素质培养的方式方法方面可以借鉴。美国警察伦理教

---

[30] 参见[美]丹尼斯·史蒂文斯:《实施卓有成效的大学警察教育》,载《四川警官高等专科学校学报》2002年第4期。

[31] 参见张世瑷:《考察英国警察教育制度的几点思考》,载《武警学院学报》2000年第3期。

[32] 参见崔海龙、刘敏:《英国警察教育对我国应用型公安院校建设的启示》,载《公安教育》2018年第1期。

[33] 参见詹伟、李云龙:《英国警察培训模式与方法及对我国公安院校教学方法改革的启示》,载《公安教育》2013年第5期。

育的培养主要是通过广泛的通识教育,全面培养学员的综合能力;英国在教学过程中积极引导学员树立正确的职业意识和执法理念,锻造健全的人格,提升个人素养和职业素质。

笔者认为,警察作为肩负着维护社会治安和打击犯罪使命的职业,应当受特殊的职业伦理规范,仅仅开设通识课程对职业伦理的培养并不充分,应当借鉴英美国家警察教育过程中职业素养培养的有益经验,坚持双轨制和"以学生(员)为中心"的培养模式相结合,通过各种形式将对法治的信仰灌输到学生(员)的内心深处,培养具有权力制约、尊重人权理念的法治警察。[34] 只有主动养成执法公正和服务人民的责任意识,才能成为一名合格的人民警察。

四、完善措施:坚持德法兼修理念,全方位建设公安院校法律职业伦理课程

(一)公安类与法学专业职业伦理教育同频共振,全面建设公安院校法律职业伦理课程

公安院校法学专业将法律职业伦理课程设定为必修课程已是大势所趋,甚至是"规定动作"。公安类专业虽可开设警察职业道德课程,但是从法律职业共同体角度而论,对警察的法律职业伦理的培养似有一定局限,故更应开设法律职业伦理课程。笔者认为,公安院校应当借鉴法学专业开设法律职业伦理课程的有益经验,促进公安类专业法律职业伦理教育,结合公安院校特色,完善教材体系、课程设计、教学方法、考核方式、教师团队。

1. 建立法律职业共同体的职业伦理教材体系。对于公安院校的学生而言,虽然大部分毕业生会选择从事公安工作,但也有一部分毕业生会选择从事法官、检察官、律师等其他法律职业,让"预备警官""预备法

[34] 参见袁广林:《我国警察职业素质培养研究》,华东师范大学2007年博士学位论文。

官”“预备检察官”“预备律师”等法律职业人形成共同的职业伦理,有助于法律职业共同体的构建。同时,公安机关作为刑事侦查机关,其与检察机关、审判机关之间相互制约,相互配合。特别是在“审判中心主义”司法环境下,公安机关应当按照审判时的证据认定规则来规范侦查行为,提升侦查水平。这也要求公安刑事司法伦理应当与检察官、法官的职业伦理有效衔接。因此,建立统一适用的法律职业伦理教材体系是至关重要的,笔者认为可以从以下两方面予以完善。

首先,应当完善法律职业伦理教材体系。目前法律职业伦理授课材料除授课教师自行收集的教学材料外,主要以许身健教授[35]、李本森教授[36]、王进喜教授[37]、冷罗生教授[38]等主编的本科生法律职业伦理教材为主要参考资料,但在体系设立、内容讲解和观点论述上还存在一定的差异。一部好教材有助于学生形成清晰的课程体系,对学生的学习有较大的帮助,因此,建议学生使用统一的法律职业伦理教材。[39]

法律职业伦理教材可以按照总论和分论的体系进行编撰,总论部分主要阐述法律职业伦理的学科地位、基本范畴、历史渊源、社会职能、伦理原则、法律责任,阐述和确立法律职业伦理这门学科的基本理论。分论部分结合法律职业伦理建设的实际,分别阐述法官、检察官、警察、律师、公证员等法律职业的基本伦理要求、规范和实施中的一些具体问题。[40]

其次,应当明确人民警察职业伦理主要内容。人民公安同时肩负着行政执法和刑事司法的双重社会职能,笔者认为,人民警察职业伦理作为法律职业伦理的重要组成部分,应当以习近平总书记“十六字”总要求为指导,以《公务员法》《人民警察法》《公安机关人民警察职业道德规

㉟ 参见许身健主编:《法律职业伦理》,高等教育出版社2020年版。

㊱ 参见李本森主编:《法律职业伦理》,北京大学出版社2016年版。

㊲ 参见王进喜主编:《法律职业伦理》,中国人民大学出版社2020年版。

㊳ 参见冷罗生主编:《法律职业伦理》,北京师范大学出版社2014年版。

㊴ 参见刘雪斌:《法学本科“法律职业伦理”课程的实证分析——基于吉林大学问卷调查结论》,载许身健主编:《法律职业伦理论丛》,中国政法大学出版社2017年版,第69页。

㊵ 参见李本森主编:《法律职业伦理》,北京大学出版社2016年版,第30~31页。

范》等为依据,涵盖公安行政执法伦理和公安刑事司法伦理,具体可以从警察职业伦理概述、警察职业伦理的基本内容、警察职业责任与惩戒等方面进行全面论述。

2. 坚持同步教育的课程设计。所谓同步教育,包含两方面内容,一方面是指公安类专业的法律职业伦理课程设计可以参照法学专业的相应课程设计,实现公安类专业与法学专业的法律职业伦理课程同步进行;另一方面是指法律职业伦理课程要与专业课程同步推进,实现互促互进。

借鉴美国法律职业伦理培育模式,参照我国公安院校法学专业法律职业伦理课程建设的有益经验,建议将法律职业伦理课程设置为公安院校所有专业的通识必修课,实现公安院校法律职业伦理课程的同步教学。公安院校法律职业伦理课程设置宜以宪法、法理、刑事诉讼法等相关法学课程作为先修课程,或者至少与此类课程同步进行。如此,学生将具有较为全面和深厚的专业知识基础,而不至于产生知识体系割裂或断层,从而影响理解和接受程度。法律职业伦理教育对公安院校学生的职业伦理的培养、执法意识的养成、职业定位的选择等至关重要,考虑到公安院校课程设置的集中性、便利性,公安职业的特殊性,笔者认为可以将律师学、人民警察职业道德规范等课程整合吸纳进法律职业伦理课程之中,有序在各学期通识课中开展,使学生更好地把法律职业伦理与关联课程的学习结合起来,形成良性互动。

3. 强化体验式教学的运用。根据刘雪斌教授对吉林大学法学院本科生法律职业伦理课程教学方法的实证调查研究,93.18%的学生认为目前法律职业伦理课程的教学方法主要是讲授法。就如何改进该课程的教学方法,60%的学生建议加大案例教学,55.45%的学生建议采取多媒体技术提高趣味性,15.45%的学生建议多采取提问法。[41]

法律职业伦理的养成离不开法律技术和方法,运用法律解决实践问

---

[41] 参见刘雪斌:《法学本科“法律职业伦理”课程的实证分析——基于吉林大学问卷调查结论》,载许身健主编:《法律职业伦理论丛》,中国政法大学出版社2017年版,第64~67页。

题是法律职业伦理的核心。学生可能已经掌握了很多法律职业伦理知识,但如何入脑并运用于实践是法律职业伦理教育应直面和解决的关键问题。笔者认为,法律职业伦理课程的教学应当借鉴英国“以学员(生)为中心”的培养模式,强化体验式教学的运用,抓住学生的心理特点,充分利用多种实践教学方法提高学生的学习兴趣和课程的教学效果,引导学生主动参与课程教学,而不能像传统课堂那样单纯进行“填鸭式”教学,应当将法律职业伦理融入实践过程之中,使法律职业伦理内化到学生内心深处。建议在法律职业伦理课程教学过程中加大案例教学法和法律诊所教学法的运用。首先,教师应当在教学过程中适时将社会生活中的热点案例融入教学内容,加大案例教学的比重,引导学生积极参与案例讨论,通过案例讨论培养学生对法律职业伦理更直观、全面、系统、深入的理解。其次,开设法律诊所课堂,采用启发式教学方法。一方面积极开展案例模拟,让学生置身案例角色,将可能涉及的法律伦理“活化”,启发学生思维,引导学生将法律职业伦理知识运用于案例,进一步强化认识;另一方面帮助学生接触司法实践,利用实习、现场教学等实践教学方式让学生尝试参加或观察案件办理过程,在现实执法和司法的价值冲突中启发学生适用正确的法律职业伦理知识,对法律职业伦理知识活学活用,达到预期学习效果。

4. 采用多维度考核方式。根据张丽梅教授对西南政法大学法学专业本科生就课程考核方式看法的实证研究,有86.8%的学生认为课程考核应当注重过程性考核、72.7%的学生建议提高平时课堂表现的分数比重、75%的学生明确反对采用闭卷考试的形式。[42] 笔者认为,基于法律职业伦理课程的实践性和应用性,建议在原有开卷考核的基础上,采用多种形式相结合的考核方式,在授课过程中针对特定的职业伦理问题可及时布置研究论文。除此之外,可以采取情景模拟、角色扮演、社会实证调研报告等形式开展考核。

5. 组建专业教师团队。笔者认为,应当由具备法学、伦理学两门学

---

[42] 参见张丽梅:《法学专业本科生对研究方法的认识和需求——基于西南政法大学的调查》,载《教育教学论坛》2020年第35期。

科专业背景的专职教师承担法律职业伦理课程的授课任务。此外,教师应当了解公安执法现状,能够从法律和伦理两个角度对法律法规、社会现象进行分析。在教学研究等工作中,应当单独设置法律职业伦理教研室,专门负责对法律职业伦理课程的教学进行研究,鼓励教师进行授课方式的创新。[43]

(二)法律职业伦理教育与思政教育同频共振,推动课程思政建设

初入警校的大学生,政治意识尚淡薄,思想基础还不牢固,对时政热点盲目解读,缺乏理论深度,而且亟待正确的价值导向予以指引。[44] 公安院校必须通过加强思想政治教育,强化思想政治理论课的学科建设、课程建设、教材建设、人才培养建设,增强思想政治理论课的吸引力和感染力,增强其教学有效性来引导学生树立正确的价值观和高尚的道德理性。[45]

公安院校在充分发挥思想政治理论课主阵地作用的同时,必须高度重视和切实解决思政课程向课程思政的转变。公安院校应充分发挥思想政治工作的协同作用,把法律职业伦理教育与思政教育有效结合,实现法律职业伦理课程与思政课程同向而行,形成协同效应。同时,专业课程教学要和法律职业伦理课程教学同向而行,互相融合,全方位推动课程思政建设。

(三)在校教育与在职教育同频共振,全方位铸魂育人

公安院校职业伦理教育应当贯穿入警前和入警后,特别是入警后的教育培训一定要结合实际融入法律职业伦理课程,否则,教育是缺失的。笔者认为,公安人才教育和培训应当把法律职业伦理教育贯穿全过程,实现在校教育与在职教育的全方位育人。

首先,明确在校教育法律职业伦理课程的定位。在公安院校本科教育阶段建议将法律职业伦理课程设定为公安院校的必修课程,课程设置

---

[43] 参见王晓星:《公安院校法律伦理教育探析》,载《学习月刊》2015年第20期。

[44] 参见周全喜:《和谐社会视野下的公安院校德育工作》,载《铁道警官高等专科学校学报》2006年第3期。

[45] 参见李刚、李恺:《认知、情感、行为“三维一体”视域下的大学生共同理想教育研究》,载《科教文汇(下旬刊)》2014年第2期。

前文已经论述。

其次,强化在职教育法律职业伦理课程的作用。在职教育应以育人为中心,全面提升在新形势下进行社会治理的综合能力。笔者认为,新警初任、警衔晋升、领导干部任职等培训过程中应当增设法律职业伦理课程,并根据不同对象和职务在共识性职业伦理教育的基础上,有针对性地进行职业伦理教育,做到不同的参训对象有不同的培训内容和方式。笔者建议各阶段在职培训课程中法律职业伦理课程的课时不能少于10%,并贯穿培训的全过程,真正提高参训人员的思想认识,打造政治过硬、执法公正的公安队伍。

总之,要把法律职业伦理教育融入公安人才终身学习之中,保证在不同阶段法律职业伦理教育都不缺席,建立强大的合力育人格局,学校、政府、社会等多元主体共同参与法律职业伦理课程建设,全过程帮助公安人才形成正确的世界观、人生观和价值观。

On the Construction of the Professional Ethics Course in Colleges and Universities of Public Security with the Ideological Guidance of "Promoting both Moral Education and law"

Tian Li'nan　Li Luwei

Abstract: The concept of promoting both moral education and law emphasizes the significance of moral education and the necessity of integrating moral education into specialty education, which provides the directional guidance for colleges and universities of public security. It has become a dilemma for the moral education and professional ethics education in colleges and universities of public security that the fuzzy positioning of professional ethics in law and the moral education, the separate development of professional ethics in public security majors and the development of the science of law, and the separated development of the professional ethics in the public security administrative enforcement of law and the counterpart in criminal justice. Drawing lessons from the dual-track training model of police ethics in the United States and the "student-centered" training model in police ethics in the United Kingdom, the author of this article puts forward that in order to achieve a full range of soul-building and qualified education, the colleges and universities of public universities should be guided by the ideology of promoting both moral education and law, and the construction of the professional ethics course should insist on the collaboration and coordination between the professional ethics of public security and that of law, the education of the professional ethics of law and ideological and political education, and the on-campus education and vocational education.

Key Words: promotion of moral education and law, universities and colleges of public security, professional ethics in law, collaboration and coordination

新法学背景下法律硕士“法律职业伦理”课程建设*

朱　俊**

摘　要:新时代有新法学。新法学为法学院校培养高素质的复合型法律人才提出了更高的要求。在此背景下,法律硕士“法律职业伦理”课程的开设,需要回应这种时代需求。在课程内容设计上,“法律职业伦理”课程应有总论,不仅是引领学生认识“法律职业伦理”这一事物,而且是引领学生以法律职业伦理为核心认同并归属于法律职业共同体;在课程教学方式设计上,“法律职业伦理”课程应充分应用线上资源、注重多学科混合教学、案例教学,并建立全过程、多维度的课程考核体系,充分调动学生的学习积极性。

关键词:新法学　法律硕士　法律职业伦理

* 基金项目:重庆大学研究生教育教学改革研究项目“法律硕士《法律职业伦理》课程教学方法研究”(项目编号:cquyjg19307)。

** 朱俊,重庆大学法学院副教授,法学博士。研究方向:法治理论。

一、引言

习近平总书记2017年在中国政法大学考察时作出重要指示，中国特色社会主义法治道路的一个鲜明特点，就是坚持依法治国和以德治国相结合，强调法治和德治两手抓、两手都要硬。法学教育要坚持立德树人，不仅要提高学生的法学知识水平，而且要培养学生的思想道德素养。各级领导干部要做尊法学法守法用法的模范，以实际行动带动全社会崇德向善、尊法守法。① 为学习贯彻习近平总书记的重要讲话精神，国务院学位委员会法律硕士指导委员会修订了《法律硕士专业学位研究生指导性培养方案》，把“法律职业伦理”从选修课改为必修课；教育部会同中央政法委于2018年10月联合印发了《关于坚持德法兼修实施卓越法治人才教育培养计划2.0的意见》，要求“加大学生法律职业伦理培养力度，面向全体法学专业学生开设‘法律职业伦理’必修课，实现法律职业伦理教育贯穿法治人才培养全过程”。据此，“法律职业伦理”成为我国法律硕士研究生的必修课程。如何有效开展法律硕士研究生“法律职业伦理”课程，成为一线教师不得不面对的一个现实问题。本文试图从一线教学的立场部分回答这一问题。

二、新时代的新法学及其要求

中共中央办公厅联合国务院办公厅于2018年8月印发了《关于以习近平新时代中国特色社会主义思想统领教育工作的指导意见》，要求“优化学科专业结构，发展新工科、新医科、新农科、新文科”。何为新文科？新文科的重点在于一个“新”字。从域外经验来看，新文科概念源

① 参见《立德树人德法兼修抓好法治人才培养　励志勤学刻苦磨炼促进青年成长进步　习近平在中国政法大学考察》，载《人民日报》2017年5月4日，第1版。

自美国希拉姆学院(Hiram College)。这所以文科著称的学府发现,传统文科培养的人才无法满足社会的需求,因而学校决定改革文科,将文科与理科结合,这是一种教育上的创新。因此,新文科的关键在于“创新”。这是新时代对于文科,尤其是新法学的新要求。②

党的十九大报告提出,“人民美好生活需要日益广泛,不仅对物质文化生活提出了更高要求,而且在民主、法治、公平、正义、安全、环境等方面的要求日益增长”③。习近平总书记在党的十九大报告中提出,2035年基本实现社会主义现代化,到那时,我国经济实力、科技实力将大幅跃升,跻身创新型国家前列;人民平等参与、平等发展权利得到充分保障,法治国家、法治政府、法治社会基本建成,各方面制度更加完善,国家治理体系和治理能力现代化基本实现④。国家安全成了法治发展的矛盾焦点。在党的十八大之前基本的法学教育不涉及国家安全,国家安全等同于反间谍;党的十八大之后,习近平总书记提出“总体国家安全观”⑤,全国人大及其常委会根据这一“总体国家安全观”制定了一系列国家安全领域的法律规范。这一规范性实践要求法学教育一方面研究国家安全方面的法律问题,另一方面则需要在教学过程中涉及国家安全方面的理论与实践内容。全球化时代中国海外利益如何保障成为一个必须面对的法律问题。传统的国际公法、国际私法、国际经济法无法满足国家、企业、公民保障海外利益的知识需求,要求法学研究和教育重构知识体系。当今世界,恐怖主义、极端主义、民粹主义、保守主义等思潮弥漫于国际社会的多个角落,给法律体系所建构的稳定而理性的规范秩序带来不小的冲击,如何在未来重建人类命运共同体,成为法学教育不得不面对的一个核心问题。尤其是美国、欧盟等国家和地区,传统上主张法律

② 参见徐显明:《新文科建设与“新法学”教育的挑战和应对》,载《新文科教育研究》2021年第1期。

③ 习近平:《决胜全面建成小康社会夺取新时代中国特色社会主义伟大胜利——在中国共产党第十九次全国代表大会上的报告》,人民出版社2017年版,第11页。

④ 参见习近平:《决胜全面建成小康社会夺取新时代中国特色社会主义伟大胜利——在中国共产党第十九次全国代表大会上的报告》,人民出版社2017年版,第28~29页。

⑤ 参见习近平系列重要讲话数据库,载人民网2017年2月17日,http://jhsjk.people.cn/article/29089833。

价值及其秩序,但在当前纷纷以某种方式“背离”,更是给法律价值共识蒙上了一层阴影。另外,以区块链、人工智能等为主的技术,试图建构一个基于信息技术的现代社会,由此展现了一个从传统电气社会向现代信息社会转型的社会形态,各种新兴法律问题层出不穷,要求接受法律硕士教育的学生解决这些问题。

因此,隶属于新文科的新法学教育应当求新、求变。一是更新培养目标。按照《法律硕士专业学位研究生指导性培养方案》的要求,法律硕士教学应当培养“立法、司法、行政执法和法律服务以及各行业领域德才兼备的高层次的复合型、应用型法治人才”。在知识上,要求掌握中国特色社会主义法治理论体系;在技能上,要求掌握“从事法律职业所要求的法律思维、法律方法和法律技能”,能够独立从事法务工作;在素质上,要求具备良好的政治素质和道德品质,特别要求遵守法律职业伦理和法律职业道德规范。按照新时代的要求,新法学培养的学生还应当具备国家安全知识、信息技术相关知识等。既具有国家安全的法律敏锐度,又能够进行国家安全相关法律事务的审核;既能够灵活运用新技术推进法律事务工作,又能够妥善解决新技术所带来的法律问题。此外,新法学培养的学生还应当坚守人类命运共同体所持有的法律价值及其共识,能够以法律方式在涉外事务中维护国家、企业、公民的海外利益,尤其是国际法方向的法律硕士。

二是更新人才培养模式。传统的法学教育培养人才都是在高校,都是在课堂,但这无法满足新时代对法律人才的要求。新法学要求法学人才培养既需要坚守高校、课堂这个第一阵地,还要去开辟实务部门这个第二阵地,“让法院、检察院联合高校共同培养学生,形成新的协同机制”⑥。在培养方式上,既可以设计法律诊所课程,也可以设计案例分析课程,还可以设计走进法庭旁观课程,更可以设计司法实务实习课程;在培养师资方面,既可以邀请实务部门的人开设讲座,也可以邀请实务部门的人开设课程,还可以双师同堂教学,更可以双导师联合培养。

---

⑥ 徐显明:《新文科建设与“新法学”教育的挑战和应对》,载《新文科教育研究》2021年第1期。

三是更新人才培养体系。在课程内容方面,新法学要求增加国家安全、监察法、党内法规等相关知识性课程;在课程体系方面,新法学要求增加案例分析类课程和司法实务类课程;在培养方式方面,新法学要求高校与实务部门合作,联合制定培养方案,联合培养法律硕士;在考核方面,新法学要求全过程、全方位考核学生,既注重学习过程的考核,又注重知识与技能的考核,在考核中突出新法学对新时代人才需求的回应。

设置法律职业伦理为法律硕士的必修课,正是法学界对新法学教育要求的回应。第一,通过法律职业伦理这一必修课的教学,法律硕士在知识体系上完善了有关职业伦理的内容,将初步奠定其职业素质方面的伦理知识、理论与业务能力。第二,法律职业伦理课程教学阐释职业安全问题,将锻炼学生安全责任意识;引介新技术解决利益冲突问题,将夯实学生信息技术素养;阐释职业共同体理念,将引导学生理解并践行人类命运共同体的价值与共识。第三,法律职业伦理课程为法律硕士的培养提供了新空间。因为法律职业伦理并非纯粹的理论课程,而是以法律职业共同体及其理念为基础,引介各法律职业并探讨其职业伦理问题,为法律实务部门进入课堂提供了可能,为法学院校与法律实务部门联合制定培养方案并联合培养法律硕士提供了机会。第四,法律职业伦理课程关注法律人执业过程中的具体问题,引介案例并予以分析,既有警示教育的考量,也有锻炼学生实务技能的效果。总之,新法学理念推动了法律职业伦理课程的出现。

三、法律硕士“法律职业伦理”课程内容设计

(一)总论

法律硕士“法律职业伦理”课程仍然需要设计一个总论,原因有二。一方面是学生需要对“法律职业伦理”这个课程有一个总体性的认识,知道这是一门什么样的课程,为什么会开设这门课程。详细向学生阐释课程开设的理由,将大大增强学生对这一门课程学习的兴趣。首先,开

设“法律职业伦理”课程是贯彻习近平总书记的重要讲话精神。在传统的法学知识教学过程中,法治人才的才能培养是一大优势与特色,无论是在知识体系方面还是在专业技能方面,传统法学教育都能胜任,且完成得很好。但是,传统的法学教育并没有专门性地开设道德方面的课程,以至于出现了大量的法律人才道德水准过低的情况。按照重庆大学法学院原院长陈忠林教授的话说,在所有的职业当中,法律职业人的犯罪率最高,这是由于一些法律人专讲法律规范及其技巧,不讲道德的必然结果。无论我们从何种角度为这一现象辩护,都不能否认这一现象的客观存在。中国政法大学方流芳教授在中国政法大学中欧法学院 2012 级硕士研究生开设的法律职业伦理课上列举了中国政法大学、台湾大学法学院以及美国知名法学院校友“败走麦城”的例子,强调法律职业人很容易迷失在市场经济的“钱”途之中。方教授分析认为,法律职业人“败走麦城”的理由有如下几点:第一,律师角色冲淡了道德上的对错,中国社会的“关系”文化变乱了角色伦理;第二,法律人熟知法律的弊端,在执业过程中利用这种缺陷、漏洞与错误为当事人牟利,久而久之,容易产生对法律的轻慢之心;第三,法律制度的不完善,为法律人钻制度的漏洞提供了可乘之机;第四,公立法学院校的营利冲动,法学教授身份的多样化以及师生、同学关系的朋党化,导致法学教育游离于有用与无用之间,法学教育方面的这些弊端也助长了法律人向“钱”而非向“法律”看的眼光与立场。⑦ 确实,法律职业人“对案件的把握,除了司法技巧和法律方法,还必须强调凭借经验、正义和良知所形成的对案件的内心确信。不要让技巧胜过良知,是所有法律人必须奉行的金玉良言”⑧。当法律职业人只讲法律技巧不讲内心确信,很容易陷进去。因此,法律职业人需要在课程内容上补足道德方面的知识,充分建立起基于道德的内心确信。其次,开设“法律职业伦理”课程是德治、法治、自治一体化

⑦ 参见方流芳:《法律人为什么容易变坏》,载搜狐网 2020 年 7 月 3 日,https://www.sohu.com/a/405440740_529063。

⑧ 点墨法语:《别让技巧胜过良知:从王振华案谈律师的内心确信》,载微信公众号“点墨之南”2020 年 6 月 21 日,https://mp.weixin.qq.com/s/TiSqPsoTSrEYxfD8P9MwrQ。

建设的基本要求。从法律职业伦理的规范层次来讲,既有《律师法》《法官法》《检察官法》等法律,也有《法官职业道德基本准则》《检察官职业道德基本准则》《律师职业道德和执业纪律规范》等道德规范,还有《中华全国律师协会律师业务推广行为规则(试行)》《关于进一步加强律师文化建设工作的意见》等自治性规范。法律职业伦理集法律人的法律规范、道德规范、自治规范于一体,在法律职业内部践行德治、法治、自治。因此,从德治、法治、自治一体化建设的角度来讲,需要为法律职业人开设"法律职业伦理"课程。最后,开设"法律职业伦理"课程充分考虑了法律职业人的职业安全。从规范的立场来看,法律职业人在执业过程中,有很多的执业红线和法律禁忌需要遵守,这是他们的执业底线。在法律职业人建构知识体系之初,即开展法律职业伦理教育,有助于帮助他们在自身知识体系中建立职业安全知识,确立职业安全红线,确保他们在未来的执业生涯中不会触碰到这一职业禁忌,进而始终端好法律职业这一"饭碗"。法律职业伦理是法律职业人执业生涯的"第一粒扣子",必须在一开始就要扣好。

另一方面是我们需要一个"法律职业伦理"总论来建构一个法律职业共同体。什么是法律职业共同体,谁是法律职业共同体的一员,如何构建法律职业共同体?对于这些问题的回答,将决定中国特色社会主义法治体系的不同实践方向。按照司法部《国家统一法律职业资格考试实施办法》(2018年),"担任法官、检察官、律师、公证员、法律类仲裁员的人员以及行政机关中从事行政处罚决定审核、行政复议、行政裁决、法律顾问的公务员",都需要通过国家统一法律职业资格考试,因而这些需要国家统一法律职业资格证的职业都是法律职业。在立法层面,法律职业已经有定论。即便是学术界对此有所异议,也并非说这一范围过宽,而是认为它过窄。如王进喜教授就认为,司法鉴定人员也应当属于法律职业共同体的组成部分。⑨ 郭哲教授则认为,法学教师也应当是法律职业

⑨ 参见王进喜:《法律职业伦理》,中国人民大学出版社2020年版,第4页。

共同体的一员。[⑩] 法律职业共同体的人员构成是一个方面，另一个方面则是其构建机制。共同体意味着它的内部是有机联系的，并不是一个松散的聚合，而是有着共同的知识结构、共同的职业技能、共同的职业素养。[⑪] 其中，法律职业共同体建构所必须的共同职业素养的核心是共同的法律职业伦理。法律职业伦理不只是处理法律职业人之间的相互关系，而且是通过建立共同的职业规则来建构共同的法律理性和法律信仰。从规则的角度讲，律师与当事人之间的关系、律师与律师的关系、律师与律师事务所的关系、律师与律协的关系、律师与司法行政部门的关系、律师与法官的关系、律师与检察官的关系、法官与法官的关系、法官与法院的关系、法官与检察官的关系等，都需要法律职业伦理提供原则性、规则性的规范，以便于法律职业人妥善协调相互之间的关系。通过不断建构、维持、消灭这些不同类型的关系，法律职业人基于法律职业伦理规范的不断运作，协调了相互之间的法律理性精神，进一步确信规范尤其是法律规范的权威地位，以巩固法律职业人对法律的信仰。

检视市面上的“法律职业伦理”教材，郭哲与湖南省法学会法学教育研究会编的《法律职业伦理教程》、李本森编的《法律职业伦理》（第3版）、巢容华编的《法律职业伦理》、王进喜编的《法律职业伦理》、王新清编的《法律职业伦理》、许身健编的《法律职业伦理》、马长山编的《法律职业伦理》教材，都有法律职业伦理总论。

（二）分论

在分论部分的内容安排上，各“法律职业伦理”教材各有不同。在李政版《法律职业道德》教科书中，除概述外，其他章节则各自关注一个职业门类的职业道德，为法官、检察官、律师、公证员、法律顾问、仲裁员、行政执法人员的职业道德。在许身健版《法律职业伦理》教科书中，也是按职业门类安排章节，为律师、法官、检察官、公证员、仲裁员以及行政

⑩ 参见郭哲主编、湖南省法学会法学教育研究会组编：《法律职业伦理教程》，高等教育出版社2021年版，第11页。

⑪ 参见韩慧：《法治、法律人共同体与法律教育——从英国法律史的角度解读》，载《山东社会科学》2018年第5期。

执法人员职业伦理,只是律师职业伦理所占篇幅远远大于其他法律职业伦理。在王进喜版《法律职业伦理》教科书中,除概述外,有十二章关注律师职业伦理,其他章节则各关注一门法律职业,为法官、检察官、律师、公证员、法律类仲裁员的人员以及行政机关中从事行政处罚决定审核、行政复议、行政裁决、法律顾问的公务员,还特别关注了司法鉴定职业伦理。在马长山版《法律职业伦理》教科书中,除绪论外,总论部分有四章介绍法律职业伦理的基本理论,分论部分则按职业门类分别关注了法官、检察官、监察官、律师、公证员、仲裁员、立法人员、执法人员、人民调解员的职业伦理,还增加了三个章节的职业伦理培育与保障的内容。在郭哲版《法律职业伦理教程》中,除绪论和总论外,分论则按章节分别关注一门法律职业,为法官、检察官、律师、公证员、仲裁员(法律类)、立法工作者、行政执法人员、法学专业教师。简言之,各教材的编著者在法律职业共同体的构成上已达成了部分共识,均认同法官、检察官、律师、公证员、仲裁员、行政执法人员是法律职业共同体的有机组成部分,至于法律顾问、司法鉴定人员、立法人员、人民调解员、法学专业教师等人群是否属于法律职业共同体的一员,目前没有形成统一意见。对于各法律职业的伦理内容的介绍,各编著者也有不同的考量,许身健与王进喜就没有一个章节介绍一种职业的伦理,律师职业伦理所占篇幅更大;马长山版的教科书则独树一帜地安排三个章节讲述职业伦理的培育与保障问题。

首先,就法律职业共同体构成的差异来讲,各编著者都说明了理由。李政版教科书认为,法律顾问主要由律师和法学专家学者担任,故其法律职业道德的内容则分别为律师职业道德和法学专家职业道德。其中,法学专家的职业道德又分为教师职业道德和法律人职业道德两个部分。⑫ 从这个内容来看,其他版本教科书不涉及法律顾问的职业道德,或可以理解,因为它的内容完全可以由其他职业伦理涵盖。因此,王进喜版教科书也承认法律顾问是法律职业的一个门类,没有专章讨论其职

⑫ 参见李政:《法律职业道德》,法律出版社2017年版,第184~186页。

业伦理。王进喜则指出，“在司法、执法和法律服务活动中，还涉及法律并未要求其初任职务必须取得国家统一法律职业资格考试的其他专业人员”，他们的活动具有专业性，且与法律职业人员的工作存在密切关系，对法治事业的发展具有直接影响，且法律通常也对这些人员的“资格取得、权利和义务、职业伦理等作了明确规定”，他们是“侦查人员、监察官、基层法律服务工作者和司法鉴定人员”。⑬ 限于篇幅，王进喜版教科书只关注了司法鉴定人员的职业伦理。在马长山版《法律职业伦理》中，法律职业的界定则完全从学理角度展开。一方面，传统社会中的职业只有医生、神父、法官和律师，在现代社会则有了相当大的扩张，即便是理发师也是一门职业。在西方社会学上，职业的共识性特征至少包括三个方面：一是相关服务性工作建立在一套逻辑自洽且可实践的深奥理论体系上，二是区别于追逐私利的商业的职业的根本价值是服务大众，三是职业相对独立于国家与资本。另一方面，从职业社会学的角度讲，一国的法律行业能否被认定为一门法律职业，需要满足五个标准或具备五个载体，即法律知识、法学院、自治的行业组织、法律伦理和国家法的保障。因此，马长山版教科书中的法律职业包括律师、法官、检察官、监察官、立法人员、公证员、政府部门和企事业单位中从事法律的专业性人员。⑭ 在郭哲版教科书中，法学专业教师既是老师又是法律职业人员，具有双重身份，同时受到教师职业伦理和法律职业伦理的约束。而之所以特别强调法学专业教师的职业伦理，乃是由他们所“担负的培养高质量的社会主义法治人才的使命所决定的”，核心内容是“对学生、对同事应尽的道德义务和国家应尽的职责”。⑮

其次，许身健和王进喜都认为，律师职业伦理在整个法律职业伦理中占据着更为重要的位置。其中，法律职业伦理这门课程即便是在中国政法大学，最早也是在“律师学”课程基础上创新出来的；中国政法大学

---

⑬ 参见王进喜：《法律职业伦理》，中国人民大学出版社2020年版，第27～28页。

⑭ 参见马长山编：《法律职业伦理》，人民出版社2020年版，第20～24页。

⑮ 参见郭哲主编、湖南省法学会法学教育研究会组编：《法律职业伦理教程》，高等教育出版社2021年版，第253页。

“法律职业伦理”硕士研究生培养方向也是在“律师学”硕士研究生培养方向的基础上开设出来的。按王进喜所讲,“在实务领域,其重要性日益凸显,识别法律职业伦理问题被许多国家视为律师的基本技能之一,甚至在一些国家出现了以律师职业伦理(职业责任)为专业的律师”。[16] 意思是,法律职业伦理的知识基础是律师职业伦理。许身健基本上也持这一种观点,他发现英美法系的法律职业伦理基本上都是以律师职业伦理为核心的,这样的安排能够有效衔接其他法律职业伦理的内容,因为律师不仅需要与律师、律师事务所、当事人接触,还与法官、检察官、监察官等其他法律职业人员接触,在这种接触中,都需要遵循相应的行为规范。[17] 毫无疑问,英美法系的法律职业人员之间的互动基本上都是以律师为中心展开的,其以律师职业伦理作为法律职业伦理的核心,也就有其合理性。在我国,法官、检察官等法律职业人员流动到律师行业的不在少数,但从律师行业流动到法官、检察官队伍的,却很是少见。当然,根据中共中央办公厅《从律师和法学专家中公开选拔立法工作者、法官、检察官办法》(2016年)的要求,上海、广东、江苏、浙江、北京、陕西等地也有少量律师穿上了法官、检察官制服,实现了律师之于其他法律职业的“渗透式”流动。此外,我国各大法学院校毕业的法科生,是从事律师职业的多,还是其他法律职业的更多呢?《中国政法大学毕业生就业质量报告(2019)》记载,该校“2019届毕业生落实单位的2327人中,排名前5的行业依次是:公共管理、社会保障和社会组织694人,居民服务、修理和其他服务业(包含律师事务所)466人,金融业221人,教育行业168人,文化、体育和娱乐业116人”。[18] 从该报告所反馈的数据来看,该校学生就业的第一选择并非律师这一职业。质言之,无论是从职业流动还是从学生就业意向来看,以律师职业伦理为中心安排法律职业伦理的

[16] 王进喜:《法律职业伦理》,中国人民大学出版社2020年版,第45页。

[17] 该观点来自许身健在教育部高等学校法学类专业教学指导委员会主办、中国政法大学法学院、中国政法大学出版社承办的“高等学校法学类专业法律职业伦理骨干教师培训班”(2018年1月6日至7日)上的主题发言。

[18] 《中国政法大学毕业省就业质量报告(2019)》,载中国政法大学官网,http://xxgk.cupl.edu.cn/info/egovinfo/1002/nry-xxgk/cupl-05-2020-003.htm。

教科书体系，在中国似乎还是有些“水土不服”。

最后，马长山版教科书特别说明了法律职业伦理培育与保障的重要性。第一，法律职业伦理具有不可忽视的法治功能。在完善法学教育方面，它可以在一定程度上矫正法学知识教育所塑造的形式合理性思维的束缚，弥补法律技术教育的不足，既能够保障法律技术的独立应用，又能够控制法律技术应用的负面后果，还能够加深法律人对法律技术的理解。在巩固法律职业共同体方面，它可以凝聚共同的事业追求，推动法律人行为的相互协调，维系法律人的职业认同和尊荣感。在捍卫法律权威方面，它可以树立法律的核心地位，形成普通人的法律认同，抵御权力的肆意干预。在维护公平正义方面，它可以坚定公平正义的法治信念，保障公平正义的法律决定，促进公平正义的执业行动。第二，法律职业伦理缺失将危及法治的前途与命运。质言之，“缺少法律职业伦理，法律人在适用法律解决问题时，不仅会造成腐败和错案，还可能会造成所有法律制度脱离既定的轨道，无法实现预期的功能”[19]。第三，法律职业伦理可以在知识层面教授。一方面是法律职业伦理教育是为了让法律人在实际法律活动中践行法律职业伦理，其前提是他们必须知晓法律职业伦理的内容、来源、价值和功能；另一方面是法律职业伦理有其教授的载体，那就是法律制度和法律职业伦理规范。总之，法律职业伦理非常重要，需要法律人在学校教育阶段就知晓法律职业伦理的理念、规则等内容，进而培育其法律职业伦理的初步意识，以制度性机制保障该法律职业伦理意识的成长，进而为法治事业的推进奠定坚实的人才基础。

(三)课程内容

在课程内容上，无论是总论还是分论，内容安排都需要注意以下两个问题。一是“法律职业伦理”需要兼顾理论、规范与案例。首先，法律职业伦理有着大量的规范，如何理解这些规范，如何建构一个法律职业伦理的规范体系，都需要在理论上予以说明。质言之，法律职业伦理之理论介绍与阐释，将有助于学生理解法律职业伦理规范，并建立起法律

---

⑲ 马长山编：《法律职业伦理》，人民出版社2020年版，第414页。

职业伦理的规范体系。其次,法律职业伦理规范有其内在体系。从类型层面来看,既有基本原理,也有律师、法官、检察官、仲裁员、公证员、行政执法人员等的职业伦理规范;从效力层面来看,法律规范的效力大于行政法规的效力,大于部门或政府规章的效力,大于地方性法规的效力,全国性的协会规则效力大于地方性的协会规则的效力,正式规则的效力大于非正式规则的效力。并且,这些规范之间既有相同点,也有不同点。这些规范与国外同类型的规范,也是既有相同点,也有不同点。这些异同的比较,需要在理论上予以说明。最后,法律职业伦理是一种实践性的规范,这意味着实践中是有鲜活例子存在的。引入这些案例,一方面是进行警示教育,提醒学生不能再犯同类型的错误;另一方面也是为了进行规范分析,建立法律职业伦理的法教义学体系。二是"法律职业伦理"需要兼顾知识、技巧与信仰。之所以要特别强调这一点,是因为法律职业人都精通法律知识与技巧,有可能"钻制度的空子"。这意味着如果单纯是给法律职业人划定执业红线,则所有法律职业人都能够规避这些正式或非正式的规则。这就要求法律职业伦理课程不只是传授学生规则意识,更重要的是传授法律职业共同的规则信仰。法律职业人是以法律为业的,只有所有的法律职业人都遵守法律职业伦理规则,法律职业人才有职业前途可言。如果说所有的法律职业人都有"搭法治事业便车"的念想,则法治事业不可能完成,法律职业人以法律为业就将成为一个幻想。正是基于这种以法律为业的执业需求,法律职业人需要信仰法律,也就需要认真对待法律职业伦理。将这种之于法律的信仰传递给法律硕士,是"法律职业伦理"课程的任务。

四、法律硕士"法律职业伦理"课程教学方式设计

新法学为新时代的"法律职业伦理"课程教学方式提出了更新的要求。从教学角度来看,法律硕士在学习过程中更关注规则,而不是理论,尤其是伦理问题;他们被动听课的效率较低,很难通过课程教学培养他

们的法律职业伦理底线思维和法律信仰。因此，有必要充分利用资源，调动学生学习的积极性，让他们主动参与到课程教学活动中，自主地发现问题并尝试解决问题。也有必要采取如下的教学方式。

（一）混合式教学

虽然国家统一法律职业资格考试很早就将法律职业伦理的内容纳入了考试范围，但是对于很多法学院校来讲，“法律职业伦理”仍然是一门新课。这是因为传统的法学知识体系中没有“法律职业伦理”这一内容，理论界和实务界都不甚重视这一内容；且“法律职业伦理”作为课程并没有被纳入法学核心课程中。现在，随着中国共产党全面依法治国委员会对法律职业伦理的重视以及国务院学位委员会法律硕士指导委员会将法律职业伦理课程纳入了培养方案，各法学院校开始重视这一课程，纷纷开设了这一课程。由此可见，“法律职业伦理”课程建设是一件任重而道远的事情。因此，跟其他传统的法学课程不同，“法律职业伦理”课程并没有精品课程，线上的教学资源也很有限。但是，网络上也并非没有与此相关的资源存在。如王进喜教授为华东师范大学法学院师生开设的“律师与法官职业伦理建设的同源性”讲座视频，在网络上流传；高绍林为南开大学法学院开设的“未来法律职业”视频资源，也在网络上流传；微信公众号“学术华政”于 2021 年 5 月 8 日推送了张志铭、陈景辉、陈林林三人关于“法律职业伦理到底是什么”对谈的视频版和文字版；等等。这些资源都可以用于“法律职业伦理”的课程，作为线上教学资源使用。

此外，为避免专家、学者舟车劳顿，使用腾讯会议等软件远程讲座或授课是一个机智的选择。“法律职业伦理”课程可以延请校外实务界、理论界知名专家、学者就某一个专题内容展开线上讲解。尤其是“法律职业伦理”分论部分的内容，可以分别延请法官、检察官、律师、仲裁员、公证员、行政执法人员通过视频进行线上教学。这样既可以增强学生的法律职业伦理认知，又可以领略不同的法律职业风采。这既是线上、线下的混合式教学，又是理论界与实务界的联合培养。

（二）多课程混合教学

“法律职业伦理”虽然已经作为一门独立的课程开设，但是它与其他课程仍然存在知识上的密切关系,这种关系要求相关课程在涉及法律职业伦理知识的时候,应当充分予以关照。具体而言,在理论课程与案例分析课程教学过程中,行政法、刑法、民法相关法、民事诉讼法、刑事诉讼法、行政诉讼法、仲裁法等相关课程,在知识上都可能涉及律师、法官、检察官、仲裁员、公证员、行政执法人员等的职业伦理。例如,民事诉讼法有关期间的规定,与律师、法官的勤勉义务相关。不同课程的老师在授课过程中,相互关照知识点,避免出现学科知识之间的壁垒或漏洞,有助于学生形成系统的法律知识体系。因为在法律实践中,法律职业人在解决相关法律问题时,并非使用单一的某个学科的知识,而是充分调动整个法律知识体系,以系统的知识、思维和技能来应对法律问题。因此,各学科之间相互关注知识点,将为法律硕士的实务性思维的养成奠定坚实的课程基础。这就要求各相关课程任课教师充分注意法律职业伦理知识点,并在课程设计中与法律职业伦理课程互动。

(三)案例教学法

法学知识的学习离不开实务中的案例,这既是因为法学知识的着力点是解决实践中所出现的法律问题,也是因为法律规范自身的实践指向。对理论法而言,案例使理论不再枯燥乏味;对应用法而言,案例使规范的法教义学教学过程生动有趣。教学过程中引入案例,是新法学教育的基本要求。不同于兰德尔的案例教学法,大陆法系的教学案例之使用,目的在于使法教义学的教学方式具有更强的实践特质,其核心是规范而不是案例。在法律硕士的“法律职业伦理”课程中,案例教学有以下两种模式。一是以司法考试原题和模拟题为中心,在讲授有关理论与规范的过程中,引入作为案例的试题,以“现炒现卖”的方式引导学生理解。以试题为案例,有两方面的考虑。一方面,司法考试原题和模拟题可以在课堂上练习,有助于学生认识司法考试,并将知识点的把握向司法考试水准看齐;另一方面,司法考试原题和模拟题作为案例引入,将综合调动学生的其他学科和其他法律职业伦理知识体系,养成他们灵活运用所学知识的习惯和技能。二是以真实案例为中心,详细分析该真实案例所呈现的有关理论与规范知识,引导学生理解有关内容。此外,亦可以翻转课堂，将真实案例提前发给分好小组的学生，由不同小组的同学担任“原告”和“被告”，在上课之前准备好“法庭辩论”材料（相关理论和规范知识），在课堂上展开“法庭辩论”，以充分调动学生自主学习的热情。

（四）多维度考核体系

考试始终是检验课程教学效果的有效手段。当然，课程考核的目的并非为难学生，而是以制度的方式激励学生自主学习，对他们学习的参与度、完成度、学习态度和学习成效等方面进行指标性、综合性评价。[20]跟传统课堂教学及其考核略有不同，新法学视野下的“法律职业伦理”课程考核不只是关注理论知识、出勤率、作业等，还要考核学生的课程参与度、完成度、学习态度等内容。首先，学生参与线上教学，考核其理论掌握情况，由作业（笔记）完成度、视频观看、在线测试等部分构成。其次，学生参与课堂教学，考核由其出勤率、课堂作业、课堂“法庭辩论”完成度等部分构成。最后，学生在线上、线下与嘉宾、老师的交流是加分项。其中，参考线上教学环节与线下教学环节的时间比例，设置两个环节的成绩比重。这样，将课程考核渗入课程的各个环节，有利于学生依循此考核制度自主学习，培养学生的学习能力。毕竟，法律是一门需要终身学习的专业。

五、结语

跟法学本科生、法学硕士生不同，法律硕士的培养有其独特性。这种独特性在新法学的时代要求下，强烈呼吁课程内容设计和课程教学方式设计都能够充分关注时代对高级法律人才的需求。对“法律职业伦理”课程而言，一方面它需要通过课程建构学生对于法律职业共同体的认识和归属；另一方面它也需要锻炼学生自主学习和体系化解决实务中的法律问题。因此，“法律职业伦理”课程在内容上应当有总论与分论

---

[20] 参见周林娜等：《电子信息领域硕士研究生工程伦理课程建设》，载《控制工程》2021年第7期。

的设计,在教学方式上应当注重混合式教学和案例式教学,甚至是某种程度的法律诊所式教学,通过全过程、多维度的考核制度体系引领法律硕士学习“法律职业伦理”。

On the Construction of the Course of the “Professional Ethics in Law” for the Masters of Laws in the Background of Promoting the New Science of Law

Zhu Jun

Abstract: The New Era calls upon the “new science of law”. The new science of law puts forward higher requirements for cultivating high-quality compound legal talent in law. In this background, the establishment of the course, “Professional Ethics in Law”, for Master of Laws needs to aim to respond to the needs of this era. In terms of course content design, the “Professional Ethics in Law” course should have a general theory, not only to guide students to understand “Professional Ethics in Law” as a new concept, but also to lead students to identify it as the core and make it as part of the legal profession community. In the design of the teaching methods of the course, the “Professional Ethics in Law” course should make full use of online resources, pay attention to multi-disciplinary mixed teaching activities, case teaching method, and establish a whole-process and multi-dimensional course assessment system to fully mobilize students' enthusiasm in learning.

Key Words: new science of law, masters of laws, professional ethics in law

论英国高校法律职业伦理教育的发展*

齐凯悦**

摘 要：英国是法律职业的起源地，法律职业伦理随着法律职业的发展而发展。然而，英国高校长期未曾涉足法律职业伦理教育领域。自20世纪末，英国就高校是否应当开展法律职业伦理教育展开探讨。21世纪以来，英国逐渐重视在高校开展法律职业伦理教育，通过《学科基准声明》等文件规定了法律职业伦理教育，诸多高校开设了法律职业伦理课程，重视对学生的价值观培育。我国已将法律职业伦理列入法学必修课程，该课程的推进应符合我国法律职业和法律伦理发展状况，并注重理论研究和对德法兼修的法治人才的培养。

关键词：法律职业伦理　高校法学教育　法律职业　职业伦理

英国是近现代法律职业的起源地，法律职业伦理相关规范随着法律职业的发展不断完善，但高校法学教育往往不涉及法律职业的具体内容。20世纪

---

* 基金项目：2018年度山东省研究生教育质量提升计划"美国法律解释经典案例研究"（项目编号：SDYAL18040）。

** 齐凯悦，山东师范大学法学院副教授，法学博士。研究方向：比较法、法律职业伦理。

末以来,受美国等域外法律职业伦理教育发展的影响,英国不断探讨在高校法学教育中引入法律职业伦理课程的必要性和具体方式,不少高校设置了法律职业伦理课程。相较于美国、澳大利亚等国家,英国关于高校法律职业伦理教育的探索略显缓慢,但这一方面反映了英国法学教育发展的独立性和保守性等特点;另一方面也体现了其在法律移植或借鉴过程中的思考。目前我国少有对英国高校法律职业伦理教育发展的研究,对该问题进行探讨能够在明晰英国法律职业伦理教育发展史的同时,知晓英国应对域外法律职业伦理教育发展过程中的考量因素和道路选择,并对我国法律职业伦理教育的开展有一定借鉴意义。

一、英国高校法律职业伦理教育发展之背景因素

英国是近现代法律职业的起源地,律师的伦理规范和困境体现了英国法律职业伦理的发展状况。长期以来,英国高校法律职业伦理教育处于缺失状态。然而,随着美国高校法律职业伦理教育的发展和实践中法律职业伦理问题的出现,高校法律职业伦理教育逐渐引发关注。

(一)英国的法律职业与法律职业伦理

英国是近代法律职业的起源地,英国的法律职业发展具有较长历史。在英国,法律职业有广义和狭义之分,广义的法律职业包括律师、检察官、法官、公证员和法学教师,狭义则主要指律师。整体来看,英国的法律职业伦理主要体现在为客户利益服务,公平正义,根据公认的道德原则诚实、正直行事等方面。进入21世纪以来,英国政府逐渐加强法律服务市场的开放程度,强化法律职业人员的竞争,将对客户负责作为首要的法律职业道德要求。[①]《2007年法律服务法》(Legal Service Act 2007)对事务律师、出庭律师、法律行政人员等法律服务人员的行为作出了规范。《律师监管局行为准则》(SRA Code of Conduct)在2019年作出

① 参见李洪雷:《迈向合作规制:英国法律服务规制体制改革及其启示》,载《华东政法大学学报》2014年第2期。

修改，确立了7项强制性原则：(1)在一定程度上坚持法治的宪法原则和遵守适当的司法管理；(2)以一定方式维护法律职业和法律服务的公信力；(3)独立；(4)忠实；(5)正直；(6)采用鼓励平等、多样性和包容性的方式；(7)为客户最大利益服务。

(二)英国高校与法律职业伦理教育

在英国，法律职业人员接受的法律教育分为三个阶段：理论阶段、专业培训阶段和专业实习阶段。高校法学教育属于第一阶段。高校法学教育在本科阶段开展，获得法学学士学位后学生可以攻读律师职业课程以从事律师实务工作，该阶段的课程重视基础理论的教授。在英国，高校法学院毕业的学生最终从事法律职业的不足50%。[②] 英国高校不仅将法学教育的目标定位为培养未来的法律从业人员，也将其视为通识教育的一类，故而在法学教育中注重培养学生理论联系实际的能力和从事相关公共事务的技能，增强学生的综合能力。法律职业与高校法学教育之间存在较大区别，在20世纪末还出现了律师界指责高校法学教育不够实际和“法学院生产过剩”的情形。[③]

(三)法律职业伦理问题引发关注

尽管英国就律师的法律职业伦理作出了较明确的规范，但实践中关于律师的职业伦理问题仍然引发诸多关注。例如，2019年的《律师监管局行为规则》规定了“正直”(integrity)原则，但该原则在近年来由于英国高等法院判例的前后矛盾而引发关注，甚至高等法院的一个判例将不正直等同于欺诈(dishonesty)[④]。推翻这一点的则是2019年上诉法院的判决，其将正直描述为一种“表达社会对专业人士期望、专业内部对其从业人员期望的更高标准的简略词”。[⑤] 英国司法界关于该概念的含义有诸多争议，如有法官将正直原则界定为“二级欺诈”，有法官明确表示反对该概念，认为诚实是社会要求每个人都必须遵守的基本准则，然而，专

---

② 参见郭艳利：《美、英、德、日法律职业教育的比较及启示》，载《中国法学教育研究》2013年第3期。

③ 参见聂鑫：《英国法律教育改革管窥》，载《华东政法大学学报》2011年第1期。

④ Malins v. Solicitors Regulation Authority [2017] EWHC 835 (Admin).

⑤ Wingate & Anor v. The Solicitors Regulation [2018] EWCA Civ 366.

业标准是要求那些承担更高责任的人遵循正直原则。⑥ 高等法院在判例中驳回了一位律师的上诉,指出诚实和正直是两个不同的概念,正直的概念比诚实的内容更加广泛。⑦ 因此,尽管英国规定了法律职业伦理相关规则,但在司法实践中尚存一定争议,违反相关原则的行为也时有发生。

(四)美国等域外高校法律职业伦理教育发展之影响

1974年,“水门事件”发生,多名法律人参与其中,引发美国公众对法律职业人员的职业道德的质疑。1974年,美国律师协会修正了法学院认证标准(Standards for the Approval of Law School),强制规定高校法学院必须教授法律职业伦理,突显了美国高校法学院对法律职业伦理教育的重视,各法学院普遍开设了相关课程。⑧ 同时,美国强调完善教育方式,建议在所有法学院课程中引入法律职业伦理,通过渗透性的教育方式加强法律职业伦理教育。⑨

美国法律职业伦理教育的发展对诸多国家产生了影响,如澳大利亚将法律职业伦理作为高校法学教育的核心课程。长期以来,法律职业伦理并非英国高校法律教育的内容,但在美国将之作为高校法学专业必修课程后,英国逐渐对法律职业伦理教育作出探讨,形成了英国高校法律职业伦理教育独特的探索过程。

二、起源与探索:20世纪英国高校与法律职业伦理教育

尽管英国的法律职业起源较早,但法律职业伦理教育未得到充分发展,高校更是未曾涉足法律职业伦理教育。直至20世纪末期,英国国内

---

⑥ Peter Williams v. SRA [2017] EWHC 1478.

⑦ Zivancevic v. Solicitors Regulation Authority [2019] EWHC 1950 (Admin).

⑧ 参见刘坤轮:《法律职业伦理教育必要性之比较研究——以美国、澳大利亚、加拿大和韩国为比较》,载《中国法学教育研究》2014年第4期。

⑨ See William M. Sullivan, Anne Colby, Judith Welch Wegner et al., *Educating Lawyers: Preparation for the Profession of Law*, Hoboken: Jossey-Bass, 2007, p. 151.

才就高校是否应当加强法律职业伦理教育作出初步探讨。

(一)20 世纪末期之前:鲜有关注

20 世纪末期之前,英国对法律职业伦理的关注甚少。在 20 世纪 60 年代至 21 世纪初期,英国有四份报告直接或间接地提及法律教育和培训,前三份报告均未讨论法律职业伦理课程。高校法律职业伦理教育在 20 世纪末期之前更是处于缺失状态。20 世纪 70 年代,有学者针对沃里克大学法学院的学生作出调研,发现学生普遍认为法学课程的重点是学习实质性的法律教义、规则和像普通人一样思考,对职业伦理的关注程度不足。同时,课程设计更偏重学生将要面临的就业市场的现实状况,较少涉及公共利益取向。⑩

(二)1996 年报告:初步探讨

与前三份报告不同的是,大法官法律教育和行为咨询委员会(Lord Chancellor's Advisory Committee on Legal Education and Conduct)提出的第四份报告为在法律教育与培训中引入道德规范作出了有力论据。该报告将法律教育的功能界定为发展学生在五个关键领域的能力:知识完整和心智独立、核心知识、背景知识、法律价值观和专业技能。在这五个领域中,有三个领域可能涉及道德问题。例如,法律价值观包含的内容"致力于法治、正义、公平和高道德标准,提高专业技能,无所畏惧地为客户代理案件,促进公平机会的实现,并确保为无法支付诉讼费用的人提供充分的法律服务"。⑪

1996 年报告强调了法律教育的三个重要领域,即大学、出庭律师协会和事务律师协会,并呼吁打破障碍,促进学术和实务领域的协作。在针对初始阶段提出建议时,委员会认为大学应当自行决定授课的内容和是否将某门课程列为必修课程,其仅需符合委员会提出的广泛目标即可,即"对……法律价值和道德标准的适当了解"。委员会认为初始阶

⑩ See James Hedegard, *The Impact of Legal Education: An In-Depth Examination of Career-relevant Interests, Attitudes, and Personality Traits among First-Year Law Students*, Journal of the American Bar Association 4, 1979, p. 791 – 868.

⑪ ACLEC, First Report on Legal Education and Training (London, 1996).

段对实现高道德标准的贡献可能在于提升法律人对“法律的道德品质”的关注。该报告强调了法律职业伦理的重要性,但未作出具体规范,体现了英国传统法学教育思想和域外法学教育发展影响的融合。

第一,未明确提出法律职业伦理教育的引入阶段。1996年报告虽然强调了理论教育和职业教育之间的整合,但对职业伦理教育的引入阶段并未给出明确答案。就20世纪末期英国法学教育发展状况来看,律师公会主张将职业伦理引入法律教育与培训之中,尽管部分大学作出了积极回应,但不太可能接受更详细的建议,故而在初始阶段职业伦理的作用仍然存在争议。鉴于此,该报告未挑战或突破传统思维,而是通过关注法律价值来强调职业伦理教育。

第二,未涉及高校法学教育对学生的责任,亦未对法律伦理相关概念作出区分。该报告认同法律教育同样存在一项责任,即向从事法律实务工作的学生说明法律职业的道德复杂性。⑫ 尽管该报告提及了法律职业伦理,但该报告并未区分特定法律下的道德、公民道德和律师道德。这很大程度上在于当时的学术界或法律职业领域并未将法律职业伦理作为讨论的内容。⑬

第三,深受美国等国家和地区法律教育发展影响。美国律师协会特别工作组1992年发布的报告可能对英国1996年报告产生了较大影响,前者指出律师技能与价值观的培训应该是从初始阶段到职业阶段的连续性教育的一部分。该报告将法律教育的道德目标界定在四个方面:胜任代理工作,推动公平、正义和道德责任,维持和改善职业责任,个人职业发展责任。⑭ 可以说,1996年报告既继承了英国以往报告的态度,又融合了新的思维,体现了英国传统的法学教育思想与新思想的碰撞和融合。

---

⑫ See Andrew Boon, *Ethics in Legal Education and Training: Four Reports, Three Jurisdictions and a Prospectus*, Legal Ethics 5, 2002, p. 66 – 67.

⑬ See Leslie Sheinman, *Looking for Legal Ethics*, *International Journal of the Legal Profession*, Legal Ethics in Europe 4, 1997, p. 140.

⑭ See Robert MacCrate, *Preparing Lawyers to Participate Effectively in the Legal*, Journal of Legal Education 44, 1994, p. 89.

(三)发展缓慢之原因:法律职业伦理发展滞后

在20世纪末期,虽然英国在相关报告中开始探讨法律职业伦理的重要性,强调加强法律职业伦理教育,但整体上来看,此时法律职业伦理教育并未出现较多探索或发展,这与法律职业伦理在英国未得到充分发展相关。

法律职业伦理在英国的发展,明显落后于美国、澳大利亚等国家,这可能基于如下原因:其一,在英国法的发展过程中,缺乏令其重新全面评估整个行业的事件,如美国的水门事件,该事件成为美国开展高校法律职业伦理教育的重要契机。其二,英国法传统上认为法律职业伦理属于道德领域,并将其视为可以令人满意的环节,因此,加强法律职业伦理教育的必要性不大。其三,无论是英国法律职业领域还是学界,都对法律伦理的关注度不足,法律职业人员仅在外部干预造成威胁时关注法律职业伦理,试图改善监管规则以保持自我监管。同时,法律实证主义主张道德和法律的分离,这也在一定程度上导致英国法学界对道德的轻视。⑮

三、发展与实践:21世纪以来的英国高校法律职业伦理教育

进入21世纪以来,英国关于在高校法学院教授法律职业伦理的探讨增多,英国高校法律职业伦理教育在进入21世纪以来不断加强。

(一)法律职业伦理教育之争论

在关于法律职业伦理教育的讨论中,法律职业伦理的教学方式、是否应将该课程作为高校法学专业必修课程等问题成为论争的焦点。

1.法律职业伦理的教学方式。法律职业伦理可以通过直接、间接及法律诊所等方式教授。直接方式即通过专门的法律职业伦理课程教授,间接方式即通过实体法等其他科目的教授对其中所涉法律职业伦理问

⑮ See Donald Nicolson & Julian Webb, *Taking Lawyers' Ethics Seriously*, International Journal of the Legal Profession 6, 1999, p. 10 – 11.

题作出探讨,法律诊所则使得学生通过实践或模拟实践的方式解决职业道德困境。

直接方式显然是最有效的方式,能够将课程实践和资源都直接投入法律职业伦理的教与学中,鼓励学生识别多种多样的职业道德问题,并通过法教义学等方法对具体规则的适用作出探讨。然而,该方式不可能详细地说明其适用的条件,并且当时的法律伦理专业师资力量并不充足。间接方式是在实体法教学过程中引入职业伦理,可以防止专业知识之间的分离,为讨论道德问题提供背景,但可能会使学生忽视法律职业伦理的重要性,并且容易受到教师授课热情程度、讲授的难易程度等变量的影响,加重部门法专业教师的负担。法律诊所的方式为学生提供了通过实践或模拟法律服务等途径学习法律职业伦理的机会,但是法律诊所教育并不必然在职业道德层面提升律师的素质,因为能力更强的律师不一定是遵守职业道德的律师。同时,如果法律诊所教育的经验不丰富,那么对职业伦理教育的增进作用可能并不明显。⑯

除此之外,人文主义方法也为部分学者所提倡,即通过文学作品、影视作品等流行文化中的内容来引导学生将其作为法律职业伦理案例进行分析,识别并解决其中涉及的道德困境问题。例如,有学者以奥斯卡 · 王尔德(Oscar Wilde)审判该历史事件为切入点探讨法律职业伦理教育,认为该方式能够更好地鼓励学生关注法律实践中的伦理问题。⑰这种方法可能为学生提供灵活的学习和分析职业伦理的途径,但此类作品的艺术性使其存在与法律现实不一致的问题,一定程度上可能会干扰学生对法律职业伦理现状的学习。

2. 法律职业伦理是否应作为高校法学专业必修课。2009 年,英国律师协会发布了名为《面向未来律师的道德培训》的报告,该报告考察了道德培训在法律教育不同阶段的作用和状况,建议在高校法学教育阶

---

⑯ See June Chapman, *Why Teach Legal Ethics to Undergraduates*, Legal Ethics 5, 2002, p. 71.

⑰ See Sarah Mercer & Clare Sandford-Couch, *Legal Ethics in the Trial of Oscar Wilde*, Legal Ethics 16, 2013, p. 119.

段以主流课程方式加强法律伦理教育。为了与国际发展状况相一致,可以将法律职业伦理融入本科法律课程和转化课程中,道德、职业责任和法律价值观应当成为法学领域的基础性主题。⑱

之后,尽管英国的法律伦理教学有了迅速发展,但在大多数法学院只属于选修课程。安迪·布恩(Andy Boon)教授在2011年发布了报告《初始阶段的法律伦理:示范课程》,探讨了高校教授法律伦理的课程设计、相关影响因素等。该报告指出,尽管可以通过普及性方式教授法律伦理,但设置单独的法律伦理课程模块也是可取的,最有效的方式仍是将其作为必修课程的一部分。然而,无论是从学分设置还是利益相关各方的态度来看,推进法律伦理成为高校法学教育的必修课程都存在一定障碍。

(二)高校法律职业伦理教育的深化认知

2013年,英国发布了针对20世纪70年代以来法律教育与培训的最新报告——《2013年法律教育与培训评论》(Legal Education and Training Review 2013)。该报告的发布,旨在确保英国的法律教育和培训制度能够符合《2007年法律服务法》提出的管理目标,即进一步接近正义、保护和促进公共利益、提升和遵守法律职业规则等。⑲

2014年,伯明翰大学教育学院发布的报告指出,大多数律师能够在其执业过程中作出专业、尽职的行为,但是道德困境仍然存在,如有5%有经验的律师存在滥用客户账户但不报告的行为。法律职业伦理教育在本科法律课程中很少受到关注,然而至职业阶段则主要专注于相关行为规则的适用,这在一定程度上影响了法律职业伦理的维护,相关教育应当加强。⑳

《学科基准声明》的法律本科部分(Subject Benchmark Statement:

---

⑱ See Kim Economides & Justine Rogers, *Preparatory Ethics Training for Future Solicitors*, 2009, p. 19 - 24.

⑲ 参见刘期安、曾文麟:《英国法律教育与培训评论报告及启示》,载《黑龙江高教研究》2015年第7期。

⑳ The Jubilee Centre for Character and Virtues, *Virtuous Character for the Practice of Law*, 2014, p. 23 - 24.

Law)是英国法学教育质量保障体系的重要环节,确立了法学学位和学历教育的质量标准和学术标准。2000年、2007年和2015年三个版本的声明内容具有递进性和补充性,目前这三份声明均有效。2015年的声明增加了关于职业道德和伦理规范的解释和说明,指出职业伦理能够使得高校学生认识到人类创造的法律成果,并且能够让他们受到已经制定的道德或伦理规范的约束。高校法学院或法学系可自行决定法律职业伦理课程的授课内容,但是关于法律职业伦理存在的问题、困境和伦理决策的特征等问题是希望学生能够有所探讨和研究的内容。㉑

通过相关报告和《学科基准声明》的修订,英国将高校法律职业伦理教育内容的决定权交由高校,并提出了授课内容之建议,由此为英国高校法律职业伦理教育的开展提供了依据。

(三)高校法律职业伦理教育的实践探索

在教学实践中,英国不少高校开设了法律职业伦理课程,教授法律职业伦理的一般原理和具体问题,并且形成了各具特色的教学实践。

1. 高校法律职业教育之具体推进。目前,英国高校法学院对法律伦理的教授作出了一定探讨,不少高校在法学本科或研究生教育中设置了法律职业伦理课程。例如,威斯敏斯特大学法律职业中心的研究内容之一即为法律伦理。该中心主要关注法学院学生的伦理意识的发展,在将法律职业伦理纳入本科法学教育各项主张的基础上,探讨维持和提升公平正义意识的有效途径。该中心正在努力将职业伦理引入该校的本科课程,并对本科一年级的学生开展调研,研究其在面临道德困境时的反应是如何影响他们的道德决策。㉒

又如,伦敦大学法学院的道德与法律中心为法学院本科生和研究生开设了一系列课程,如针对本课程的"律师:实务与伦理",该课程可在本科三年级时选修。针对研究生的课程包括"法律与道德""法律实务

㉑ 参见张朝霞、[英]卡洛琳·斯特雷文斯:《2015年英国法律本科〈学科基准声明〉述评》,载《法学教育研究》2017年第3期。

㉒ "Legal Ethics", Accessed February 5, 2020. https://www.westminster.ac.uk/research/groups-and-centres/centre-on-the-legal-profession/projects/legal-ethics.

的未来”“法理学与法律理论”“可持续性和环境正义”等课程。㉓ 大部分高校开设的法律职业伦理课程将法律职业伦理的理论和实务问题作为授课重点，不断推动英国高校法律职业伦理教育的开展。

2. 课程培养目标。在法律职业伦理教育具体开展过程中，不同高校设定了不同的培养目标，整体来看具有一定相似之处，一方面，增强学生对法律职业伦理的基本认识，培养学生对维护社会公平的责任感；另一方面，增强学生对法律实务中涉及法律职业伦理问题的识别和处理能力。英国对法律职业伦理课程的设计也体现了这一点，如表 1 列举的部分高校开设的法律职业伦理相关课程的培养目标所示。

表 1　英国部分高校法学院法律职业伦理课程培养目标

课程序号	课程名称	开设学校	培养目标
LW617	法律伦理：探索律师和律师职业伦理	肯特大学	该课程旨在使学生有机会探讨道德推理如何影响法律职业的研究和实践，学生将会对法律实践中的道德问题作出探讨和思考
M3107	法律伦理与职业行为	萨塞克斯大学	鉴于律师的道德、行为和监管始终是学术界和法律界存在争议的话题，作为针对未来法律人教育的组成部分，该课程在法学本科的教学大纲中占据重要位置，也是比较热门的话题。该课程旨在探讨律师的伦理、行为和监管的相关理论和实践问题，为准备从事法律职业的学生和对法律职业伦理研究领域有兴趣的学生提供指导

㉓ “Study”, Accessed July 16, 2021. https://www.ucl.ac.uk/ethics-law/study.

续表

课程序号	课程名称	开设学校	培养目标
LW352－6－FY-CO	法律伦理与正义	埃塞克斯大学	该课程侧重于法律实践中的道德和正义问题,旨在为学生提供必要的道德体系,使其能够作为埃塞克斯大学法律诊所的顾问向社区成员提供法律服务。通过该课程学习,学生应当能够理解并批判性地评估法律职业伦理相关规则及其运作环境,对相关法律和教育活动作出批判性反思,并且能够捍卫法律职业伦理和接近正义的立场
LAW00011I	职业与伦理	约克大学	该课程旨在培养学生的价值观和法律职业伦理意识,增强学生识别、解决和反思法律职业与相关领域的伦理问题的能力,增强学生对英国律师职业、司法实务和法律制度的认识
—	法律、社会与伦理	伦敦大学贝克学院	该课程探讨伦理在法律和社会生活中的重要性,以增强学生基本的研究技能和对公民责任的理解
—	法律、社会与伦理	布莱顿大学	该课程旨在增强学生对法律和社会中的法律伦理及其影响的认识

通过分析部分英国高校法律职业伦理课程的培养目标可以发现,一方面,英国法律职业伦理课程将法律职业伦理置于更广泛的背景下探讨,如法律、社会和伦理;另一方面,英国法律职业伦理教育重视对学生的正确的价值观念的塑造,如增强学生对法律职业道德和接近正义的认识、促进学生对法律实务中道德问题的思考、增强学生的公民责任感等。

同时,所有的法律职业伦理课程均重视培养学生识别和解决法律实务工作中的职业伦理问题的能力,以更好地为未来的法律职业人员提供指导。

3. 课程设计与具体安排。在具体课程设计与安排中,不同高校开设的法律职业伦理课程存在学分、课程内容、授课或考核方式等方面的差异,但也存在诸多相似之处。前述高校法学院法律职业伦理课程的课程设计与具体安排详见表2。

表2　英国部分高校法学伦理课程设计与具体安排

课程名称	开设学校	基本信息	课程内容	授课方式
法律伦理:探索律师和律师职业伦理	肯特大学	15学分,一般在本科生三年级时授课	该课程主要设置两个模块:一是探讨法律伦理存在的原因、法律伦理概念背后的道德推理和争论、律师是否需要承担法律责任和道德责任等。二是通过案例分析和道德问题研究,回应实践中律师面临的道德困境	一方面对法律实践中的道德问题进行理论探讨;另一方面适用案例分析等方法作出实践探讨,从而将理论和实践相结合
法律伦理与职业行为	萨塞克斯大学	15学分,在春季学期教授,适用于法学及相关专业本科	该课程涉及的核心要素既包括法律职业精神的理想、职业化及其文化、法律职业伦理、监管等的历史发展与现行规范等问题,也包括律师的勤勉义务、保密义务、对第三方和社会的义务等具体问题	重点讲授英国相关理论和实践,并提供比较法案例

续表

课程名称	开设学校	基本信息	课程内容	授课方式
法律伦理与正义	埃塞克斯大学	法学专业本科课程	该课程向学生介绍法律诊所和司法实践中出现的伦理问题、相关理论和解决路径,并向学生介绍法律诊所和司法实践中存在的接近正义的问题,使得学生了解法律服务的道德、社会和政治背景,让学生反思相关实践经验,从而增强其法律职业能力和对职业伦理的理解	该课程重在主动或体验式学习,通过法律诊所形式提供小组学习体验,并通过开展9次研讨会等方式促进学生反思实践问题并探讨与法律职业伦理、正义等相关问题。学生需每两周写一篇日记,占总成绩的20%;课堂作业占比20%;法律诊所成员还需撰写一篇文章总结其在法律诊所的工作,非法律诊所成员则需总结其在相关模拟练习中的表现,该总结在总成绩中占比60%
职业与伦理	约克大学	20学分	该课程讲授与法律职业伦理相关的哲学和伦理原则,并增强学生对法律职业相关概念、英国法律职业和伦理责任基本原则等内容的认识	既包括理论讲授,也包括小组讨论和辩论。课程考核主要依据学生提交的两篇论文,第一篇1500字论文占总分的40%,第二篇论文字数要求为3000字,分数占比60%

续表

课程名称	开设学校	基本信息	课程内容	授课方式
法律、社会与伦理	伦敦大学贝克学院	30 学分	探讨法律职业、伦理新闻、医疗事故和伦理、环境和伦理等问题	通过查看案例场景、判例法等方法，促进学生批判性地评估道德决策的影响
法律、社会与伦理	布莱顿大学	法学本科核心课程，第一学年学习	介绍法律伦理的基本要素和法律职业的基本知识，探讨法律职业在促进民主、维护正义和维护法治方面的作用	讲授与研讨是该课程的主要授课方法

在课程具体设计中，法律职业伦理在大部分英国高校法学本科教育中都属于较为核心的课程，所占学分比重较大。从授课内容来看，英国高校关于法律职业伦理的教育既强调一般性的法律职业伦理基本原理和相关概念，又重视对保密义务、勤勉义务等具体的职业伦理规范与要求的探讨。在授课方式上，除传统的讲授形式外，英国相关课程注重小组讨论、法律诊所、研讨会等多样化的授课方式的使用。当前部分课程强调线下和线上课程相结合，注重对线上授课方式的适用。整体来看，英国高校的法律职业伦理课程在关注司法实践中的法律职业伦理问题的同时重视对学生的研究能力的培养，多将相关文章或课程总结作为考核的重要依据。

四、英国高校法律职业伦理教育的发展特点与经验

自 20 世纪末期开始，英国不断探讨在高校法学教育中引入法律职业伦理课程，这既符合全球化背景下法律职业伦理教育的发展趋向，又具有鲜明的英国特色。目前，我国已将法律职业伦理纳入本科必修课

程,发展进度较之英国更快,但如何在实践中推动该课程的预期效果的实现,英国的发展经验在一定程度上可以提供参考。

(一)英国高校法律职业伦理教育的发展特点

英国高校法律职业伦理教育在深受美国等域外国家和地区影响的同时,保持了一贯的独立性,重视对法律伦理理论的研究和对学生价值观的培养。

1.深受美国影响。英国的法律职业伦理教育深受美国加强法律职业伦理教育的影响,但对美国的经验借鉴是建立在对本国法律职业和高校教育发展的实践总结基础上。英国在对美国经验的借鉴过程中,充分考虑了两者的相似性与差异。例如,美国相关调研显示法学教育对学生价值观和理想主义会产生一定程度的不利影响,英国的调研未得出该相关性。需要指出的是,美国的法律课程仅向本科毕业生开放,由此,作为授课对象的学生可能比英国学生相对年长,虽然没有明显证据证明年龄会使得学生的价值观更加容易发生变化,但这可能是两者差异的典型体现之一。同时,美国法律专业的学生被认为是所有打算进入律师职业的人,这与英国法学教育中学生的就业方向有一定差异。

尽管两者存在很大差异,但也具有很多相似之处,例如,两个国家的高校法学教育都经历了学生人数增多、竞争压力增大、机构分层等变化,也面临师生比降低和缺乏公共投资等共同问题,这也使美国经验和研究对英国具有一定借鉴意义。㉔

2.具有保守性和独立性。尽管近现代的法律职业起源于英国,大学的法学教育也在英国较早开展,但英国一直未将法律职业伦理作为必修课程在高校强制性教授。这体现了英国法律教育发展的独立性和对传统法律教育分工的遵守。时至今日,英国高校法学教育与专业培训和实习阶段的职业教育仍有分工和内容上的显著区别。这既体现了英国不同阶段法律教育的独立性,也反映了英国对法律教育传统的传承。

另外,英国法律职业发展过程中未出现类似于"水门事件"的严重

㉔ See June Chapman, *Why Teach Legal Ethics to Undergraduates*, Legal Ethics 5, 2002, p.71.

法律职业伦理问题,这使得加强法律职业伦理的必要性不如美国等国家突出。虽然英国规范律师行业的相关规则已经进行了一定修改,但司法实践中关于具体法律职业伦理原则的判断仍存在诸多不相一致的判例,英国的法律职业伦理相关规范和理论仍有待加强。

3. 重视理论探讨和价值观培养,授课方式多样化。英国各高校的法律职业伦理课程在培养目标中均明确强调增强学生关于法律职业伦理的一般理论的认识,提升学生对职业伦理和接近正义的理解,培养学生的研究技能和公民意识等。英国的法律职业伦理课程在探讨实务问题的同时更加强调法律职业伦理的相关理论探讨,并且授课对象不局限于未来的法律职业人员,还包括对法律职业伦理有学术研究兴趣的学生,从而兼顾该课程的实用性与理论性,重视对法律职业伦理的学术研究和理论探讨。

在授课方式和课程设计方面,英国高校的法律职业伦理课程各有侧重,大部分课程将理论讲授和案例分析等相结合,从而就法律职业伦理的一般理论和具体问题作出较充分的教授。部分高校的课程则采用了法律诊所方式,全程通过实际案例或模拟、小组讨论与研讨会等互动性更强的方式进行,引导学生在情境体验中增强对法律职业伦理的认识和应对道德困境的能力。

(二)英国高校法律职业伦理教育发展实践之思考

目前,我国正在积极推进高校法律职业伦理课程建设,法律职业伦理课程成为高校本科教育的必修课程。英国和我国的法律职业和法学教育有显著区别。一方面,两国所属法律体系不同,法律职业的产生、构成和具体规范不同;另一方面,英国的法律教育与我国的法律教育无论在制度层面还是理念层面都有不同。尽管如此,两者又存在一定相通的因素。一方面,英国的法学教育具有一定的独立性,重视对学生的通识教育与理论教授,这与我国法学教育有一定相似性;另一方面,我国法学教育在受全球化发展方向影响的同时基于本国国情推进相关教育的开展,故而对英国高校法律职业伦理教育发展史的研究,能够提供一定参考。

第一,法律职业伦理教育的发展应基于本国法律职业伦理发展状况。一方面,我国法律职业在发展中也出现了一些违反法律职业伦理的行为,法律职业人员的职业伦理有待加强;另一方面,我国法学教育中关于伦理与法律、职业伦理规范的内容有待加强,德法兼修的法治人才的培养需要体系化的法律伦理的支持。在法律职业伦理课程的授课内容和方式的选择中,需要将我国法律职业的道德困境与理论研究相结合,形成切实有效的法律伦理指导。

第二,法律职业伦理教育的开展应以本国法学教育实践为基础。英国将高校法学教育作为法律教育的理论阶段,重视对学生的通识教育,职业教育则由负责其他阶段的机构教授。我国法学教育强调素质教育,但结合国家统一法律职业资格考试改革及当前法学教育改革来看,从事法律职业应接受正规、系统的法学教育是发展趋势。由此,在我国法学教育中加强法律职业伦理学科的教授是我国法学教育最新的发展方向。

第三,加强法律职业伦理教育是各国高校法学教育的发展趋势。在全球化不断增强的过程中,加强法律职业伦理教育是各国普遍的发展趋势,我国亦不例外。结合英国法学教育发展来看,加强高校法学教育中的法律伦理教育直至将其作为必修课程,是英国法学教育的发展趋势。我国目前已将法律职业伦理纳入必修课程,如何发挥该课程在实践中的作用有待在实践中进一步探讨。

第四,强化法律职业伦理的价值观培育,构建多样化授课方式。英国各高校的法律职业伦理课程普遍将增强学生对法律职业伦理和接近正义的认识、培育学生的公民责任等作为课程培养目标,注重对学生的价值观的培育,这与我国法律职业伦理课程有异曲同工之处。我国法律职业伦理课程是课程思政建设的典型体现,是培养德法兼修的卓越法治人才的重要途径,也是积极推进新文科建设的重要内容,在我国法律职业伦理课程教授中,应注重对学生的价值观的培育,增强学生对法律职业伦理和公平正义的理解。法律诊所、研讨会等授课方式,也可以在我国法律职业伦理教育中得到更广泛的尝试。

五、结语

在全球化和新技术革命背景下，法律职业伦理备受关注，法律职业伦理教育逐渐在各国法学教育中占据重要地位。法律职业伦理教育有利于培养具有社会责任感和公平正义追求的法律人，是法学教育的重要一环。英国深受美国等国家法律职业伦理教育发展的影响，自20世纪末期以来对高校法律职业伦理教育作出了诸多探讨，虽尚未将其强制规定为本科必修课程，但诸多高校已开设了相关课程。综观英国高校法律职业伦理教育的发展历程，虽发展相对缓慢，但加强法律伦理教育是英国法学教育的必然发展方向。我国目前正在加强法律职业伦理教育，如何在推动课程建设和培养目标实现的过程中，注重对学生的价值观的培育，形成灵活多样的授课方式，提升学生对法律职业伦理和公平正义的认识，是我国法律职业伦理教育应当关注的问题。

On the Development of Legal Ethics Education in British Universities

Qi Kaiyue

Abstract: The UK is the origination place of the legal profession, and the legal ethics develops with the development of the legal profession. However, British universities have not set foot in the field of legal professional ethics education for a long time. Since the end of the 20th century, the UK has been discussing whether universities should strengthen legal ethics education. Since the 21st century, the UK has gradually paid attention to the education of legal ethics, and emphasized legal professional ethics education through documents, such as the *Subject Benchmark Statements*. Some universities have developed legal professional ethics courses which emphasize the cultivation of students' values. The development of legal ethics education in British universities is deeply influenced by the United States and other countries. But, it also shows the independence and conservatism. There are similarities in the development of legal ethics education in China. Legal ethics has been listed as a compulsory course of legal education. The advancement of this course should conform to the development of Chinese legal profession and the ethical dilemma, and focus on theoretical research and the cultivation of legal talents with a combination of law and morality.

Key Words: legal professional ethics, legal education in universities, legal profession, professional ethics

理论探讨

习近平法治思想指引下的新法学建设

窦衍瑞*　王岩云**

摘　要:习近平法治思想为新法学建设提供了思想武器和行动指南。新法学建设是政法院校贯彻习近平法治思想,推进法学教学改革的重要途径。贯彻习近平法治思想,破解法学教育面临的困境,必须遵循习近平法治思想,自觉而真诚地坚持党对法学教育的领导,牢固树立以人民为中心的发展思路,坚持法学教育的社会主义方向,以及真诚而有效地弘扬宪法精神,坚持法学教育以培育德才兼备的高素质法治工作队伍为己任。在习近平法治思想指引下新法学建设的主要着力点在于促进学科深度交融,加大法学课程体系创新以及抓好法学教师队伍建设。

关键词:习近平法治思想　新法学　学科交融

法学教育对法治建设具有基础性、战略性、先导性作用。习近平法治思想为新法学建设提供了思想武器和行动指南。新法学建设是政法院校贯彻习近平

* 窦衍瑞,山东政法学院民商法学院教授。研究方向:宪法学、法学理论。

** 王岩云,山东政法学院副教授,法学博士。研究方向:民商法学、法学理论。

法治思想,推进法学教学改革的重要途径。在习近平法治思想指引下如何有效推进新法学建设,是一个时代性课题,本文将尝试对此做些许思考。

一、新时代背景下"新法学"的由来及内涵

(一)"新法学"概念的由来、发展与变迁

新法学(新法科),是一个不断被提及,不断被赋予新的内涵的概念。就事物的本性而言,学问和学科要发展,就不能固守,要立足时代需求,谋求发展路径。在中国,新法学被提及主要有三个历史时期:一是新中国成立伊始,在废旧立新意义上对新法学的吁求;二是改革开放之后的拨乱反正意义上的新法学;三是党的十八大以来新时代新需求意义上的新法学。第一个时期,废旧立新是新中国各项工作的基本要求,此时提出建设新法学,包括了新的法律制度、新的法学理论(法学思想)、新的法学学科等多重意义,但主要是指新的法学理论或法学思想。① 第二个时期,主要是在建设中国特色社会主义理论的大背景下,法学界提出了建设"新法学"的任务,其核心思想基于建设中国特色社会主义的实践,探索建立中国特色社会主义法学理论,这一时期的新法学更多是在法学理论的意义上②。第三个时期的新法学,有人谓之新法科,从法学教育的学科意义上认为新法学,也有人认为新法学包含法学研究和法学教育。③ 在以往的语境下,新法学等于新中国的法学(包括学术传承与学科建设),在当下的语境中,"新法学"大体等于"新法科"。笔者认为,尽管新法学建设的成效如何与法学研究的质量密切相关,但从事物的本性看,二者不应是包含关系,而应是相关关系。

① 参见韩学章:《新法学不是旧法学的简单继承》,载《华东政法学报》1956年第3期。

② 参见方强等:《创建中国特色社会主义新法学》,载《法学》1994年第3期。

③ 参见杨宗科:《论"新法学"的建设理路》,载《法学》2020年第7期。

(二)新时代"新法学"的提出背景与内涵

目前提及的"新法学"是不同于以往的单纯的学科发展意义上的提法,而是一个在更大背景下,具有更加深远意义上的深度思考。"四新"学科建设的整体推进,是新法学提出的时代背景。从全球范围看,日新月异、突飞猛进的技术创新和变化多元的社会需求对高等教育发出了范式变革的吁求。日益融入全球社会的中国高等教育,无论从参与全球竞争与合作的角度还是从国内社会发展对于高等教育的需求的角度,都需要顺应全球高等教育范式改革的趋势。为此,2018 年中共中央文件明确提出了发展"四新"建设,即"新工科、新医科、新农科、新文科"建设,教育部将其确立为高等教育"质量革命"的任务。

在此背景下提出的"新法学"无疑是高等教育质量革命的一个重要组成部分,是全球教育范式改革大潮的一分子。具体地讲,新法学是在"新文科"语境下针对法学学科提出的概念。在新文科背景下发展新法学,是法学界的共识。教育部法学教学指导委员会主任委员徐显明教授认为,"新文科在法学领域的展开就是新法学"。④ 西北政法大学杨宗科教授认为"新法学建设是新文科建设的重要组成部分"。⑤ 天津大学法学院院长孙佑海教授主张,有必要在"新文科"项下提出"新法科"的概念,并作为一门特殊专业进行专门研究。⑥ 综合各种观点可知,新法学的重心在于适应新时代新需求的法学(法科)教育,新法学是与新法科同义的另一种表述,其侧重点在于新时代中国法学教育的新面向,中国法治是新法学的社会背景,中国法学(理论研究)是新法学的学术背景。

---

④ 徐显明:《新文科建设与卓越法治人才培养》,载《中国高等教育》2021 年第 1 期。

⑤ 杨宗科:《论"新法学"的建设理路》,载《法学》2020 年第 7 期。

⑥ 参见孙佑海:《全力推进新法学学科建设》,载《中国社会科学报》2019 年 10 月 9 日,第 5 版。

二、新法学建设必须遵循习近平法治思想的“十一个坚持”

习近平法治思想[⑦]全面总结了党的十八大以来法治建设取得的显著成就,系统阐述了新时代中国特色社会主义法治思想,科学回答了中国特色社会主义法治建设一系列重大理论和实践问题,深刻阐明了新时代全面依法治国的政治方向、重要地位、工作布局、重点任务、重大关系、重要保障等重大理论和实践问题。[⑧] 习近平法治思想是新时代习近平中国特色社会主义思想的重要组成部分,是习近平思想体系在法治领域的集中体现。习近平法治思想与新时代习近平中国特色社会主义思想的其他部分尤其是习近平对于教育问题的重要论述,共同指导着“新法学”建设。新法学建设必须坚持以习近平法治思想为指导,尤其要遵循习近平法治思想的“十一个坚持”。

(一)新法学建设必须自觉而真诚地坚持党对法学教育的领导

中国共产党的领导是中国特色社会主义最本质的特征。这是中国社会和中国人民的实践选择,也是中国宪法予以明确规定的。坚持中国特色社会主义法治道路的核心要义是坚持党的领导。全面依法治国的基本方略正是在党的领导下形成的。中国社会主义建设的历史和现实均已清晰地证明,党的领导和社会主义法治是一致的。党的领导是中国特色社会主义法治最根本保证。只有坚持党的领导,依法治国才有可靠的政治保证。只有真诚地认识并落实这一点,法律理论研究、法律教育以及法治实践才能在研究和解决中国问题上有所作为。[⑨]

---

⑦ 习近平法治思想的明确提出,是在2020年11月16日至17日的中央全面依法治国工作会议上。习近平同志在会议上发表的重要讲话中提及的“十一个坚持”是其最为核心的内容。

⑧ 参见光明日报评论员:《坚定不移走中国特色社会主义法治道路》,载《光明日报》2020年11月20日,第1版。

⑨ 参见贾宇、王东明:《法治人才培养的时代使命与路径探索》,载《河南警察学院学报》2020年第5期。

习近平总书记指出,必须把党的领导贯彻落实到依法治国全过程和各方面。⑩ 法学教育是社会主义法治体系建设的重要一环。习近平法治思想为法学教育指明了发展方向,法学教育必须坚定不移地坚持党的领导,并将党的领导置于法学教育工作的首要位置。一方面,法学教育必须自觉接受和落实党的领导,确保党的政法工作的路线方针政策和决策部署在法学教育事业中得到不折不扣地贯彻执行;⑪另一方面,法学教育要时刻坚持阐明党的领导、依法治国的理论依据与实践逻辑,讲明中国法治建设和法学教育坚持党的领导的现实意义和深远意义,让学生深刻领会党的领导是中国特色社会主义法治之魂,⑫激发他们进入法治工作队伍的热情和向往,自觉做党的事业和中国特色社会主义法治道路的践行者。

新时期特别强调坚持和加强党的全面领导,新法学建设必须自觉而真诚地坚持党对法学教育的领导,努力实现党的领导与法学教育自身规律的高度统一,既要强调党对社会主义法学事业的政治领导,也要对法学教育的自身发展规律给予充分的重视,确保经由法学教育培养出永远忠诚于党、忠诚于国家、忠诚于人民、忠诚于法律的法治专门人才。⑬

(二)新法学建设必须始终牢固树立以人民为中心的发展思路

人民性是习近平法治思想最鲜明的底色和品格,坚持以人民为中心的根本立场,是习近平法治思想区别于其他各种法治理论的根本所在。⑭ 习近平法治思想强调“要把体现人民利益、反映人民愿望、维护人

---

⑩ 参见习近平系列重要讲话数据库,载人民网 2017 年 10 月 18 日,http://jhsjk.people.cn/article/29594362。

⑪ 参见梁文永:《法治是检验法学教育的惟一标准》,载《法制日报》2008 年 3 月 2 日,第 11 版。

⑫ 参见林旭霞:《“中国之治”下法学硕士研究生培养模式探索》,载《中国社会科学报》2020 年 6 月 12 日,第 4 版。

⑬ 参见曹义孙、梁文永:《加强依法执政的对策研究提高党的执政能力》,载《中国特色社会主义研究》2009 年第 6 期。

⑭ 参见张文显:《坚持以人民为中心的根本立场》,载《法制与社会发展》2021 年第 3 期。

民权益、增进人民福祉落实到全面依法治国全过程”。[15] 法学教育作为中国特色社会主义法治体系、高等教育事业的重要组成部分,需要以习近平总书记新时代中国特色社会主义思想、全面依法治国新理念新思想新战略和以人民为中心、实现人与社会全面进步的新发展思想为指引,促进法学教育的均衡充分发展,回应人民对优质公平法学教育的期待和需求,解决新时代的新矛盾,实现社会和法治人才的共同发展。[16]

新法学建设必须突出人民至上,坚持以人民为中心的导向,坚持人民是历史的创造者,为此,中国法学教育应当为解决我国社会主要矛盾提供法治支撑和法治保障,特别是以满足人民群众日益增长的法治需要为目标,实现法学教育的平衡发展和充分发展;法学的发展应全面贯彻以人民为中心的发展理念,强调法学教育要随着国家法治的发展而发展,为了推动国家法治的发展而不断地进行改革创新。既要创新法学培养模式、创新法学教学方式方法,也要优化协调法学学科布局、培养类型,还要特别强调法学教育的可持续发展,建立更加开放、成果为更多人共享的法学教育体系,统筹利用学校与行业、社会以及国际和国内多种优质资源,形成紧密结合的共同育人、共享成果的培养机制和氛围。[17]

(三)新法学建设必须坚持法学教育的社会主义方向绝不动摇

中国特色社会主义是我国的基本国情,中国特色社会主义法治道路,是中国特色社会主义道路不可或缺的重要组成部分。必须明白中国的法学教育姓“社”不姓“资”,是社会主义性质,这是基本的立场认知。法学教育必须坚持道路自信、理论自信、制度自信、文化自信,坚信和遵循社会主义方向不动摇。杨宗科教授指出的“从法学教育的外部关系规律来看,法学教育的根本任务必须是培养社会主义合格建设者和可靠接

---

⑮ 习近平:《习近平关于全面依法治国论述摘编》,中央编译出版社2015年版,第29页。

⑯ 参见杨宗科:《论新时代全面依法治国背景下政法高校的使命担当》,载《法学教育研究》2018年第4期。

⑰ 参见周佑勇:《高等法学教育如何实现内涵式发展》,载《北京航空航天大学学报(社会科学版)》2018年第2期。

班人”。[18] 从现实情况看，确实如此，我国已建立的全方位、多层次法学教育体系的各部分，无论是作为法学教育主体的法学学士、硕士、博士教育还是作为补充的法学专科教育，作为辅助的通识类普法教育和继续教育，都是在为中国特色社会主义法治建设输送新鲜血液[19]。

新法学建设必须结合中国特色社会主义新时代发展需要，致力于培养坚持中国特色社会主义法治体系和法治道路的法治人才，“持续推进习近平新时代中国特色社会主义思想，习近平法治思想进教材、进课堂、进头脑，把社会主义核心价值观融入法学教育全过程、各方面”[20]；深入推进社会主义法治理念教育，进而引导受教学生进一步坚持社会主义方向和坚定走中国特色社会主义法治道路的理想和信念。[21]

（四）新法学建设必须真诚地弘扬宪法精神，贯彻依宪治国与依宪执政的理念

宪法是党领导下全体人民共同意志的集中体现，具有鲜明特色和显著优势。宪法是国家的根本大法，是治国理政的总章程，是全面依法治国的总依据。在整个社会主义法律体系中，宪法具有最高的法律地位，最大的法律权威，最强的法律效力。宪法是党依法执政的法宝，宪法的实施关系到全面依法治国的全局，决定着整个法律体系的实施，也影响着法治权威的树立。[22] 习近平总书记指出，依法治国，首先是依宪治国；依法执政，关键是依宪执政。[23]

加强依宪执政，不仅要从制度建设层面上完善以宪法为核心的中国

---

[18] 杨宗科：《习近平德法兼修高素质法治人才培养思想的科学内涵》，载《法学》2021年第1期。

[19] 参见胡明：《习近平法治思想：新时代中国法治战略的总指引》，载《政法论坛》2020年第6期。

[20] 马怀德：《构建具有中国特色的法学学科体系》，载《人民日报》2021年5月18日，第14版。

[21] 参见刘玉江：《公安院校刑事诉讼法学“课程思政”要求及其实现》，载《江苏警官学院学报》2021年第1期。

[22] 参见张文显：《法理学》（第5版），高等教育出版社2018年版，第245页。

[23] 参见习近平：《关于〈中共中央关于全面推进依法治国若干重大问题的决定〉的说明》，载《十八大以来重要文献选编》（中），中央文献出版社2016年版，第148页。

特色社会主义法治体系,健全宪法解释机制,推进合宪性审查工作,健全宪法实施和监督的相关制度,也需要进一步加强对宪法实施情况的监督检查,努力将字面上的宪法文本转化为生活中的宪法实践,更需要贯彻依宪治国与依宪执政的理念,营造尊崇宪法、维护宪法权威的社会氛围。学习宪法知识、遵守宪法原则、弘扬宪法精神是全面依法治国战略实施的内在要求,也是优化法学教育、培养德才兼备的卓越法治人才的内在要求。新法学建设必须增强宪法意识,切实维护宪法权威,全方位地推进宪法知识教育,要组织开展形式多样、内容丰富、特色鲜明的宪法宣传教育活动,鼓励探索学习宣传宪法知识的规律,不断积累弘扬宪法精神、传播宪法理念的经验。[24] 在施教中要充分阐释宪法在社会主义现代化建设中的根本保障作用和依宪治国、依宪执政的重要意义,将对于宪法的内心拥护和真诚信仰的种子入脑入心,让受教者经由宪法精神的洗礼与熏陶成长为宪法规范的自觉遵守者、宪法原则的坚定捍卫者、宪法使命的强力履行者以及宪法精神的忠实崇尚者和主动传承者。

(五)新法学建设必须坚持在法治轨道上推进国家治理体系和治理能力现代化

法治是“法”与“治”的合成词,体现了循法而行、依法而治、治由法来、良法善治等理念。法治是文明社会的共识和人类社会的普遍追求。习近平法治思想坚持在法治轨道上推进国家治理体系和治理能力现代化,意味着“法治体系是国家治理体系的内核,法治能力是国家治理能力的关键。推进国家治理体系和治理能力现代化,本质上是推进治理法治化”。法治作为一种国家治理方式,必须要借助于人在社会治理中的能动作用来实现。“人的法治素养、法治意识和法治能力对于推动国家治理体系和治理能力现代化至关重要。”[25]

“如果说法治是治国理政的基本方式,那么也可说法学是治国理政

---

[24] 参见李政敏:《弘扬国家宪法精神培育卓越法治人才——以“国家宪法日”活动为载体培养卓越法治人才的探索与实践》,载《法学教育研究》2016年第1期。

[25] 周叶中:《新时代中国法学教育的问题和使命》,载《人民法治》2018年第16期。

的学问。”[26]在全面依法治国背景下，坚持在法治轨道上推进国家治理体系和治理能力现代化的战略布局，必然要求法学教育必须讲好法治故事、法治原理、法治精神，必须积极推进人才培养目标的“法治化”导向。进入新时代，法学教育的使命和任务必然要适应我国社会的主要矛盾的变化和法治建设的目标任务，为建设法治中国、法治强国提供高素质法治人才保障；具体而言，法学教育要面向党政机关、企事业单位、社会组织培养复合型法治人才，以适应党政管理干部、企事业单位领导人员、社会组织管理人员队伍建设的需要。[27]

（六）新法学建设必须坚持围绕建设中国特色社会主义法治体系的战略目标统筹布局

建设中国特色社会主义法治体系，是全面依法治国战略实施的总抓手和关键任务，对中国法治建设具有重大的实践意义。这一法治体系包含了五个子系统，分别为完备的法律规范体系、高效的法律实施体系、严密的法律监督体系、有力的法治保障体系和完善的党内法规体系。

建设中国特色社会主义法治体系的战略目标对我国法学教育提出了新的要求和挑战。新法学建设必须顺应时代发展潮流，围绕建设中国特色社会主义法治体系的战略目标，谋划和部署法治人才培养工作，考虑如何深化教学改革和发展教学，以适应全面依法治国的实际需要为导向，尤其要深化内涵建设，解决好怎样培养人、培养什么人、为谁培养人问题，[28]努力培养造就既熟悉中国特色社会主义法治体系的内容又能够坚持中国特色社会主义法治体系的法治人才及后备力量。具体而言，全面深化法学教育改革的重心在于在中国特色社会主义法治体系内建立现代化的法学教育体系，进一步理顺法学教育管理体制以及进一步加强

---

[26] 贾永健、付子堂：《近代中国法政教育的当代启示：警惕“法政学堂陷阱”》，载《学术交流》2017年第12期。

[27] 参见杨宗科：《习近平德法兼修高素质法治人才培养思想的科学内涵》，载《法学》2021年第1期。

[28] 参见吕涛：《生态法治人才培养研究——以山东政法学院法学本科环境法人才培养为视角》，载《法学教育研究》2018年第4期。

法学教育的治理体系和治理能力,[29]尤其是要在教学管理体系、教材编撰体系、教师建设体系、人才培育体系、法学教学研究成果评价体系等方面有所作为,优化结构,改进标准。

(七)新法学建设必须坚持法治国家、法治政府、法治社会一体建设的要求育才

习近平法治思想的一个重要坚持,就是“坚持依法治国、依法执政、依法行政共同推进,法治国家、法治政府、法治社会一体建设”。[30]习近平法治思想涵盖全面依法治国的各领域全过程,将“法治社会”与“法治国家”、“法治政府”并列,指明了运用法治思维和法治方式推进社会治理的根本方向,其中,法治社会理论是其重要组成部分。而社会治理的法治化是法治社会建设的主体工程,需要通过完善社会领域的制度规范体系,推进社会领域的多层次、多方面的依法治理,推进社会诚信建设,健全依法维权和化解纠纷机制等来完成。

以往传统的法学教育无论是从培养模式上看,还是从培养体系上看,都无法完全适应“依法治国、依法执政、依法行政”三者共同推进和“法治国家、法治政府、法治社会”三位一体建设对于法治人才的需要,一个突出问题就是应用型、复合型法律职业人才培养明显不足,而且经过系统化法学专业学习的学生普遍法律实践能力不强。

做好各个层次的法学教育工作、培养满足发展需求的各类合格法治人才是“依法治国、依法执政、依法行政”共同推进和“法治国家、法治政府、法治社会”一体建设的基础性和先导性的工程。新法学建设必须坚持法治国家、法治政府、法治社会一体建设的要求,从法学学科的知识创新,培养模式和培养体系的变革等方面描绘进入涵盖法治国家、法治政府、法治社会等方面在内的法治全图景,并据此实施育才工程和人才强法战略。

---

[29] 参见曹守晔:《当前法学教育的问题与解决思路》,载《北京航空航天大学学报(社会科学版)》2018年第2期。

[30] 参见习近平系列重要讲话数据库,载人民网,http://jhsjk.people.cn/article/19791897。

（八）新法学建设坚持全面推进科学立法、严格执法、公正司法、全民守法

以往的法学教育对于法治人才的培育重心主要停留于司法人员和法律服务人员。对于立法和法治宣传的培育和课程设置都是存在缺陷的。立法队伍、执法队伍、司法队伍和法律服务队伍都是专门的法治工作队伍的主要力量。法学教育培养的高素质法治人才应当成为法治工作队伍的主要来源，并直接服务于法治工作队伍建设。新法学教育不仅仅要培养合格的司法人才，也要关注立法素养和普法能力。全国人民代表大会常务委员会《关于开展第八个五年法治宣传教育的决议》的要求，“把法治教育纳入干部教育体系、国民教育体系、社会教育体系”，并且在“进一步完善国家机关‘谁执法谁普法’等普法责任制”基础上提出“促进各社会团体、企事业单位以及其他组织履行普法责任”，构建“大普法格局”。在新法学建设中，法学教育应勇担重任，提供更加多样化的法治教育产品，在普法和促进全民守法中发挥更大作用。

（九）新法学建设必须坚持统筹推进国内法治和涉外法治两个面向

“中国法治不仅需要满足中国人民的美好生活需要，也要能够适应未来五十年甚至更久的全球治理和全球法治想象。”㉛法治化是推进全球治理体系变革、构建世界新秩序的必然要求。建设国际法治和世界法治，是中国参与构建世界新秩序的必由之路。统筹国内和国际两个大局，是习近平新时代中国特色社会主义思想的重要内容，是以习近平为代表的中国共产党治国理政的政治智慧和重要原则。㉜ 对于坚持统筹推进国内法治和涉外法治的重要意义，学界已有充分的论述。如在全面推进社会主义法治国家建设的同时，统筹推进涉外法治建设，以法治手段维护国家主权、安全和发展利益。推进涉外法治建设能够推动更高水平的对外开放与更深层次的合作共赢。同时，推进涉外法治建设能够扩

㉛ 支振锋：《新时代新格局需要新法治新法学》，载《经济导刊》2020 年第 10 期。

㉜ 参见张文显：《法理学》（第 5 版），高等教育出版社 2018 年版，第 221、222 页。

大我国在参与制定国际法律规则时的话语权。[33]

新法学建设中必须适应中国以法治化方式参与全球治理的要求,坚持法学教育统筹推进国内法治和涉外法治两个面向,从培养单一的国内法治人才向培养国内法治人才与涉外法治人才并重转变。正如国内法治人才培养是国内法治建设的重要基础和保障一样,涉外法治人才培养是涉外法治建设的重要基础和保障,对此必须有充分认知,为加快涉外法治工作战略布局提供人才保障。当然,法学教育统筹推进国内法治和涉外法治必然是一个系统工程,需从宏观和微观的多个方面作出调整,尤其是重构国际法学科体系、完善涉外法治人才培养体系、切实提升学生的外语能力、强化涉外法治(国际法治)实践教育。[34] 为加强涉外法治专业人才培养,教育部、司法部公布实施法律硕士专业学位(涉外律师)研究生培养项目(教研司〔2021〕1号),首批有15所高校入选。其实,各地各校都可结合自身实际,实施涉外人才和涉外法律培训教育,探索法学教育的国际合作与交流模式,全面提升法治人才国际化视野。例如,山东政法学院在传统法学专业基础上探索特色涉外法律人才培养路径,坚持“特色发展,错位竞争”的发展思路,创立法律英语专业(设置独立的“立格班”),培养涉外法治人才。

(十)新法学建设须以培育德才兼备的高素质法治工作队伍为己任

习近平法治思想提出的全面依法治国十一个方面中包含了“坚持建设德才兼备的高素质法治工作队伍”,这是与法学教育最接近的一点。这一论述为新时期的中国法治工作队伍建设指明了方向,它对于全面依法治国的大局和法学教育都具有十分重要的现实意义。法治工作队伍建设理论是习近平法治思想的重要组成部分,是新时代法治工作队伍建设的根本遵循。这就要求法学教育必须顺势而变,构建中国特色法治人才培养体系,就是坚持立德树人、德法兼修、明法笃行,深化高等法学教

---

[33] 参见胡明:《习近平法治思想:新时代中国法治战略的总指引》,载《政法论坛》2020年第6期。

[34] 参见刘晓红:《以习近平法治思想为引领加强涉外法治人才培养》,载《法治日报》2021年1月20日,第9版。

育改革,完善在职教育培训体系,创新涉外法治人才培养模式。[35] 在法学教育活动中要努力实现思政与课程教学的深度融合。法学是公平正义之学,法律是公正的艺术。法学专业的诸多课程中都蕴含丰富的思政教育元素,新法学建设在教育上要构建专业、思政、创新三位一体、深度融合的三全育人体系,以发挥各门具体法学专科课程育人功能为导向,促进学生知识吸收、能力培养和价值塑造的有机结合,在涵养家国情怀、提升人文素养和培育责任意识等方面追求教学实效。

(十一)新法学建设须贯彻抓住领导干部这个"关键少数"的精神

抓"关键少数"就是抓主要矛盾,是符合矛盾律的科学思维。对于如何实现法治建设中抓住"关键少数",有人建议创新"为党选才"的工作机制,在党内干部选拔上,适当向具有法学专业素养(接受过法学教育或有过法律职业背景)的党员倾斜,为其提供培育实践治理能力的更多机会,使少部分优秀党员成长为真正拥有法治思维并驾驭风险治理的"关键少数"。[36] 还有人指出,法律人才作为法学教育"育人辅政"的重要产品,本身就是掌握"济世之学""正义之学""安邦之学"的"关键少数"。党的十八大以来强力反腐和政法队伍教育整顿中,查处的"老虎""苍蝇"中就有不少是司法者、执法者法治队伍原来的"精英"。屡见不鲜的法治队伍人员涉案落马,虽然不能完全归咎于法学教育的失败,但也实实在在地警示我们必须重视法学教育的责任。具体而言,新时代的法律教育应当高度重视受教者的政治素养培育,自觉把政治建设摆在教育职责的首位,旗帜鲜明地讲政治、讲正气,重视道德教化,实行"德法兼修"。[37] 笔者认为,法学教育最为直接的成果,就是法治人才或者说是具有法治素养的人才。人才的发展受制于诸多因素,但是教育的作用是毋庸置疑的。法学教育贯彻抓住"关键少数"的思想内涵,就要培养更多的"关键少数",重点可以从"目前"的"关键少数"和"未来"的"关键少

---

[35] 参见黄文艺:《论习近平法治思想中的法治工作队伍建设理论》,载《法学》2021年第3期。

[36] 参见程金华:《法律人才与中国"新文治"》,载《中国法律评论》2021年第1期。

[37] 参见杨建云:《论新时代法律人才政治意识的培养》,载《法学教育研究》2019年第4期。

数”两个方面着手。就当前的“关键少数”而言,法学教育必须转变思想观念,不仅仅是完成常规性的学历教育,更是要提供更多的针对作为“关键少数”的领导干部的法治教育产品;就未来的“关键少数”而言,法学教育的人才培训则不应仅仅局限于法学知识和法律圈,要致力于培育胸怀天下、志存高远的德才兼备的法治人才,使受教对象兼具丰富的法律知识和宽广的政治格局,让其中的优秀者具备成为“关键少数”的潜力、资质和理想,能够担负起国家发展和民族振兴的历史重任。尽管中国特色社会主义法治不同于西方法治,但西方法学教育培养了大量人才进入国家治理关键岗位(如总统、首相、部长),对于法治实施的影响却是一种客观事实,也是值得借鉴的。法学教育的眼界和视野必须拓展和提升,要站在国家未来发展命运的高度,重视政治信念教育,适当突出精英教育理念,创新法治人才培养机制,以适应全面推进依法治国的新要求。[38]

三、习近平法治思想指引下新法学建设的主要着力点

新法学建设是一项系统性工程,需要对教育理念、培养方案、课程体系、教学团队、实践平台等进行一体化设计,形成完整的新法科特色专业人才培养支撑体系。[39] 教育部高等教育司吴岩司长曾多次讲到“教学改革改到深处是课程,改到痛处是教师”。[40] 这种说法在新法学建设中也是极为适用的。笔者认为,新法学要发挥法学教育的基础性、先导性作用,在习近平法治思想指引下新法学建设的关键着力点有三个,一是推进学科交叉融合发展,二是加强课程体系创新,三是加大教师队伍建设。

---

[38] 参见贾永健、付子堂:《近代中国法政教育的当代启示:警惕“法政学堂陷阱”》,载《学术交流》2017年第12期。

[39] 参见刘艳红、单平基:《以专业深度交叉融合助推新法科建设》,载《民主与法制时报》2021年2月4日,第5版。

[40] 吴岩:《教学改革改到深处是课程,改到痛处是教师,改到实处是教材》,载南京工程学院高教所网2019年11月11日,http://gjs.njit.edu.cn/info/1064/1611.htm。

（一）重视法学交叉学科建设

学科交叉融合是新文科建设的一项核心内容。“新法学”不仅是“新文科”建设的题中之义，也是数字时代的必然要求。在交叉学科建设既有的基础上，“新法学”建设需要把握好“大格局”“大生态”两个关键词，必须打破以往传统上形成的学科壁垒，深度推进学科交融，以实现法学学科和法学课程的创新发展。这种交融应是两个方面的，一方面是对外的交融，另一方面是对内的交融。一是要拓展法学学科与其他学科的交叉融合，加强“法工结合”“法理结合”等，如山东政法学院开展了“法律＋”课程建设的尝试。二是要促进法学学科内部的子部门间的交叉融合。现在已经有这方面的做法，比如在法学学科内部，人工智能与未来法律、监察法治、党内法规、数据法学、企业合规理论与实务等新兴特色课程的设立也是法学学科交叉融合的重要体现。新兴学科往往能够增强学生应对未来变化的能力，山东大学的郑智航教授开设人工智能与未来法律课程，在课程体系中引入数字技术、人工智能的基本知识及其在法律领域的基本运用，不仅为学生将来使用人工智能方法解决法律领域相关问题奠定了初步基础，还培养了学生积极思考、严谨创新的科学态度。

法学专业体系也有新的突破，具体而言，法学类专业应当扩容增量。《法学类教学质量国家标准（2021年版）》适用的专业共有法学（狭义）、知识产权、监狱学、信用风险管理与法律防控、国际经贸规则、司法警察学、社区矫正七个专业。应当扩充专业数量，增加各个专业的细分方向。

（二）加大法学课程体系创新

推进学科交叉融合，必然要落实到课程上，必然要求加大课程体系创新。学科建设的落脚点往往是课程和教材，课程体系和教材体系必须适应学科建设的需要。《法学类教学质量国家标准（2021年版）》已经将“习近平法治思想概论”作为专业核心课程予以明确，形成了“1＋10＋X”的核心课程体系。“1”就是“习近平法治思想概论”课程。“习近平法治思想”不仅在作为“1”的概论课程中要讲授，其思想还要贯彻于核心课程的“10”，并且应该考虑在选修课程中“习近平法治思想”内容的份额和比重。

切实加强法学教材建设工作。组织编写国家统一的法律类专业核心教材，避免囫囵吞枣、照搬照抄，为法治人才培养提供能够贯彻中国特色社会主义法治理论的优质教材。构建以国内法治与涉外法治为面向的教材体系。单一的国内法治为对象的教材体系，难以适应时代的要求。

（三）抓好法学师资队伍建设

教学改革“改到痛处是教师”，教学改革必然涉及对教师队伍的改革。提倡学生自主学习，但自主学习并不是要弱化或替代教师的作用。同样的教学内容和教学对象，不同的教师施教，运用不同的教学方法施教，教学效果可能存在明显的差异。只有教师掌握了新的知识和方法，具备了新的技能，才能开设出真正面向学生的新课程，也才有可能真正在课堂层面发生变化。对于人才培养的任何要求，都可以从教师队伍的素养和能力入手。无论是进行课程改革或教法改革，唤醒课堂教学活力、激发学生学习主动性，抑或主张以德树人，提升教师职业素养，都必须强化教师的责任担当。

教师是新法学建设成败的关键，法学教师自身的专业水平和教学水平直接影响法学课堂的教学质量和学生对法学知识的学习效果。新法学建设中必须大力加强法学师资队伍建设，首先要引导法学专业教师始终坚持法学教育的社会主义方向，真正成为马克思主义法学的忠实传播者[41]；其次要顺应时代要求，不断学习提升，具备完成学科交融和课程体系创新的能力，并且要切实提高实践技能。习近平总书记强调，法学学科是实践性很强的学科，法学教育要处理好知识教学和实践教学的关系。[42] 理论与实践的脱节等问题，可以从教师方面找到根源。“双千计

---

[41] 赵大程：《坚持以科学发展观为指导为全面落实依法治国基本方略培养合格法律人才》，载《中国司法》2010年第7期。

[42] 参见习近平系列重要讲话数据库，载人民网2017年5月4日，http://jhsjk.people.cn/article/29252496。

划"和"双师型"教师队伍建设在一定程度上消融了理论与实践严重脱节的问题。当然,法学院校普遍实施的"双师型"教师队伍建设,是有益的,但从很多时候,形式意义、实质意义仍待提升。"双千计划"通过高校与法律实务部门人员互派,对于加强法学师资队伍建设、创新法学教学团队组建模式的确具有积极影响,但是也要看到它的局限和不足。"互派"只是提升了学生的眼界,除了理论的视角还有实践的视角,但并不能完全有效实现知识的融会贯通。一个有过民事法律实践部门挂职经历的民法学教师与一个毫无民事法律实务经历或经验的民法学教师,在民法教学方面有明显差异的。同样,一个有着丰富的民事审判经验或者民事代理业务经历且对民事业务有着深刻洞悉的民法学教师与一个只有短暂挂职经历的民法学教师,在民法教学方面对于学生的影响同样是不可同日而语的。对于婚姻法课程,一个曾经从事过婚姻登记、婚姻诉讼和家事审判经验的施教者,与一个缺乏相关经历的施教者,教学效果也会是截然不同的。知识的会通和综合素养的提升通常是个体性的,是通过个人的实践意会获得的。因此,在既有的双师型教学和人员互派基础上,要从制度上支持法学专业教师个人进行实务经验的积累和实务技能的提升,增加法学教师队伍的人口流动的制度,拓宽教师入职渠道,建立法官与法学教师双向自由流动的制度安排。

On the Construction of the New Science of Law under the Guidance of Xi Jinping Thought on the Rule of Law

Dou Yanrui　Wang Yanyun

Abstract: Xi Jinping Thought on the Rule of Law provides inspiration in thought and action guidelines for the construction of the "New Science of Law". The construction of the New Science of Law is an important way for colleges and universities of political science and law to implement Xi Jinping Thought on the Rule of Law and promote the reform of legal education. To implement Xi Jinping Thought on the Rule of Law and solve the dilemma faced by legal education, we must follow the "Eleven Insistings" in Xi Jinping Thought on the Rule of Law's, consciously and sincerely adhere to the Party's leadership in legal education, and firmly establish people-centered development thinking, adhere to the socialist direction of legal education, and sincerely and effectively promote the spirit of the constitution, adhere to the responsibility of legal education to cultivate high-quality law professions with both morality and ability. The main focus of the new law construction under the guidance of Xi Jinping Thought on the Rule of Law is to promote the in-depth integration of disciplines, increase the innovation of the law curriculum system, and improve in the construction of law teachers.

Key Words: Xi Jinping Thought on the Rule of Law, new science of law, disciplinary intersection

在习近平法治思想指引下以学科交叉促进新法学建设

——兼析新发展阶段政法类高校的学科体系优化

张荣刚[*]　尉　钊[**]

摘　要：中国法治新时代、国际形势新格局与信息技术新革命都对法学建设提出了新要求。新时代新法学的建设应当体现新的指导思想、探索新的学科结构、抓住特殊关键主体。法学与其他学科交叉融合不仅是社会治理的需求，更是新法学建设的方向，还是政法类高校优化学科体系的必由之路。政法类高校作为新法学建设的主力单位，应当发挥标杆和引领作用。各院校依托其优势特色学科，积极推动法学与其他学科全面交叉融合，主次分明、寻求创新突破口，并立足深厚法学科学基础，优化学科体系以适应新法学发展趋势，开创新兴学科以回应社会治理需求。

关键词：习近平法治思想　新法学建设　学科交叉　政法类高校

---

* 张荣刚，西北政法大学副校长，教授。研究方向：数字经济与治理、投融资管理风险、风险管理。

** 尉钊，西北政法大学博士研究生。研究方向：金融学与金融法律制度。

一、建设新法学成为新时代的基本共识

为认真贯彻党中央决策部署,中共中央、国务院联合印发实施《中国教育现代化2035》,坚持以习近平新时代中国特色社会主义思想全面指导教育工作,坚持把服务经济社会发展全局作为教育工作的重要使命。为此,优化学科专业结构,全面推进新工科、新医科、新农科、新文科建设,提升高校服务社会发展能力。这是党和政府从社会需要和国家战略角度对于新时代教育工作提出的任务要求,为新时代中国法学学科明确了新的发展方向和目标任务。新法学作为新文科在法学领域的展开,新法学建设作为新文科建设的重要组成部分,建设新法学逐渐成为新时代法学界的基本共识。①

(一)新法学建设的必然性分析

进入21世纪,中国复兴与信息革命,再一次带来"百年未有之大变局"。中国法治与法学研究面临法治新时代、国际新格局和信息新革命的巨大变动,肩负起新任务与新使命。法学研究和法学教育需要适应中国特色社会主义新时代的新的历史方位,满足社会主要矛盾发生深刻变化的历史要求,回应新阶段发展的新要求与新目标,建设新法学是必然选择。

1. 中国法治进入新时代。建设新法学是落实新时代新要求的重要途径。十九大报告中指出,经过长期努力,中国特色社会主义进入新时代,这是中国发展新的历史方位。在新时代,社会主要矛盾转变为人民日益增长的美好生活需要同不平衡不充分的发展之间的矛盾。人民群众在物质文化需要之外,还对民主、法治、公平、正义、安全、环境等提出了更高的要求。② 人民美好生活的需要,是中国共产党奋斗的动力,是

① 参见杨宗科:《适应新时代新要求 建设"新法科""新法学"》,载《法学教育研究》2020年第1期。

② 参见习近平:《习近平谈治国理政》(第3卷),外文出版社2020年版,第9页。

新时代法学建设的方向。民主是法治的本质和基础,法治是治国理政的基本方式。公平、正义是人民在每一起诉讼案件中对制度设计和执法活动的要求。新时代人民对安全的定义涵盖了人身安全、财产安全、社会安全和国家安全。人民对环境的要求实际上已经变成中国新的价值观中的重要内容,也已成为人民群众新的基本权利。怎样满足人民在新时代提出的这些新要求,是现代法学建设要思考的重要课题。

建设新法学是实现中国法治建设新目标的迫切要求。十九大报告明确了中国法治建设的时间表:到 2035 年法治国家、法治政府、法治社会基本建成;到 21 世纪中叶,把我国建成社会主义现代化强国。③ 与建设法治中国、法治强国的目标相适应,法治发展要与大国看齐,法学教育也要有新作为,为世界法律制度做贡献。

2. 国际形势出现新格局。“一带一路”对法学教育提出了新方向。“一带一路”政策使国家投资延伸至海外,如何维护那些“走出去”的企业利益和中国利益,对现有法学教育与法学研究提出新挑战。为满足我国当下及未来发展的现实需求,法学学科的建设必须适时作出回应,贯彻落实总体国家安全关,研究国际法规则,有针对性地培养熟练掌握“一带一路”沿线国家法律制度的国际化法律人才。④

中美关系变化对法学教育提出了新挑战。在中美贸易谈判中,美方以法律专业出身的人员为主,我方则鲜有法律专业背景的人参与。美国运用贸易的、国家安全的、数据的三方面“长臂管辖”,我方法律界、法学界却拿不出阻断的措施。我国跨国企业应对国际诉讼时,总是选择聘请欧美国家的律师,这涉及了国家安全问题,不免发生外国律师损害中国利益的现象。如何补齐涉外法治短板,加大涉外法学教育改革力度是关键。因此,要培养涉外型通晓国际规则的高水平、高素质的法治人才。法学教育要保证有能力向国际机构源源不断地输送高级专门人才。⑤

---

③ 参见习近平:《习近平谈治国理政》(第 3 卷),外文出版社 2020 年版,第 111 页。

④ 参见徐显明:《“新文科”建设中的“新法学”》,载《北京日报》2021 年 6 月 7 日。

⑤ 参见徐显明:《新文科建设与“新法学”教育的挑战和应对》,载《新文科教育研究》2021 年第 1 期。

3.信息技术投入新革命。大数据、云计算、人工智能、区块链等信息化的科技手段都对法学教育提出了巨大的挑战。互联网时代不仅深刻影响了物理世界人们生活和交往的方式,还创造了平行于物理空间的网络空间。互联网在造福人民的同时,也产生了一系列必须引起重视的问题,如网络攻击、网络犯罪、网络窃密、网络恐怖主义等。信息技术新革命的发展,正在给传统法治模式带来巨大的颠覆式影响。所以,建设新法学需要与这些新技术融合在一起。这意味着法学教育不应再局限于传统文科的手段,也要学会运用现代信息技术,培养复合型法治人才,才能够从容地应对新技术带来的新挑战,把握机遇,实现法学发展回应时代发展要求。

(二)新法学建设的应然性分析

与传统法学相比,新法学的建设应秉持新理念,确立新使命,赋予新内容,运用新方法。在思想上,以习近平法治思想为新的指导思想,全面体现新时代中国特色社会主义的基本特征,建设中国特色社会主义法治体系,打造体现中国特色、中国风格、中国气派的学科体系。在功能上,以适应社会需求为新的历史使命,坚持从实际出发,正确解读中国现实的诸多问题,应从探讨研究法学概念转向对社会价值观的重塑和形成国家软实力上,为理工科乃至为国家和社会治理提供指导思想和价值选择。在内容上,以跨学科融合为新的发展理念,顺应时势,引领创新,充分利用其他学科研究所积累的人类智慧,吸纳其他学科的研究方法和思维方法,将纯文科转向文理交叉学科,要使文科的学生具有理科的思维,从其他学科汲取可用的知识资源,同时也为其他学科提供研究素材。在方法论上,应从运用传统的法学理论研究方法转向运用现代科技、信息技术、人工智能,特别是要运用算法,将定性方法与定量方法相统一,彰显新法学的科学性。

二、新法学建设的基本思路

建设新法学的基本思路中最关键的内涵为创新,体现新的指导思想，推动新的学科发展，同时要抓住特殊关键主体。进一步研判法学的基本属性，探讨法学学科发展方向，发挥政法类高校法学浓厚基础作用，共力构建中国特色社会主义新法学。新法学的建设要切实发挥其服务国家治理现代化、解决社会问题的功能。

（一）法学发展现状

张文显教授在接受《中国大学教学》记者采访中明确指出，目前，法学学科体系不够健全，传统学科过于庞大，学科发展滞后于经济社会变化和法治建设。相比于国外法学建设，我国法学发展的最大问题是相对封闭，交叉学科发展不足，法学与其他学科的融合度不足，所以，建设新法学的关键是突出优势、拓展领域、深度融合、完善体系。⑥

在过去的70年中，中国法学的发展重心为研究如何创制、适用和解释各种法律文本，生产法律职业所需要的专业性知识，培养和构建法律职业共同体。法学学科也被解读为“法律人的学问”，封闭的学科发展特点引发了一个明显的问题：法学知识虽增长速度迅猛，但对其他学科贡献微薄，罕有引导和启发其他社会科学理论的学术精品。为改变既有法学知识输入和输出不平衡的格局，新时代的新法学应当深入推进与其他学科的双向互动。新法学作为社会研究学科，应当转变学科发展重点为研究法律和制度背后所隐含的人类活动规律和社会运行法则，构建具有普遍解释力的概念范畴和理论模型。期待未来新法学产出更多揭示社会活动规律的理论成果，既推动人文社会科学的理论增长，又提升法学在哲学社会科学领域的影响力。⑦

法学作为一门社会科学，单独从法理视角对社会现象进行观察和思考，在精致烦琐的学术体系中，过分关注抽象法学概念，强调法学学科的自足性，不可避免地导致了一定的学科前见和认知局限性，难以产生知

---

⑥ 参见周扬：《在科学和法治的轨道上推进中国特色世界一流法学学科建设——张文显教授访谈录》，载《中国大学教学》2017年第8期。

⑦ 参见黄文艺：《迈向法学的中国时代——中国法学70年回顾与前瞻》，载《法制与社会发展》2019年第6期。

识增量和理论进步。因此,法学理应回归本质,为解决社会问题而存在。⑧

(二)在新法学建设中抓住特殊关键主体:政法类高校

政法类高校是特色鲜明、协调发展的多科性大学,是哲学社会科学研究的重镇。政法类高校科研和教学人员主要的研究对象集中在人文社会管理领域,有较好的前期研究基础,教学科研人员充满研究活力,拥有对研究新领域、新现象的较高敏锐度,具备大力开展交叉学科研究的物质、人员条件和学科发展基础。

不同于其他高校法学院,在新法学建设中政法类高校要担任主力军的地位。首先,政法类高校的法学学科优势突出,底蕴扎实深厚,拥有整齐完备的法学学科点以及合理的学科结构。其次,政法类高校教学资源优厚,具备优质的法学教学团队和丰厚资源设施,并且科研水平卓著。最后,在法治人才培养方面,政法类高校一直以来都是不可替代的中心力量。因此,政法类高校的法学学科优势是在长期的知识积累和人才培养的基础上形成的。站在法学学科建设的长远视角上看,政法类高校应当发挥特殊关键主体地位,统筹规划,整合资源,实现推动新法学建设的作用。

当下是推进全面依法治国、新法学建设的关键时期,极其需要政法类高校发挥行业标杆和引领作用,培育更多优秀法律人才补充、加入我国法律行业中,需要更加优秀的创新人才针对法学前沿加强探索,寻找与社会当下、社会未来相匹配的法学要义等。政法类高校作为新法学建设的第一生产力、培养新型法治人才的第一资源和增强法学学科创新的第一动力,在建设新法学的思路中应当抓住政法类高校这个关键主体,才能更好服务于改革开放和社会主义现代化建设。

(三)在新法学建设中体现新的指导思想:习近平法治思想

在现有法学学术体系中,坚持以马克思主义法学为指导思想是不可动摇的。但迈入发展新阶段后,现有法学建设指导思想缺乏与新时代中

⑧ 参见王利明、黄文艺:《论法学学科的发展规律和发展前景》,载《大学与学科》2020年第1期。

国特色社会主义法治建设的结合创新,需要加快推进马克思主义法学中国化的进程。因此,建设新法学,必须以马克思主义法学思想和中国特色社会主义法治理论为指导,特别是以马克思主义法学思想中国化的最新成果——习近平法治思想为指导,以全面推进科学立法、严格执法、公正司法、全民守法为首要任务,坚持和发展中国特色社会主义法治,对中国传统法律文化进行转化,借鉴吸收国外有益法学理论,建立新时代中国特色法学新理论体系。

(四)在新法学建设中重点的突破方向:学科交叉融合

习近平总书记在哲学社会科学工作座谈会上明确指出,"要加快发展具有重要现实意义的新兴学科和交叉学科,使这些学科研究成为我国哲学社会科学的重要突破点"⑨。理工科技学科上的新理论、新发明的产生,新的工程技术的出现,经常是在学科的边缘或交叉点上。在符合客观发展规律的基础上,重视交叉学科将使科学本身向着更深层次和更高水平发展,社会科学发展也应如此。

随着科技进步和社会发展,法学所面对的社会问题越来越具有综合性和跨界性,需要运用多学科知识,多学科联合才可以攻克。那么,新法学建设则必须以学科交叉、协同创新为导向,否则将无法满足解决社会治理问题的需求。因此,跨学科交叉的协同创新路径,不仅是法学学科自身发展建设的方向,而且是建设新法学的突破口。学科交叉建设是法学知识体系、理论体系、学术体系创新发展的增长点,强调运用多元的视角和手段分析解决问题。以时代变迁过程中出现的重大社会问题为导向,将自然科学、人文科学、社会科学等不同学科领域与法学学科内部知识结构、思维方式和研究范式进行深入交叉融合,形成新兴领域法学,如卫生法学、人工智能法学、信息法学等。⑩

提出新法学的根本出发点是改革法学以适应社会发展需求。跨学科交叉融合可以及时应对新问题的出现,同时又可以满足当下社会治理

⑨ 参见习近平:《习近平谈治国理政》(第2卷),外文出版社2017年版,第345页。

⑩ 参见董玮、孙鹏:《高等政法院校法学一流学科建设论》,载《法学教育研究》2020年第4期。

需求,与建设新法学的基本目的相吻合,是建设新法学的突破方向,对新法学建设具有切实的推动作用。新法学建设、学科交叉和政法类高校三者的联系见图1。

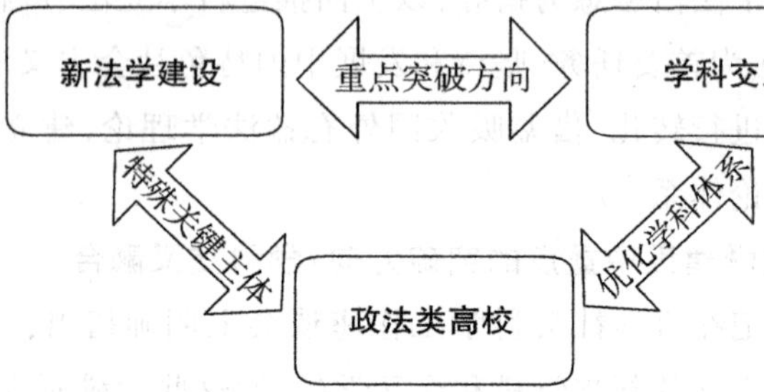

图1　新法学建设、学科交叉和政法类高校三者联系

三、全面依法治国理念引导学科交叉建设

(一)理论引导

1.学科交叉建设是当今科技经济发展的客观要求。交叉学科是指不同学科之间相互交叉、融合、渗透而出现的新兴学科。近代科学上的重大发现,在研究解决国家和社会重大问题时,常常涉及不同学科之间的相互交叉和相互渗透。因此,学科交叉、跨界融合是当今科技经济社会发展的必然要求。交叉学科要求深入理解知识发展本身的内在逻辑,推动了以往被专业学科所忽视的领域的研究,打破了专业化的垄断现象,增加了各学科之间的交流,促进了不同学科间的知识融合与互补,逐步形成了许多新的学科,有助于不同学科知识的发展和知识体系的重构。学科交叉创造了以"问题解决"(problem-solving)研究为中心的研究模式,融合了不同学科的范式,推动了许多重要实践问题的解决。交叉学科通常源于单一学科无法或是无意对某些重要问题进行研究的认识,往往最鲜活、最具有问题导向,是学科体系最靠近现实需求、最具活力的增量部分。因此,我们一定要充分认识交叉学科的学科地位,不能

将交叉学科视作小众自娱自乐的学术兴趣园地，而应将其视为学科体系中不可或缺的重要有机构成。

2. 学科交叉建设是贯彻落实习近平法治思想的应有之义。习近平总书记在哲学社会科学工作座谈会中明确指出“要按照立足中国、借鉴国外，挖掘历史、把握当代，关怀人类、面向未来的思路，着力构建中国特色哲学社会科学，在指导思想、学科体系、学术体系、话语体系等方面充分体现中国特色、中国风格、中国气派”⑪。并提出要体现系统性、专业性，要加快新兴学科建设和交叉学科建设，扩充学科知识容量，努力构建一个囊括传统学科、新兴学科、交叉学科、冷门学科等诸多学科在内的全方位、全领域、全要素的哲学社会科学体系，既要体现中国特色，又要兼顾继承性与时代性。

目前，在自然科学和工程技术领域，有大量的交叉学科问题得到解决和克服，因此，全社会对自然科学领域的交叉学科发展，整体比较了解和重视；而在哲学社会科学领域，墨守成规、因循守旧、固守学科划分樊篱的现象多见，其更习惯于从学科的理论体系和学科间的界限出发考虑问题，而不是从现实问题的需要出发深入思索。社会经济生活中同样存在大量的需要多个学科理论、方法、技术共同参与才能处理好的问题。所以，习近平总书记指出，现在，我国哲学社会科学学科体系已基本确立，但还存在一些亟待解决的问题，主要是一些学科设置同社会发展联系不够紧密，学科体系不够健全，新兴学科、交叉学科建设比较薄弱。下一步，要突出优势、拓展领域、补齐短板、完善体系⑫。这是在哲学社会科学语境下第一次对交叉学科提出明确要求。

（二）学科交叉建设是新时代新法学建设的实现路径

学科交叉建设并不是漠视乃至摒弃法学学科的理论传统和学科优势，而是运用交叉学科的方法拓展法学学科的理论版图和研究模式。跨学科融合不是脱离法学建筑“空中楼阁”，也不是简单的“经济学怎么

---

⑪ 参见习近平：《习近平谈治国理政》（第2卷），外文出版社2017年版，第338页。

⑫ 参见习近平系列重要讲话数据库，载人民网，http://jhsjk.people.cn/article/28358058。

说、政治学怎么说、社会学怎么说”。交叉学科的核心是知识的整合运用,其过程需要多学科跨越知识边界主动发挥作用,这不仅能够培养学生从不同学科视角研究社会重大问题,而且能够锻炼学生形成鉴别、比较、联系等解决复杂问题的综合能力。真正的问题意识、成熟的方法论以及真诚的学术抱负才是培养创新型法治人才的关键要素。

法学学科与中国史学、哲学、文学等人文学科的跨界融合,有助于法学学科更多地吸收和传承中华民族的文明与内在精神,强化法学的民族特色,增添法学的本土元素。法学学科与经济学、管理学、政治学等社会学科的科际互动,有利于增强法学学科的多向度思维,多视角解释社会现象,以便高效解决法律问题。法学学科与数学、生物学等自然学科的交叉调和,有助于将实证化、定量化、数据化研究模式在法学学科推进,适应时代发展趋势,协同解决新科技领域出现的诸多复杂法律问题。探索“法学+多学科交叉”的“1+N”联合机制,与相关院系设立交叉研究中心,破解当前中国法学学科滞后于时代发展的困境。在新法学建设中,保持对法学学科基础研究持续投入、加大基础研究力度的同时,突破学科的边界,多引导走多学科交叉的道路。

(三)学科交叉建设是优化政法类高校学科体系的必由之路

跨学科交叉融合不仅是新法学建设的突破方向,而且为政法类高校的学科体系发展带来了新的生命力。当下政法类高校的法学学科体系稍显滞后于时代需求,传统的政法类高校的学科体系多强调专业细分化,使得培养出的法治人才知识构成相对单一,缺乏多视角思考和处理问题的知识基础和创新能力,难以处理复杂化的社会问题、综合性的知识应用以及难以回应知识创新的需要。为满足新时代需求,坚持推进学科交叉融合,形成能跟上时代发展、体现中国特色、具有强国水平的法学学科体系,这是政法类高校培养创新型法治人才的基础。

政法类高校针对推进高校自身学科建设发展的需要,在学科交叉建设方面做出了如下探索。首先,将法学与其他非优势学科进行交叉研究,使用两种或多种学科知识发掘社会热点问题表象背后的内在逻辑,从多视角多研究领域进行分析研究,为社会的发展提供有效的理论支持与实践应用。其次,其他非优势学科使用政法类高校的优质法学资源对自身学科发展进行交叉建设,以更加偏向法学思维的认识角度看待本学科研究问题与内在逻辑,以此进行学科创新发展,推动本学科的内核深化、拓展其覆盖面。

但目前政法类高校学科交叉建设方面到达了发展过程中的"瓶颈"阶段。一方面体现为跨学科交叉程度不够,不同学科之间的融合有限。多数政法类高校仍然以细化后的基础法学学科为主,遵循传统的学科和专业划分体系,很少能够设置交叉学科专业或者跨专业的课程,这显然不利于全方面知识框架的构建。学科之间缺少交叉融合的激励机制设置,难以突破长期固化的学科界限,无法实现深入的人才、技术等资源整合、资源共享、信息互动的局面,更难以达到培养复合型法治人才,解决社会重大治理问题的目标。另一方面表现为某些政法类高校的交叉学科建设存在因认识不足、无系统的思考与研究而引发的粘贴、嫁接等简单粗暴的强行"交叉",缺乏以科学理论逻辑为导向的理性交叉、以问题领域为对象的应用型交叉,以及跟随技术性成果的跨门类交叉。这一问题严重影响了学校对于学科建设的资源输出与资源合理配置,导致了人才培养方面的落后与不足,造成整个法学学科环境的倒退。

四、政法类高校实现以学科交叉促进新法学建设的策略探究

党的十九大召开对于政法类高校有着更加重要的意义,它要求政法类高校以习近平新时代中国特色社会主义思想为指导,积极推进新法学建设,深入贯彻落实依法治校的实践领域,加强法治工作与深化改革的关系,尤其需要政法类高校学科建设的综合深化改革,特别是要注意如何科学地进行学科交叉建设、将学科交叉建设走向优质化等方面。

(一)牢牢把握法学为主干学科,以学科交叉为手段,实现新法学建设目的

调整法学学科的结构布局。政法类高校在现存的民法学、经济法

学、刑法学、宪法与行政法学、国际法学等成熟的法学分类的基础上,根据国家法律与法治工作重点的改变,针对社会需求导向微调法学内部结构,对法学分类进行研究、培养侧重点改革,或开展创新研究,如开展对反恐怖主义法等的研究,针对社会现实进行法学前沿探索,抑或根据国家全面依法治国中法律队伍、法律人才的不协调等具体情况,对不同的法学结构进行调整,保证社会整体的"自由、平等、公正、法治"得以真实深刻地贯彻落实。

主动进行学科交叉创新。法学作为政法类高校的主干学科,其学科发展程度相较于其他学科具有天然的优势。但也正因如此,法学学科需要发挥学科自身的能动性,自上而下地与其他非优势学科针对社会发展趋向进行主动交叉创新,如法学与经济学研究如何针对新经济垄断问题进行法律法规建设,来规制垄断这一现象,并展开科研创新研究,为我国立法机构、行政单位提供思路方案等,坚持走在社会前沿,时时关注社会不足之处,以此来保证公平正义能够贯彻。同样,法学院们主动与其他非优势学科学院进行合作,积极发挥多科性大学内部的学科渗透作用,这样才能保证学科交叉创新的生命力与科学性,才能使学科交叉建设成为全校的建设共识,二者相互支持、相互学习才能积极、系统、科学、可持续地进行学科交叉建设,同时做到自身向"一流学科"发展的目标。

(二)各政法类高校依托其优势特色学科,科学设置交叉学科,探索学科交叉教育模式的可行性

树立学科交叉的正确观念。交叉学科是指不同学科之间相互交叉、融合、渗透而出现的新兴学科,如以科学理论逻辑为导向的学理性交叉、以问题领域为对象的应用型交叉,以及跟随性技术性成果的跨门类交叉等。学科交叉是未来科学发展的必然趋势,是加速科技创新的推动力。而法学学科交叉则是法学与社会需求结合的产生物,通过现象看到本质内涵,社会焦点、社会大需求所反映出来的学科内涵,甚至有关于法学与法学内部的交叉融合。不是仅仅简单地依照国家相关新法律的出台便展开对其盲目且生硬的交叉探索,而是基于社会现实基础,有理论正确引领地、有目标地对当下与未来的探索,应当充分尊重法学学科门类中各学科的同质化问题,在法学门类内部优先交叉做实做优,以法学门类的基础思维与其他学科有所依托地积极交叉才是正确的法学学科交叉。

我国政法类高校的学科交叉教育和研究总体上处于探索和逐步推广阶段。西北政法大学依托自身学科建设特色,组建精干研究队伍,致力于新兴交叉学科——人权法学的研究,聚焦中华民族共同体和共同意识建设问题,为西北地区稳定发展和法治中国建设做出了卓越贡献。华东政法大学积极回应上海建设"国际金融中心"的目标,配合重大国家发展战略,专门设立国际金融法律学院,培养具有法律、金融和外语能力的复合型人才。西南政法大学为响应《新一代人工智能发展规划》和《高等学校人工智能创新行动计划》的号召,成立了人工智能法学院,从法学教育理念、学科设置、教学内容、人才培养等方面对人工智能的迅猛发展作出回应,为满足人工智能法律法规、伦理规范和政策体系发展提供了学科支撑。

以问题为导向的交叉学科研究,因为其理论体系、方法工具正在构建或完善中,所研究的问题也在不断发酵和演化中,所以交叉学科研究难以一蹴而就,不会像传统学科一样立竿见影,需要政法类高校持续关注、宽容看待、耐心守望,共同探索学科交叉教育模式的可行性,相信必然会收获超出预期的成果,为构建中国特色哲学社会科学做出政法类高校的独特贡献。

(三)改善学科交叉建设环境,健全相关配套制度,加强学术团队建设,引入长效运行机制

首先,建议制定和完善学科交叉的相关配套制度,在政策、制度、人员和经费投入等方面对跨学科教育和研究项目予以倾向性支持。完善相应的制度,打造与交叉学科人才培养目标相适应的课程体系,设立学科交叉研究平台,积极营造跨学科教育和科研有机融合的、内外开放的学术生态环境,保障跨学科研究平台的长效运转。

其次,加强学科交叉师资力量、科研团队等方面的建设。跨学科复合型教学和科研人员及学科交叉团队的建设是政法类高校开展交叉学科教育和研究的基础。尝试设立跨学科联合教师职位,建立跨院系、跨学科的长期聘用和晋升评价机制。加强校内本身教师团队培养、引进校外优秀高水平教师,统筹整合教学团队来加强对学生最直接的培养道路建设。

最后,通过师资力量的提高,同步提升法学研究程度,深化科研方向、内容,调整本科生、硕士研究生、博士研究生的资源配比,针对科研研究争取新突破。

(四)构建新时代中国特色社会主义法学学科体系,兼顾继承性与时代性

我国自党的十八大以来在治国理政方略上发生的历史性变革与法治建设取得的历史性成就,进一步确立了全面依法治国的重要地位,尤其是在科学立法、严格执法、公正司法、全民守法方面不断深化,全社会法治观念明显增强。但是法治建设工作中仍存在不足,面临着不少的困难与挑战,人民日益增长的美好生活需要和不平衡不充分的发展之间的矛盾需要改善。坚持以习近平新时代法治理念新思想新战略为引领,政法类高校应抓住当下全社会主要矛盾,以针对性的新法学建设调整对社会矛盾中的民主、法治、公平、正义等方面,做出实际改革,注重法学的内部学科规律与内部发展规律的有机统一,补充和调整目前法律体系的内容与结构,为我国法律体系的改善提供充足动力,着力构建新时代中国特色社会主义的法学学科体系,在体现中国特色的同时兼顾时代性。进而为社会稳定发展提供坚实基础,为社会有序发展提供规范框架,为中华民族持续发展提供法治保障。

五、结语

新法学建设的提出实际上是解决长时间存在的法学教育和实践脱节、和社会脱节、和国际斗争实践脱节的问题。21世纪是跨学科交叉融合的世纪,跨学科教育与研究不仅成为自然科学重大发现和原创性成果形成的重要路径,而且也是包括法学在内的社会科学崭新的增长点。因此,新文科建设实际上要求对传统文科进行升级换代,文理交叉与学科交融是大势所趋。政法类高校作为中华人民共和国新法学建设的主力军、法治人才培养的摇篮,应当顺应时代发展需求,积极推进学科交叉建设,引领法学学科体系创新发展,培养一流法治人才,为实现第二个一百年奋斗目标及伟大复兴的中国梦提供法治保障。

On the Construction of the New Science of Law Promoted by Interdisciplinarity under the Guidance of Xi Jinping Thought on the Rule of Law

—With the Analysis of the Disciplinary System Optimization of the Colleges and Universities of Political Science and Law at the New Development Stage

Zhang Ronggang   Yu Chuan

Abstract: In the New Era of the rule of law in China, the new pattern of the international situation and the new revolution of information technology all brings about new requirements for the construction of law as a discipline. In the New Era, the construction of the new science of law should reflect and carry new guiding ideology, explore new discipline structures, and grasp special key subjects. The intersection of law and other disciplines is not only to serve the needs of social governance, but also the direction of the construction of the new science of law. And it is also the only way for colleges and universities of political science and law to optimize the discipline system. As the primary cultivation unit of the new science of law, colleges and universities of political science and law should play a benchmarking and leading role. They should rely on its superior and characteristic disciplines to actively promote the comprehensive interdisciplinarity of law and other disciplines, carry out their work with a clear primary and secondary order, and seek innovation breakthroughs; meanwhile, their work should be carried out based on a solid foundation of the science of law, and optimize the discipline system to adapt to the development trend of new law, and eventually create new emerging disciplines to feedback the needs of social governance.

Key Words: Xi Jinping Thought on the Rule of Law, construction of the new science of law, interdisciplinarity, colleges and universities of political science and law

涉外法治人才培养问题探究*

伍巧芳**

摘　要：本文以2020年孙杨案的重审申请以及2013年菲律宾单方面提起的南海仲裁案为引子，提出一个共同问题，即在涉外法治领域缺乏中国声音，而导致该问题的原因是中国缺乏高层次涉外法治人才。本文从外语应用能力和涉外知识结构两个方面分析我国涉外法治人才培养面临的核心挑战，并研究借鉴日本、欧洲以及美国等国家和地区顶尖法学院的涉外法治人才培养的模式，以此为基础探索我国涉外法治人才培养的路径。

关键词：涉外法治　人才培养　模式　路径

一、问题的提出

2020年2月28日，国际体育仲裁院作出裁决，由于孙杨违反了《国际泳联兴奋剂检测条例》有关规定，对其施以禁赛8年的处罚。随后，孙杨及其团队

---

* 本文系华东政法大学2020年教学改革与发展研究项目“新时代背景下涉外法治人才培养的途径”的阶段性成果。

** 伍巧芳，华东政法大学教授，法学博士。研究方向：金融监管、法律文化。

向瑞士最高联邦法院提起申诉,要求重审仲裁案件。在首次仲裁裁决作出后,孙杨方发现仲裁庭主席弗兰科·弗拉蒂尼(Franco Frattini)于2018~2019年在其推特上发布了关于中国犬类问题的不当言论,因此,主张该仲裁庭主席存在偏见,申请重审。瑞士最高联邦法院发布的判决书①中列出了七条摘取自该仲裁庭主席推特的推文,这些推文中使用了“sadic”“yellow-face”“monster”等过激语句对中国及中国人发表了冒犯性的言论。瑞士最高联邦法院最终认为,“黄脸”(yellow face)一词针对中国人所使用,孙杨对涉案仲裁员可能存在偏见的担忧在客观上是合理的,因此,2020年12月22日,瑞士最高联邦法院作出撤裁的决定,支持了孙杨的重审申请。

2013年1月22日,菲律宾共和国外交部向中国驻菲律宾大使馆递交仲裁通知和权利主张说明,提起仲裁,要求确认菲律宾在南海享有的专属经济区和大陆架之内与之外的权利。仲裁庭由五名成员组成,无一人来自亚洲国家(分别为德国籍、波兰籍、法国籍、荷兰籍及加纳籍②),其中一名由菲律宾指定,其余四名由时任国际海洋法法庭庭长的柳井俊二指定。来自日本的柳井俊二自1961年起在日本外务省出任多个要职,作为一个致力于修宪以解禁集体自卫权,致力于扩大日美军事同盟、从而试图通过武力威慑取得对华优势的日本首相政策智囊团“安全保障和防卫力恳谈会”的首脑,柳井俊二的这一司法职能外的职位定位,显然不适于介入南海仲裁事宜。③

毫无疑问,南海仲裁案是一出披着法律外衣的政治闹剧。仲裁庭的成立缺乏合法性,组成缺乏公正性;其“裁决”政治偏向露骨,法律适用

① 参见 https://www.bger.ch/ext/eurospider/live/fr/php/aza/http/index.php? highlight_docid = aza%3A%2F%2Faza://22-12-2020-4A_318-2020&lang = de&zoom = &type = show_document。

② 参见 The Republic of the Philippines v. The People's Republic of China,载海牙常设仲裁法院官网2021年7月2日,https://pca-cpa.org/cn/cases/7/。

③ 参见《柳井与临时仲裁庭的那些勾当　“起底临时仲裁庭”之二》,载《新华每日电讯》2016年7月17日。

牵强附会,事实认定漏洞百出[4],但它却实实在在地发生了,并且最终“裁决”支持了菲律宾的大部分诉求。构成仲裁庭的五名仲裁员对中国存在偏见吗?这点不得而知,但这五位来自欧洲与非洲的仲裁员显然对东亚地区的传统与历史知之甚少。仲裁庭在解释《联合国海洋法公约》等国际规则时,未能查明和考虑东亚地区对某些概念的特殊认知,所使用的诸多证据也来自西方殖民国家[5]。从仲裁员丝毫不重视来自中国的古籍文献证据与历史沿革这点来看,他们对中国的历史、文化及法律制度无疑缺乏基本的了解。

以上两例所暴露出来的共同问题是涉外法治领域缺乏中国声音。主理孙杨案的国际体育仲裁院的仲裁员名单中共有 348 名仲裁员,其中仅有 6 名为中国籍,而美国籍仲裁员有 30 名,英国籍 24 名,日本籍 5 名,新加坡籍 5 名[6],与中国人口总数相比,中国籍仲裁员的人数相对较少。孙杨案中,两次仲裁所组成的仲裁庭中均没有中国仲裁员的身影。尽管在南海仲裁案中缺乏中国仲裁员身影的主要原因在于中国坚持不接受、不参与的立场,但若国际社会对中国的法律制度、历史沿革具有更深刻的了解,至少在一些对中国历史问题的解释上面,不会产生如此荒谬的结果,而要促进国际社会对中国的了解,向外输送中国法治人才是十分重要的一环。但我国目前在涉外法治领域仍面临着人才严重短缺的现象,由司法部、外交部、商务部、国务院法制办公室于 2016 年 12 月 30 日发布的《关于发展涉外法律服务业的意见》中也提到,当前涉外法律服务业仍然面临一些问题和挑战,其中之一便是我国高素质涉外法律服务人才比较匮乏。据不完全统计,我国目前的法律人才中,能够从事涉外法律业务的屈指可数,仅占 1% 左右[7]。2020 年 1 月暴发的新冠肺

---

④ 参见黄惠康:《所谓南海仲裁案“裁决”没有任何法律效力》,载《解放军报》2020 年 7 月 27 日。

⑤ 参见中国国际法学会:《南海仲裁案裁决之批判》,外文出版社有限责任公司 2018 年版,第 370 页。

⑥ 参见国际体育仲裁院(CAS)仲裁员名单,载国际体育仲裁院官网 2021 年 7 月 2 日,https://www.tas-cas.org/fileadmin/user_upload/List_of_CAS_Arbitrators_per_nationality_June2021.pdf。

⑦ 参见赵勇等:《涉外律师人才培养的现状及思考》,载《中国司法》2020 年第 8 期。

炎疫情则加剧了这一问题。

首先,学生赴境外留学等活动受到了一定程度的冲击,这将对涉外法治人才的供给产生影响。近日,全球高等教育分析机构QS(Quacquarelli Symonds)发布了《新冠疫情如何影响留学生》白皮书。由于新冠肺炎疫情期间各大高校都面临着国际生招募的困难,QS此次全球调查的范围主要针对来自中国、欧盟、印度和北美等的全球3万多名准留学生。当被问及留学计划是否受疫情影响时,超过半数的人都给出了肯定的回答,中国留学生表示受影响的百分比最高,占到66%[⑧]。尽管目前部分国家的疫情已得到控制,但仍存在反复可能,各国出入境管理政策及留学政策也可能随之收紧。2003年非典发生时出国人数也出现下降情况,两年后留学人数逐年增长,但新冠疫情无论是在持久度还是可控度上较之非典都严重许多,因此,不能简单认为新冠疫情对出国人数的影响仅会持续较短时间。目前,许多境外高等教育学校都支持线上授课,但根据QS于2020年10月发布的《疫情中的高等教育:当前与未来的学生如何适应》[⑨]报告,来自173个国家的6958名计划在未来出国留学的学生中,有43%的学生希望能够面对面教学。因此,由于对境外国家疫情下政策反复的担忧、出行的限制及线上授课带来的种种问题,学生赴境外留学人数比例也许将进一步下降。

其次,受到新冠肺炎疫情的影响,国际贸易摩擦加剧,但也出现了新的机遇,二者都增加了对涉外法治人才的需求。自疫情以来,国际贸易中的不确定因素逐渐增加,出现纠纷的概率有所提升。例如,粮食、原油等国际大宗货物价格剧烈波动[⑩],违约风险增加,或各国港口受到管制,无法停靠,造成卖方迟延交货。如何规避此类风险、尽可能减少我国进出口企业的损失,需要涉外律师、仲裁员、调解员等的参与,为中国企业

---

⑧ 参见《QS调查出炉:中国留学人数受疫情影响减少了吗?》,载《中国对外贸易》2020年第9期。

⑨ 报告全文参见QS官网2020年5月12日,https://www.qs.com/portfolio-items/how-covid-19-impacting-prospective-international-students-different-study-levels/。

⑩ 参见宁波海事法院课题组、张宏伟:《全球新冠肺炎疫情对航运经济的影响与法律应对》,载《人民司法》2020年第19期。

在疫情状况下实现更好地"走出去"提供法律服务。另外,尽管美国等国家在疫情期间采取了一系列贸易保护措施,但中国与东盟的贸易发展势头依旧良好。2020 年 1 ~8 月,中国与东盟贸易总值达到4165.5 亿美元,同比增长 3.8%,东盟超越美国和欧盟成为中国第一大贸易伙伴[11]。中国与东盟在地理上更加接近,新冠疫情暴发时,各国在海外的供应链均受到极大的影响,无法及时运送货物,造成部分商品无法生产,因此,在后疫情时代,供应链属地化趋势不可避免。同时,2020 年 11 月 15 日《区域全面经济伙伴关系协定》的签署也使中国与东盟国家的贸易联系更加紧密,并与"一带一路"倡议一同发挥地缘优势,促进中国与邻近国家之间的交往,与此相对应,对熟悉东盟及"一带一路"沿线国家语言、商业、文化、社会、法律的涉外法治人才的需求也将进一步加大。

最后,美国、英国等西方国家借此次疫情在国际社会上不遗余力地污名化中国,甚至向中国政府提起索赔诉讼,企图借法律的外衣将疫情全盘归咎中国,中西方之间在制度与意识形态方面的分歧更加显性化[12],这种分歧将会体现在各类国际事务以及国家间、各国公民间的交流往来之中,例如,美国长期以来在 WTO 针对中国,南海仲裁案的背后也能看到美国操纵的身影,未来这种针对将更加频繁。

由此可见,向国际输入具有中国背景,通晓中国法与国际法的涉外法治人才,提升中国在国际法律事务中的话语权和影响力,维护中国公民及国家在海外的权益已经刻不容缓。

二、涉外法治人才缺乏的原因

我国对涉外法治人才的需求不断增加,供给却远远未能跟上。仅以

---

⑪ 参见《东盟成为中国第一大贸易伙伴,2020 对外贸易行业发展趋势分析》,载中研网,https://www.chinairn.com/hyzx/20200928/092947157.shtml。

⑫ 参见吴君民、徐刘阳:《新冠全球大流行背景下中国对外贸易的风险与对策探讨》,载《理论探讨》2020 年第 5 期。

涉外律师为例,截至2020年年底,全国共有执业律师52.2多万人⑬,北京、上海等地律师人数占比最大。2018年,司法部发布通知,决定建立全国及各省(区、市)涉外律师人才库,北京律协于2020年10月15日发布的《涉外律师人才库入库名单》中共有742人,而我国商务部国际贸易经济合作研究院于2020年12月14日发布的《中国自由贸易试验区发展报告(2020)》显示,2019年,18个自贸试验区累计新设企业就有约31.9万家。不仅是涉外律师人数不足以支撑我国对外贸易发展的体量,我国在国际组织中的任职人数占比也远远低于预期。以联合国为例,中国目前已成为联合国常规预算和维和预算第二大出资国,但据统计,在联合国系统的雇员中,中国籍雇员目前仅占1.12%,列第11位,居菲律宾、印度、俄罗斯等国之后⑭。

多年来,中国始终高举改革开放大旗,共建"一带一路"稳步推进,推动构建人类命运共同体,中国公民越来越多地走出国门,参与国际经济文化交流,无论是在为中国公民提供法律服务还是在国际贸易中减少中国企业面临的法律风险,抑或是使中国积极加入国际规则的制定中去,都离不开涉外法治人才的培养,而从近些年来发生在中国公民身上以及针对中国主权的一些颇具影响力的案件来看,中国在国际法律事务中的声音仍然不够响亮,笔者认为这一现象的产生有以下几点原因:

(一)外语应用能力的欠缺

尽管我国目前的英语教育已经有了长足的发展,但是由于法律英语与普通英语相比存在许多特殊之处,在小学、初中及高中的教育中,学生几乎很少接触到法律英语,大学阶段即使开设了法律英语课程,但由于课程多仅持续一学期,且以校内考试的方式考查学生的学习情况,没有实际运用的机会,效果并不理想。

近年来,许多院校作出了有益的尝试,将翻译与法学相结合,开设了

---

⑬ 参见司法部:《2020年度律师、基层法律服务工作统计分析》,载司法部官网,http://www.moj.gov.cn/pub/sfbgw/zwxxgk/fdzdgknr/fdzdgknrtjxx/202106/t20210611_427394.html。

⑭ 参见杜焕芳:《涉外法治专业人才培养的顶层设计及实现路径》,载《中国大学教学》2020年第6期。

法律翻译专业或以法律方向为主的翻译专业。根据2021年的招生信息来看，全国一共有8所高校开设了法律翻译方向的翻译硕士专业，包括不少政法院校，但法律翻译方向的学生学习的课程主要还是与翻译、外语相关，大部分报考学生并非法学本科出身，缺乏相关的法学学习背景，此类课程更多还是提升了学生的外语能力。同时，法律方向为主的翻译专业为学生开设的法学一级学科课程多为国内商法学、刑法学、诉讼法学，鲜少有关于国际法或是国别法的课程，而要培养涉外法治人才，仅仅熟悉中国相关法律制度还远远不够。

要熟练运用英语投身涉外法治领域已颇为不易，随着中国逐渐利用地缘优势与东南亚国家及“一带一路”沿线国家的交往进一步加深，实践中对掌握英语以外的其他语言也提出了更高的要求。根据商务部于2021年6月发布的统计数据，2021年1～4月，我国企业在“一带一路”沿线对54个国家非金融类直接投资387亿元人民币，同比增长5.7%，较上年上升1.8个百分点，主要投向新加坡、印度尼西亚、越南、马来西亚、老挝、阿拉伯联合酋长国、哈萨克斯坦、巴基斯坦、柬埔寨和孟加拉国等国家⑮。由此可见，即使处于疫情的阴霾下，中国与“一带一路”沿线国家的经济往来仍然十分活跃，而这些国家的官方语言包括印度尼西亚语、越南语、老挝语、阿拉伯语、俄语、哈萨克语等许多小语种，目前我国开设此类小语种专业的院校较少，即使开设也未能与法学学科结合起来，最后学生仅仅掌握了语言能力，而缺乏法学相关知识。

不仅是涉外贸易领域，国际组织中许多岗位也要求具备除英语外的其他语言能力，例如，联合国许多岗位除要求熟练掌握英语外，还要求能够将法语、阿拉伯语、俄语或西班牙语作为工作语言使用。

有许多本科为外语专业的学生报考法律硕士（非法本），这似乎是个好现象。但非法本法硕的课程主要还是学习法律，基本上没有对外语的提升作出较有建设性的规划，这样一来，本科为外语的学生在硕士期间不仅缺乏锻炼语言能力的时间与精力，也缺失了真正将语言优势应用

⑮ 参见商务部：《2021年1～5月中国对“一带一路”沿线国家投资合作情况》，载商务部官网，http://www.mofcom.gov.cn/article/tongjiziliao/dgzz/202106/20210603162205.shtml。

在涉外法治方向的机会[16]。

(二)涉外知识结构不平衡

这里的知识,不仅包括与法律相关的知识,还包括其他影响我国法治人才在涉外事务中发挥作用的知识。正如南海仲裁案中,仲裁庭在法律适用与事实认定上所犯下的许多错误是对亚洲历史文化不熟悉导致的,涉外法治人才若要在国际社会或是在国际贸易领域维护中国及中国企业、公民的利益,除了了解其他国家及国际社会的法律、规则外,还要对国际关系以及不同国家的政治、历史、文化等多方面有所了解。

从法律方面的知识来看,涉外法治往往涉及许多方面。以对外投资为例,一项对外投资业务要涉及财务、知识产权、劳动关系、环境保护、税务、汇率、跨境股权并购、境外设立法人或分支机构、反商业贿赂、反腐败等各个环节的知识,若发生纠纷,还涉及国际公约和条约、管辖机构、准据法、仲裁条例、国外诉讼法等的适用问题。在我国与其他国家针对经贸合作多边协议进行谈判时,甚至会涉及多个国家的程序法与实体法,这就要求相关人员掌握较为全面的知识。目前我国在本科阶段培养涉外法治人才时,主要方法是为学生开设国际法相关课程,但国际法并不教授某一具体国家国内的法律制度,即没有国别法相关课程。这样看来,国际法方向的人才也许能够服务于国家间的争端解决,如WTO争端解决,反垄断、反倾销、反补贴及保障措施等,但在国际贸易领域,尤其是在约定发生纠纷时适用他国法律的国际贸易往来中,仍力有未逮。

从非法律方面的知识来看,各国的政治、经济、社会、文化各异,这些因素也会对涉外法治事务产生影响。杨良宜先生曾举过这样一个例子:一位中国代表前往某欧洲国家,在停留期间签署了一份文件。双方的争议焦点在于,当事人是否就6艘新建散货船的销售达成一致。欧洲当事人坚持认为双方签署了文件,已经达成一致。在交叉质证中,中国证人的解释是:“我必须签一个文件,向上级和国家机关证明欧洲之行是有正

---

[16] 参见郭一达:《新时代涉外法治专业人才队伍培养路径探析》,载《中国司法》2021年第3期。

当理由的。"仲裁庭的另两位仲裁员是两位已退休的伦敦法官,他们完全不能理解这个说法,但杨良宜先生能够理解。仲裁庭起草的裁决书裁定中国当事人(或船厂)败诉。然而经过反复思考,三位仲裁员达成一致意见,认为中国当事人获胜,协议没有成立。[17] 在此案中,若三位仲裁员中没有任何人了解中国国企与政府间的关系与行事方式,最终的裁决就很可能裁定中国当事人败诉。这并不是因为在法律适用上存在分歧而产生的问题,而是由国家之间不同的行事方式、社会文化所导致的事实认定问题。中国培养涉外法治人才,解决法律纠纷,在国际社会上加强中国声音,很重要的一点是要促进中国与其他国家的互相理解,消融误解,达成合作,互利共赢。然而,我国目前在培养涉外法治人才时缺乏对其进行异域政治、经济、社会、文化等方面的教育,同时,也缺乏这方面的实践机会。

三、涉外法治人才培养的域外经验

(一)日本

1. 早稻田大学法学院。日本一些大学在本科阶段就十分重视对法学院学生进行外国语言文化教育。以早稻田大学法学院为例,该大学法学院认为,通过学习外国语言,能够了解世界文化的多样性,洞察自身与他人之间存在的不同之处,并且能够因此与他人互相理解。自 2013 年起,早稻田大学法学院坚持将语言教育同法学教育作为法学院的两块基石,并在此理念之上设置课程,以培养能够理解他国文化、适应全球化趋势的优秀法律人才。

从其课程设置来看,一年级学生须从英语、法语、德语、中文、西班牙语、俄语、韩语中选择两门外语进行学习,且需要持续学习一至两学年。

值得注意的是,该大学法学院自新生入学时就鼓励学生对未来的职

---

[17] 参见杨良宜:《文化差异对海事仲裁的影响》,载《中国海商法研究》2012 年第 4 期。

业道路进行选择。其《2021年度学业指导》[18]将学生未来的就职进路分为三类,并为每一条进路设计了课程选择模型,以指导学生在选课时选择最有助于其从事理想职业的课程。第一类是希望成为律师、法官、检察官的学生,第二类是希望去企业工作或从事涉外法务的学生,第三类是志愿成为地方、国家、国际公务员的学生。在确定了主要学习方向后,该指导还按照地域研究与人文科学,分出了多个副专业方向,这些副专业的学习方向包括英语圈地域研究、德语圈地域研究,法语圈、中文圈,西班牙语圈地域研究,政治学研究,经济学研究及商学研究。学生在按照要求修完某一副专业要求科目的学分后,学院将向其颁发"副专业学习证明"[19]。

以德语圈地域研究方向为例,由法学院开设的相关课程包括"德国刑法入门""德国公法入门""德国私法入门""德国民法入门""社会学""西洋史""哲学""文学"。由该校欧洲教育中心开设的课程包括"德语电视会议""探究德国人的环境意识""德国的文化与社会""德国文学和现实主义""用德语研读历史"等。

即使不打算获得副专业学习证明的学生,除学习法学知识外仍需要学习与世界文化、艺术、哲学、思想、历史等相关的科目,按照2021年的最新要求,所有法学院学生至少需要选择此类课程中的7门课程,修满14学分,而希望获取"副专业学习证明"的学生需修满16学分。这些课程由人文科学院、政治经济学院、商学院等学院共同打造,在学习法学知识以外,以两门必修外语语言为基础,帮助学生深入了解某一语言圈内社会制度、社会生活的方方面面。

2. 东京大学法学院。东京大学的本科教育较为特殊,基于"后专业化"(late specialization)的教育理念,为了培育具有广阔视野和综合性基础能力,并在此基础上高度专业化的人才,东京大学的本科生在入学前

⑱ 参见《早稻田大学法学院2021年度学业指导》,载早稻田大学法学院官网,https://www.waseda.jp/folaw/law/assets/uploads/2021/02/cdcb8f6953b9d10c3f03d7338cc971c1.pdf。

⑲ 参见早稻田大学法学院:《副专业相关事宜》,载早稻田大学法学院官网2021年7月3日,https://www.waseda.jp/folaw/law/students/minor/。

两年并不选择专业,而是统一属于教育学院,到了第三年才由学生选择相应的专业。新入学的学生被分为文科一、二、三与理科一、二、三类,其中文科一类学生以法律与政治为中心,文科二类学生以经济学为中心,学习相关的社会科学、人文科学以及自然科学知识。

教育学院前两年的课程又分为前期课程与后期课程。在前期课程中,东京大学十分重视外语教育,以培养六类学生对异域文化的理解、吸收能力。无论文理科生,都需要学习外国语,除英语外,学生须从德语、法语、中文、俄语、西班牙语、韩语、意大利语当中选择一门外语作为必修科目。

在英语学习方面,东京大学重视英语学术阅读、翻译及会话的能力,自 2008 年起为理科一年级新生、2013 年起为文科一年级新生设置了 ALESS(Active Learning of English for Science Students)项目、ALESA(Active Learning of English for Students of the Arts)项目。此项目不仅限于使学生具备使用英语书写、会话的能力,还有使用英语进行学术论文写作与参与国际会议等场合所必要的发表意见及回答问题的能力。一年级新生必须选择一个学期完成此项目要求课程并取得学分,项目全程使用小班授课的方式(每个班级 15 人左右),并在每学期将学生使用英语写作的论文汇编成书。FLOW(Fluency-Oriented Workshop)项目则是东京大学为提高一年级新生英语水平所打造的另一个项目,一年级新生几乎需要全员参与,在为期七周的时间内修完所有项目课程,该项目采取全英文授课方式,主要目标是使学生能够掌握使用英语进行学术讨论等口语表达技能。

除重视语言学习外,东京大学也十分重视学生对跨学科、跨国境知识的学习。教育学院针对文科生开展的后期课程主要围绕三个主题设置:"超域文化科学"、"地域文化研究"与"综合社会科学"。学生在后期课程的学习中,需要选择自己感兴趣的主题与主题下设置的不同学习路线,东京大学为学生设计了 18 条学习路线,不同路线所需学习的课程也有所不同。超域文化科学跨越国境的限制,主要教授人类文化与语言之间的动态互动相关课程,包括"文化人类学""比较文学比较艺术""现代思想”“跨学科语言科学”等学习路线。地域文化研究以世界几大地域为对象,教授各地域内各学科当前的先进研究成果,包括“意大利研究”“法国研究”“北非研究”“拉丁美洲研究”等学习路线。综合社会科学每年仅接受35名左右的学生,下设“相关社会科学”与“国际关系论”两条学习路线。“相关社会科学”路线主要教授社会科学多个领域,帮助学生全面理解社会现象,选择“国际关系论”路线的学生主要学习世界上各国间的复杂关系、国际法、国际政治、国际经济,从多角度对全球化背景下的国际社会进行研究。

完成前两年的学习后,在第三学年选择法学作为专业的学生则正式进入东京大学法学院学习。法学院从一开始就根据学生未来的就职方向设置了三条路线:法学综合路线、法律职业路线及政治路线。法学综合路线为希望对法学进行全面学习的学生打造;法律职业路线为希望从事法官、检察官及企业律师的学生打造;政治路线为希望进入中央机关、地方政府等领域的学生打造。三条路线所要求的必修科目、选择必修科目都有所不同。东京大学还为选择法学综合路线的学生开设了“国际贸易法律事务”项目。除知识产权法、国际私法、亚洲商业法、国际商业法等必修科目外,参与该项目的学生必须从英美法、法国法、意大利法及中国法相关课程中选课并修2学分以上,完成项目相应课程并获得认定的学生,将被授予证明书。

东京大学的培养模式具有重视外语学习、国别教育、通识教育,以职业为导向,课程细分的特点,这样做有助于帮助学生掌握全面的人文社科知识、外语应用能力、国别知识,并培养适应不同领域需求的涉外法治人才。例如,学生若有志从事日本与意大利之间的国际贸易事务,在第一、二学年可以选择学习意大利语,并在后期课程中选择“意大利研究”课程路线,第三学年进入法学院后可以选择法学综合路线,并参与“国际贸易法律事务”项目。

事实上,除了早稻田大学和东京大学外,日本许多大学的法学院,包括法政大学、日本大学、京都大学、明治大学,都采取了这种以未来职业方向为导向的课程选择结构,根据不同的职业方向,学生选择不同的课程进行学习。它们也看到了世界全球化不可阻挡的趋势,为学生开设地域研究专门课程,学习不同国家的法律、文化、社会制度等,并且除了法学外,学生还要学习大量其他人文社科领域的知识,如政治学、语言学、国际关系学、文学、哲学、经济学等,正如南海仲裁案与杨良宜先生所举案例当中所体现的那样,这些领域与法学有着千丝万缕的关系,在涉外法治人才的培养过程中绝不应当被忽视。

(二)欧洲

荷兰莱顿大学是欧洲最具声望的大学之一,其法学院在2020年泰晤士高等教育世界大学排名法学学科中位居第24位⑳。莱顿大学本科与硕士阶段的法学教育同样体现了课程细分的教学理念。莱顿大学设置的法学学士学位(LL. B.)下的专业种类繁多,包括法学经济学(Law-Economics)方向、国际商法(International Business Law)方向、创业与管理(Entrepreneurship and Management)方向、税法(Tax law)方向等,而其为法律硕士(LL. M.)阶段开设的专业方向更加丰富,且包含诸多与涉外因素有关的方向,比如空间法(Air and Space Law)、欧洲与国际商法(European and International Business Law)、欧洲与国际人权法(European and International Human Rights Law)、国际儿童权益(International Children's Rights)、国际争议解决与仲裁(International Dispute Settlement and Arbitration)、国际刑法(International Criminal Law),以及和平、公正与发展(Peace, Justice and Development)(此方向教授学生关于国际社会治理机制,实现国际社会公正与人权保障等内容,包括人权法、投资法、争议解决法、可持续发展法等领域相关课程)。在法学院为法律硕士设置的24个方向中,有11个方向主要研究国际领域有关问题。

欧洲的其他一些顶尖法学院,也十分注重对涉外法治方向人才的培养。德国慕尼黑大学的法律硕士(LL. M.)仅有两个方向可供选择:一是德国国内法方向,二是欧洲与国际经济法(European and International

---

⑳ 参见《泰晤士高等教育世界大学排名法学学科》,载泰晤士高等教育网2021年7月3日,https://www.timeshighereducation.com/world-university-rankings/2021/subject-ranking/law#!/page/0/length/25/sort_by/rank/sort_order/asc/cols/stats。

Economic Law)方向,除了国际公法、国际私法以及欧洲法律之外,该方向的学生还需要学习比较法、法国法入门、英美法入门等课程。比利时鲁汶大学的法律硕士项目也只开设两个方向:一是国际与欧洲商法(International and European Business Law),二是国际与欧洲公法(International and European Public Law),除国际公法与国际经济法传统课程外,还设置了中国与国际政治、欧洲视角下的中国法、高级谈判、非欧洲法律体系入门、法律与人类学等课程。由此可见,欧洲大学的法学院法律硕士阶段在要求学生学好国际法的同时,也十分注重学生对国别法的学习。

(三)美国

日本大学的法学院主要通过授课向学生传授涉外法治相关的知识,而美国的大学似乎更倾向于通过实践帮助学生了解其他国家的法治、社会、风土人情,以此培育学生的全球视角。

1. 哈佛大学法学院。哈佛大学在 2021 ~ 2022 学年为学生提供了 100 多门具有国际因素、涉及因素、比较因素或外国法相关的课程,并开设了相关研讨会及读书小组。在哈佛大学学习的法律博士(J. D.)学生至少需要学习一门此类课程。在一般课程之外,哈佛大学还在校内设置了 23 个教学实训基地(In-House Clinics),学生在实训基地当中,在教授或讲师的指导下帮助解决真实案例、探讨全世界范围内发生的热点事件。例如,国际人权实训基地(International Human Rights Clinic)的老师及学生对巴西监狱的状况进行了调研。带教老师与学生亲自来到巴西最大的监狱之一,Anibal Bruno 监狱实地调查,并对被监禁的囚犯进行了采访。来自哈佛谈判与调解实训项目(Harvard Negotiation and Mediation Clinical Program)的两名学生则在 2016 年亲自前往不丹,对不丹的传统纠纷解决体系进行了调查与评估,截至 2016 年,不丹还没有一所法学院,因此大部分纠纷都是通过传统方式如调解解决的,2017 年不丹即将开设第一所法学院,因此,两名学生对如何结合法律手段与传统方式解决纠纷进行了研究。

除了校内实训基地外,哈佛大学还提供一些特别项目,除了与国外高校合作的学生交流项目外，还有一些其他特殊的项目，如在冬季学期资助学生去往国外进行为期三周的调研，帮助学生学习并亲身体验国外法律文化。以冬季学期出国旅行资助项目（Winter Term International Travel Grant Program）为例，过去申请该项目通过的学生，可以前往世界各地对当地的风土人情、政策、制度等进行调研，如调查日本的农业贸易政策、老挝与水利发电工程相关的环境法等。

哈佛大学还设立了25个研究项目和研究中心，其中许多都致力于对国际或世界上某一国家、地区相关问题、事件、法律制度等进行研究，如“东亚法律研究项目”“人权项目”“穆斯林世界法律与社会项目”等，大部分研究机构是在社会相关人士、组织或研究机构自身成员的资助下设立并运行的，这些机构有着自己的研究方向，并为哈佛大学的学生提供项目资金，赞助学生进行相关研究。以哈佛大学的“全球法律与政策机构”（Institute for Global Law & Policy）为例，该机构致力于研究国际政策，为解决不平等、贫困等国际问题提供创新平台。该机构自2011年起开设了“合作研究助学金”项目，两到多名学生可以组成一个队伍，申请获取该项目资金，申请资料包括对研究项目的介绍、个人简历及预算表，获得批准后每组每年可获得500～5000美元的资助，研究主题须与全球法律与政策相关。往年获得资助的研究主题包括“国际公法的法学教育：重新考察拉丁美洲经验”“国际刑法的批判性思考”等。[21]

2. 耶鲁大学法学院。耶鲁大学法学院也为对涉外法律制度及国际问题感兴趣的学生提供了许多实践机会。如资助学生在寒假或暑假期间以研究为目的进行国际旅游（International Research Travel Policy），申请通过后，学生在一名老师的带领下，前往其他国家，采取实地采访、调查、收集当地文献等的方式展开研究。在2019～2020年的项目中，有学生前往埃塞俄比亚的亚的斯亚贝巴，对埃塞俄比亚于2019年1月17日通过的《新难民法》在亚的斯亚贝巴的执行情况进行研究；有学生前往荷兰和丹麦，研究两国的刑事司法改革制度；有学生前往上海，研究中国

㉑ 《哈佛法学国际法学研究项目事宜》，载哈佛大学法学院官网2021年7月3日，https://hls.harvard.edu/dept/ils/。

律师在“一带一路”倡议背景下如何参与中国不断扩张的对外投资与基础建设。

除出国实践项目外,与哈佛大学类似,耶鲁大学校内也设置了许多研究中心与项目,主要研究国际法律制度、地域差异等含有涉外因素的主题,如“比较行政法项目”“中东法律研究会议”“耶鲁大学全球法律挑战中心”等。以耶鲁法学院的“蔡中曾中国中心”(The Paul Tsai China Center)为例,该中心设立于1999年,致力于研究中国法治改革以及加强美国对中国的了解。该中心在耶鲁大学和北京大学均设有办公处。耶鲁大学的学生可以通过参与该中心的项目对相关问题进行研究,参与该中心每周围绕中国法治问题举办的研讨会,该中心还为学生提供于夏季前往中国开展实地研究的机会。

此外,耶鲁大学还为希望参与国际法律类竞赛的学生提供资助,如由美国国际法学生联合会主办的杰塞普国际法模拟法庭大赛(Philip C. Jessup International Law Moot Court Competition)、由联合国贸易法委员会与维也纳大学联合举办的威廉·维斯国际商事仲裁模拟法庭比赛、世界人权模拟法庭大赛(World Human Rights Moot Court Competition)等国际性赛事。㉒

四、涉外法治人才培养路径探析

受到新冠肺炎疫情的影响,境外交流受到阻碍,许多学生出国深造的计划也被迫搁浅,因此,为我国培育涉外法治人才的任务更多地落到了国内高校的肩上,目前我国国内高校法学院的课程设置、专业划分仍无法满足培育涉外法治人才的需求,结合域外经验与我国的实际情况,笔者提出以下几点建议:

㉒ 《耶鲁大学院系项目设置事宜》,载耶鲁大学官网2021年7月3日,https://www.yale.edu/academics/departments-programs。

（一）注重学生外语应用能力的培养

语言是“走出去”的第一步，没有语言，即使脑海里的知识再丰富，也无法向他人表达。我国目前大部分院校法学院在本科阶段仅针对英语开设了相关课程，但英语教学目前存在以下几个问题：一是不同专业所学英语教材几乎统一，且内容主要与日常交流相关。二是多注重学生的阅读、词汇背诵能力，对我国学生普遍较弱的口语能力和学术写作能力未能提出针对性方案。三是囿于书本，未向学生提供足够的语言运用实践机会。

首先，法学院的英语教学应当根据本专业自身的特点设置，使用统一教材就无法将法学知识与语言结合起来，结果仍是法学是法学，英语是英语，仿佛两条平行线没有交点。因此，法学院应当开设法律英语相关课程，并且具有针对性，例如，海商法英语、知识产权法英语等。

其次，英语的学习主要还是落到应用能力上，书写、会话缺一不可。学校应当开设提高学生学术写作能力及学术讨论、交流能力的相关课程，并可以将英文论文写作作为课程期末考查方式。

最后，除英语外，学生应再辅修一门外语。我国长期注重英语的教学，这里面有历史的原因，但是在全球化趋势与互联网的发展下，世界各国的交流越来越便利、越来越紧密，随着改革开放和“一带一路”倡议不断推进，我国和越来越多的国家建立了联系，学习其他语言也变得十分重要，譬如，联合国的官方工作语言就包括英语、法语、西班牙语、俄语、阿拉伯语、汉语等。尽管英语使用人口分布十分广泛，但并非全球通用语言，并且从《区域全面经济伙伴关系协定》的签订与《中欧投资协定》的曲折发展中可以看到，中国正在且未来将与更多英语并非其官方语言的国家进行经济、政治、文化等各方面的交往。因此，若法学院为学生开设除英语外的第二外语作为必修课程，将对我国涉外法治人才的培养起到极大的推动作用。

（二）完善知识结构，细分课程、专业方向，以未来职业为导向

从目前我国本科阶段的法学教育来看，课程设置主要还是国内法、国际法，缺乏其他领域的人文社科课程，同时，几乎仅注重国际法的学

习,而忽视国别法的学习,并且对学生的培养方向也不明确。举例来说,一名国际经济法专业的学生,要学习国际组织法、国际刑法、国际投资法、国际人权法、海商法、国际知识产权法等课程,但学到最后,好像什么都懂一些,但哪一科都不精通,若未来希望致力于涉外贸易法律事务,确实懂一点海商,但海商又涉及信用证、航运、各国海关行政法等,之前学过的国际刑法、国际人权法派不上很大用场,海商法又只学了个大概;若希望进入从事对外贸易的外企,因为缺乏国别法的学习,对该企业所在国法律又丝毫不熟悉。这里的问题在于,供给学生选择的课程没有考虑到学生未来的职业规划,并按照这些规划的逻辑来设置课程。目前,许多高校都在研究生阶段为学生设置了更专业化的选择方向,例如,中国人民大学法学院为法律硕士(非法学)专业设置了国际型比较法律人才方向、国际商事争端预防与解决方向,北京大学法学院为法律硕士(非法学)专业设置了国际商法、国际公法方向,浙江大学光华法学院为法律硕士(非法学)专业设置了涉外(国际组织)法务方向。[23] 这固然可喜,但硕士阶段学生人数不及本科,学习时间长度也不及本科,且为法律硕士(非法学)专业作出此种设置,也许是考虑到了本科专业为语言的同学在此方面更加有优势,那么在本科阶段就开始培养法学学生的语言能力、以职业为导向细化课程方向,也许效果会更好。同时,在硕士阶段,目前的方向划分还不够细致,举例来说,笔者认为,涉外(国际组织)法务方向所包括的范围过大,国际组织名目繁多,涉及领域也五花八门,包括刑事、商事、仲裁、国际空间等,因此有必要对硕士阶段学生的主攻方向做出更细致、更专业的划分。

要实现不同类型的涉外法治人才的培养,结合域外经验,可从职业化、通识化、地域化方面对本科阶段的法学学习进行优化,从专业化角度对研究生阶段的法学学习进行优化。在本科阶段,结合日本法学院的培养模式,法学院的本科课程设置需注重培养学生在法学之外其他人文社科的素养,如哲学、文艺、历史、政治、经济等,解决其知识结构的不平衡

---

[23] 参见郭一达:《新时代涉外法治专业人才队伍培养路径探析》,载《中国司法》2021年第3期。

性问题,并以学生未来职业方向为导向,结合我国对不同类别涉外法治人才的需求对课程进行细化。《关于发展涉外法律服务业的意见》在四个方面提出了对涉外法治人才的需求:(1)为"一带一路"等国家重大发展战略提供法律服务。(2)为中国企业和公民"走出去"提供法律服务。(3)为我国外交工作大局提供法律服务。(4)为打击跨国犯罪和追逃追赃工作提供法律服务。据此,法学院的课程设置可以划分为几条路线:(1)企业涉外律师、法务。(2)国家公务员、国际公务员。(3)司法机关相关职务。举例来说,将来希望从事涉外律师、法务的学生,课程选择的重心放在民法、商法、国际仲裁等上,而在这类学生内部又可以按照地域划分出不同的课程路线,并与学生所选择的第二外语结合起来。例如,除必修的国内法与国际法课程外,学校可以为选择德语作为第二外语的学生提供德国法律、社会制度、文化艺术相关的一套体系完整、全面的相关课程,通过这种课程、方向细化的方式,向外输送专业化程度更高、更符合不同职位需求的涉外法治人才。

同时,对硕士阶段的研究方向也应作出进一步的细分。需知无论是希望进入国际组织工作还是在与其他国家进行贸易时为我国企业、公民提供涉外法律服务,中国的涉外法治人才均是在世界范围内与其他国家的人才竞争的。以联合国为例,其下属机构数不胜数,专注领域各有不同,如联合国环境规划署、儿童基金会、国际海事组织、世界知识产权组织等。若是竞争联合国儿童基金会内的某一岗位,国际公法方向毕业的中国硕士研究生与莱顿大学国际儿童权益方向毕业的法律硕士,从概率上看,竞争力会存在一定差距;而若希望进入国际刑事法庭工作,国际刑法方向的学生从概率上看仍然比国际公法方向的学生更具有竞争力。若要向联合国输送中国涉外法治人才,高度专业化是大势所趋,在对外贸易、国际仲裁等其他领域也是如此。

(三)完善教学实践培养机制

要培养具有全球视野、国际思维的涉外法治人才,除完善知识结构外,实践是必不可少的一环。我国目前的教学模式主要是以书本授课为主,结课则是以考试方式为主。这一模式的缺陷在于,学生为通过考试,往往对书本知识死记硬背,而忽视了使用知识去解决我国、其他国家、国际上出现的新问题。尽管大部分学校对学生毕业有实践要求,但此类实践往往是前往国内律所或法院实习数月,所学到的几乎全是与国内法相关的实务知识,与涉外因素关系甚微。当然,目前我国法学院校与国外院校之间开设了许多学生交流项目以及联合学位项目,对于开拓学生视野、促进中外法治人文交流是十分重要的方式,但由于大部分项目具有人数限制且受到疫情影响,这一方式所起的作用远远无法满足我国对涉外法治人才日益增长的需求。

因此,国内高校应更多地通过自行或与社会组织合作,为学生提供了解、研究、调查其他国家与国际社会相关问题的机会,促进学生对国别差异的了解,培养学生的全球视野。

国内高校应当通过自身的资源为学生提供实践机会。第一,应当支持学生社团举办和参与模拟联合国等的国际青年赛事,通过资助等方式,支持学生参加全国性、国际性模拟联合国活动以及其他与法律尤其是国际法相关的赛事,例如,杰塞普国际法模拟法庭大赛、威廉·维斯国际商事仲裁模拟法庭比赛、世界人权模拟法庭大赛、国际刑事法院模拟法庭比赛、国际商事调解竞赛等。第二,应当为学生进入国际组织实习开发推送机会,持续拓宽校内外教职员工、合作伙伴、校友等资源,为学生提供赴国际组织实习的直接推荐渠道。第三,开发学生出国调研项目,制定相关要求,例如,要求学生撰写符合要求的研究主题立项书等,学生通过申请后可获得资助,在高校教师的带领下前往国外实地调研与该地有关的法律、社会、经济等问题,并形成调研报告。

国内高校通过与社会组织合作,为学生提供实践机会,应当设立国际法、国别法相关研究中心与项目。美国高校的研究中心或项目的资金部分来自社会组织,资助学生开展创新性研究,培养学生在书本之外运用知识研究问题、解决问题的能力。国内的例子可以参考“智能基座”项目,该项目是教育部高等教育司与华为共同设立的产教融合协同育人基地项目,首期覆盖全国72所信息领域领先高校,将华为在华为云、鲲鹏、昇腾等技术领域知识与高校信息类专业课程相结合,为新计算产业创新培养新生力量。华为将联合清华大学出版社、各高校学科带头人，面向高校师生及开发者陆续推出鲲鹏、昇腾系列学习教材和教辅资料以及开展相应的学研活动，比如，承接科研任务等。[24] 这种产学合作，以高校为孵化基地，为企业等社会组织培养并在未来输送人才或承接社会组织研究项目的模式，在涉外法治人才的培养中应当予以重视。高校可以与亟须国际法、国别法领域人才的律所，参与对外贸易的中国企业，国际组织，非政府组织等展开合作，依托高校法学院人才，设立研究中心或项目，开展编写教材、开设课程、选拔学生加入研究中心或项目、邀请组织人员分享经验、举行圆桌会议等活动，并为学生提供合作组织实习机会等。

五、结语

我国对外开放面临新形势新任务，涉外法律服务业在全面依法治国、经济社会发展、推动建立新型大国关系中的作用更加显现。涉外法律服务业的发展离不开涉外法治人才的培养，在未来，对涉外法治人才的需求有增无减，国内高校应尽快采取相应措施，建立科学的、职业化的教育体系，加强社会、国际合作，为维护国家安全稳定，增强我国在国际法律事务中的话语权和影响力，维护我国公民、法人在海外及外国公民、法人在我国的正当权益输送专业化、具有国际竞争力的涉外法治人才。

---

[24] 参见鲁勇：《教育是未来，人才是基石，联合教育部夯实“智能基座”项目》，载《新华每日电讯》2021年5月20日。

Research on Cultivation of Legal Service Talents on Foreign-related Matters

Wu Qiaofang

Abstract: Taking the re-trial application of Sun Yang's case in 2020 and the South China Sea Arbitration Case unilaterally initiated by the Philippines in 2013 as the introduction, the paper raises a common issue in the foreign-related disputes, namely, the lack of Chinese voices in the field of rule of law in foreign-related matters. The cause of this problem is the lack of the high-level rule-of-law talent who are competitive in foreign-related legal disputes in China. This paper analyzes the core challenges in the cultivation of the rule-of-law talent who can handle foreign-related legal disputes in terms of foreign-related knowledge structure and ability in foreign language application. The paper also examines the model of cultivating rule-of-law talent in top law schools in Japan, Europe and the United States as the exploratory path and reference for the path of cultivating rule-of-law talent who are competitive in foreign-related legal disputes in China.

Key Words: rule of law in foreign-related matters, talent cultivation, model, path

以“三进三融”创新高素质法治人才培养模式

王月明* 鲁 慧**

摘 要：习近平法治思想是新时代法治中国实践的思想旗帜和行动纲领，是我国法学教育和法治人才培养的根本遵循。华东政法大学立足法学底蕴和人才培养优势，在认真深入学习领会习近平法治思想的精神实质基础上，将“立足中国、兼收并蓄、面向未来、体现特色”作为习近平法治思想深度融入法学人才培养的总体定位，兼顾法学教育与学校发展定位的历史性与现实性、全局性与地方性、共识性与创新性等实践特征，着力从人才培养体系、学科建设体系、学术话语体系、社会服务体系四位一体来全面和系统地阐释习近平法治思想，拓展法治教育具体内涵，打造习近平法治思想“三进三融”创新法治人才培养模式的地方法学院校特色样本。

关键词：习近平法治思想　依法治国　高素质法治人才

* 王月明，华东政法大学教授，博士生导师。研究方向：宪法、行政法。

** 鲁慧，华东政法大学助理研究员。研究方向：高等教育管理。

一、习近平法治思想是新时代法治中国实践的思想旗帜和行动纲领

党的十八大以来,习近平总书记围绕依法治国发表了一系列重要讲话,深刻论述了新时代我国法治化进程的重大理论和实践问题,发展了中国特色社会主义法治理论,形成了具有鲜明时代特征、理论风格和实践面向的习近平法治思想。习近平法治思想是以习近平同志为核心的党中央领导人民推进法治中国建设的集体智慧的结晶,是统领新时代中国法学理论研究的制高点,是新时代建设中国特色社会主义现代化法治强国的理论支撑。

习近平法治思想坚持问题导向,既有马克思主义法学的立场、观点和方法,又充满时代气息和理论创新的特点和品格,从历史和现实相贯通、国际和国内相关联、理论和实践相结合的高度,深刻回答了新时代"为什么要搞法治、建设什么样的法治、怎样建设法治"等一系列重大问题,是马克思主义法治理论中国化的最新成果,是习近平新时代中国特色社会主义思想的重要组成部分,是新时代推进全面依法治国的行动指南。其核心要义是习近平总书记在中央全面依法治国工作会议上概括的"十一个坚持"①,贯穿了习近平总书记波澜壮阔的治国理政历程。习近平法治思想的不断发展和成熟,指引法治中国建设按下快进键,也成为新时代法学教育和法治人才培养的根本遵循。

---

① 习近平法治思想的"十一个坚持"为:坚持党对全面依法治国的领导;坚持以人民为中心;坚持中国特色社会主义法治道路;坚持依宪治国、依宪执政;坚持在法治轨道上推进国家治理体系治理能力现代化;坚持建设中国特色社会主义法治体系;坚持依法治国、依法执政、依法行政共同推进,法治国家、法治政府、法治社会一体建设;坚持全面推进科学立法、严格执法、公正司法、全民守法;坚持统筹推进国内法治和涉外法治;坚持建设德才兼备的高素质法治工作队伍;坚持抓住领导干部这个"关键少数"。

二、习近平法治思想是我国法学教育和法治人才培养的根本遵循

“培养什么人”的问题是教育首先要解决的问题。时代不同,法学教育培养的目标也各不相同。新中国成立初期,百废待兴,我们需要的是一大批“政法干部”②,以巩固新生政权,打击违法犯罪行为,稳定社会秩序。改革开放新时期,社会秩序经济发展得以恢复,大量的立法研究需要学术的支持、司法实践需要职业法律人才,为满足这一需要,法学院开始扩招,法学专业人才培养进入快车道。进入21世纪以后,教育部和中央政法委组织实施了“卓越法律人才”教育培养计划③,全面落实“依法治国”基本方略,培养、造就一批适应社会主义法治国家建设与经济社会发展需求的高素质政法人才,重点培养应用型、复合型法律职业人才、涉外法律人才、西部基层法律人才。进入新时代,习近平总书记明确提出要培养“德法兼修的高素质法治人才”的新目标。从“法律人才”到“法治人才”④,虽一字之差,却有着丰富的内涵,体现了中国法学高等教育的新的发展目标。

2014年10月召开的党的十八届四中全会,从建设中国特色社会主义法治体系、建设社会主义法治国家、为建设法治中国而奋斗的战略目标出发,谋划和部署法治人才培养工作。习近平总书记在全会讲话中明确指出,全面推进依法治国,建设一支德才兼备的高素质法治队伍至关重要。⑤ 2015年1月,习近平总书记在《求是》杂志发表《加快建设社会

② 参见张松、徐立:《周恩来与新中国成立初期的政法工作》,载《党的文献》2019年第4期。

③ 参见教育部、中央政法委员会《关于实施卓越法律人才教育培养计划的若干意见》(教高〔2011〕10号),载教育部网,http://www.moe.gov.cn/srcsite/A08/moe_739/s6550/201112/t20111223_168354.html。

④ 参见杨宗科:《论“新法学”的建设理路》,载《法学》2020年第7期。

⑤ 参见习近平:《中共中央关于全面推进依法治国若干重大问题的决定》,载人民网,http://cpc.people.com.cn/n/2014/1024/c64094-25898158.html。

主义法治国家》的署名文章,指出,我国专门的法治队伍主要包括在人大和政府从事立法工作的人员,在行政机关从事执法工作的人员,在司法机关从事司法工作的人员,律师队伍是依法治国的一支重要力量。⑥

2017年5月3日,习近平总书记在中国政法大学考察时充分肯定了我国法学教育和法治人才培养的成就,要求加强法学教育、法学研究工作者和法治实际工作者之间的交流,培养大批高素质法治人才。同时,他也指出了我国法学教育和法治人才培养存在的一些问题和不足,例如:有的法学教育重形式轻实效、法治人才培养重专业轻思想政治素质;法学学科结构不尽合理,法学学科体系、课程体系不够完善、与其他学科交叉融合还不够;有的学科理论建设滞后于实践,不能回答和解释现实问题;法学教育知识教学和实践教育结合不够,实际工作部门的优质实践教学资源引进高校的力度不够等。⑦

2018年8月24日,在中央全面依法治国委员会第一次会议上,习近平总书记系统提出全面依法治国新理念新思想新战略,其中包括"坚持建设德才兼备的高素质法治工作队伍"。他强调,要坚持立德树人、德法兼修,创新法治人才培养机制,努力培养造就一大批高素质法治人才及后备力量。⑧ 2020年11月16日至17日召开的中央全面依法治国工作会议,会议明确提出"习近平法治思想"的科学概念,习近平总书记指出,"要坚持建设德才兼备的高素质法治工作队伍",加强理想信念教育,深入开展社会主义核心价值观和社会主义法治理念教育,推进法治专门队伍革命化、正规化、专业化、职业化,确保做到忠于党、忠于国家、忠于人民、忠于法律⑨。

---

⑥ 参见习近平:《加快建设社会主义法治国家》,载《求是》2015年第1期。

⑦ 参见习近平:《立德树人德法兼修抓好法治人才培养 励志勤学刻苦磨炼促进青年成长进步》,载《人民日报》2017年5月4日,第1版。

⑧ 参见习近平:《加强党对全面依法治国的集中统一领导更好发挥法治固根本稳预期利长远的保障作用》,载中华人民共和国中央人民政府网,http://www.gov.cn/xinwen/2018-08/24/content_5316286.htm。

⑨ 参见《习近平在中央全面依法治国工作会议上强调 坚定不移走中国特色社会主义法治道路 为全面建设社会主义现代化国家提供有力法治保障》,载人民网,http://cpc.people.com.cn/n1/2020/1117/c64094-31934454.html。

由此可见,习近平总书记对于法学教育改革和法治人才培养的重视程度之高、论述范围之广、思想内涵之深均前所未有,为新时代我国法学教育和法治人才培养工作高质量发展指明了方向,提供了根本遵循:培养德法兼修高素质法治人才的思想是习近平法治思想的核心组成部分。习近平总书记关于法治人才培养的新理念新思想新战略,是法学教育的行动指南,高质量的法学教育是高素质法治人才培养的奠基工程。

三、深入贯彻落实习近平法治思想,培养高素质特色化法治人才

华东政法大学处于我国法治人才培养的第一线,承担了大量的人才培养任务,积极回应建设中国特色社会主义法治体系、建设社会主义法治国家的发挥发展战略,致力于将“立足中国、兼收并蓄、面向未来、体现特色”作为建设习近平法治思想深度融入法学人才培养的总体定位,兼顾法学教育与学校发展定位的历史性与现实性、全局性与地方性、共识性与创新性等实践特征,着力从人才培养体系、学科建设体系、学术话语体系、社会服务体系四位一体的角度来全面和系统地阐释习近平法治思想,拓展法治教育具体内涵,打造“三进三融”创新法治人才培养模式的地方法学院校特色样本。

(一)“三重三立”夯筑法治人才培养基本规格

华东政法大学作为中国法学教育的重镇,一直将立德树人作为办学的基本指导思想,在拓展学生专业素养的同时,注重加强学生的思想政治教育,提升学生的道德素质与思想境界,重德、重法、重底蕴,构筑起一套以法治思想引领、法律方法教习、法律精神传承的全过程立体维度“立德、立能、立格”的高素质法治人才培养基本规格。秉持“重德”理念,以法学课程思政主干课深度融入人才培养全过程,以社会主义核心价值观之“法”、符合中国国情之“法”、解决中国现实问题之“法”为培养政治过硬的高素质法治人才“立德”。秉持“重法”理念,法学理论教育和实务培养双轮驱动,为培养“用得上、信得过、干得好”法治中坚力量“立能”;

秉持“重底蕴”理念,在全国政法院校中率先开展书院制改革,以通识教育为基础、养成教育为手段,知识、能力、素质、智慧培养为核心,以君子人格培育为目标,为“强基础、厚底蕴”法治人才“立格”。

(二)以“三进三融”构建“入脑、入耳、入心”法治人才培养体系

1.将习近平法治思想深度融入法学课程育人体系中。紧紧围绕中国特色社会主义法治道路核心要义和法治实践,着力推动法治系列课程建设从西方话语体系主导到中国话语体系主导的转变,实现中国特色社会主义法治理论课程创新和体系完善,全面升级法学专业课程体系。以“习近平法治思想概论”“法律职业伦理”“法治中国”等几门核心课程驱动,带动辐射其他主干课程建设,将中国特色社会主义法治理论全面渗透到法学专业“10+X”门法学核心课程教学中和法学实践教学中去。

2017年,华东政法大学在全国首开“法治中国”全校公选课,构建“大思政”教育格局。组织法学名家、一线实务专家走上讲台,以“深入学习宪法,推进全面依法治国”“新时代依法行政新制度与新实践”“法治的来龙去脉”“程序公正与司法进步”“民法的基本精神”“法治的历史与现代——从《乡土中国》谈起”“公司法与国家竞争力”“发展中的刑事司法理念”“国际法与中国对外交往”“民法典的历史地位与现实意义”等贴合新时代中国法治发展进程和实践成果的专题螺旋式滚动推进,覆盖全校师生进行宣讲,以中国法治讲好“中国之治”,弘扬中国特色社会主义法治理念,培养学生成为温暖而有正义感的法治人。

2019年,学校在沪上首开“法律职业伦理”必修课程,紧密结合中国法治建设国情开展法学职业伦理教育,邀请国家和上海市各级司法系统法治标兵和楷模走进课堂,开设“法官职业伦理、检察官职业伦理、仲裁员职业伦理、律师职业伦理、企业法律顾问职业伦理”等专题,并通过开展大量的案例研习和“法律诊所”式的实践实训,让学生在实践中体察外部社会对法律职业的伦理期待,实现法治意识的培养、“公正”意识的塑造、法律权威意识的浸润,引导其思考和规划出理想的法治人格。

2021年,学校成为全国高等院校中最早成立习近平法治思想研究中心,并全面、系统开设“习近平法治思想概论”课程的高校之一。书记、校长亲自领衔,汇集一流法学专家、教授,充分吸收法学理论研究阐释成果,并以习近平重要论述文献为依据,精心设计课程教学内容体系,围绕“人民至上的法律本体观”“公平正义的法律价值观”“立法思想”“执法思想”“司法思想”“守法思想”“法律监督思想”等8个专题形成教学大纲,理论上讲清习近平法治思想的核心要义,突出“以习语讲习思想”的授课特色,并同步启动习近平法治思想进教材,组织专家开展课程研究、教材编制和教学模式改革创新工作,目前已完成教材大纲的编写。

2.课程思政全面融入“10+X”法学主干课程建设。学校秉承“课堂教学是育人的主渠道、主阵地”的教育理念,以点带面、层层推进,以“课程思政领航计划”为抓手,将中国特色社会主义法治理论以“盐溶于水”的形式全面渗透到法学专业“10+X”门法学核心课程的各章节和专门章节的教学中,构建中国特色社会主义法治理论课程体系。实现法理学、宪法学、法史学、民法学、刑法学等14门主干课程思政门门全融入、课课讲育人的法学专业课程思政矩阵体系。在立足本土、兼收并蓄、传承发展的基础上,形成极富特色的“以请求权为基础”的民法案例式教学、模拟律师事务所嵌入式教学、国际法庭审辩论式教学、全员双导师沉浸式教学等法学特色课程思政授课模式,其中“国际公法”入选教育部课程思政示范课程、教学名师和团队。

学校引导法学教研团队建设法学专业课程思政优秀教学案例库,组织法学教研团队在全国率先编制法学专业课程思政教学指南,使法学教育既能解“专业之渴”,又能解“思想之渴”。在案例教材和专业指南的建设中,牢牢把握法学课程的专业特色,力求厘清习近平法治思想的理论逻辑、历史落实和实践逻辑,让课程都能深入浅出、入脑入心,引导法学学生从“知其然”拓展为“知其所以然、知其所必然”。

3.将“教学研训”一体深度融入法律实践教育体系。学校创新教育形式,拟打造全国首家习近平法治思想的大学生教育实践的专门基地,建设“教学研训”的思维一体法律实践教育体系。设立习近平法治思想研习室,通过开设法学案例研习课程,开展模拟法庭、法律援助、法律助理等多项品牌实践实训项目,从鲜活的案例和体验中让学生萌发出对习近平法治思想如何引领法治中国建设进程的真实感知,并进一步体察到如何以习近平法治思想为指导,回应好国家和社会对法律人的期待,引导其思考和规划出理想的法治人格。

学校联合司法实务部门,紧密结合法治中国、法治上海建设实际,紧紧围绕习近平法治思想的核心要义和中国特色社会主义法治道路实践,邀请施净岚、周欣等国家和上海市各级司法系统法治标兵、楷模和实务专家走进第二课堂,直接对话学生,积极回应学生关注的法治建设焦点问题,力求培养崇尚法律思维、拥有法律信仰,时刻将国家利益牢记心头的社会主义法治建设者和接班人。

成立"青年导师团",开展"最高人民法院第三巡回庭实习生"等项目,探索高校—律师事务所共同培养的机制,1:1结对开展"名师高徒"活动,与校内教师共同为学生上大课、讲大势、传大道。引导学生在实践中深入思考"习近平法治思想"的内涵与意义,力求做到理论和实践丝丝相连、环环紧扣,实现法学专业教育与价值观教育的"同频共振"。

(三)形成"教学带动科研,科研反哺教学"的"双螺旋"项链模式

1.建立习近平新时代中国特色社会主义思想研究基地。在上海率先成立习近平法治思想研究中心,深入学习宣传贯彻习近平法治思想,深入开展中国特色社会主义法治理论研究。持续深化习近平法治思想理论研究、加强学术阐释、丰富研究成果、扩大学术影响,将研究中心建设成为习近平法治思想研究和阐释的共同体,上海乃至全国习近平法治思想的研究新高地、高效治理的理论策源地,更重要的是将其建成法治人才培养、法治精神养成的方案输出地。

2.打造习近平新时代中国特色社会主义涉外法治人才培养高地。面对当今世界百年未有之大变局,习近平总书记提出"携手构建人类命运共同体"理念,[10]能否满足统筹推进国内法治和涉外法治工作的需要是检验法治人才培养模式和培养质量的关键。华东政法大学立足中国、兼收并

---

[10] 参见习近平:《决胜全面建成小康社会 夺取新时代中国特色社会主义伟大胜利——在中国共产党第十九次全国代表大会上的报告》,载新华网,http://www.xinhuanet.com/2017-10/27/c_1121867529.htm。

蓄，培养具有中国情怀、国际视野、涉外法治能力的高素质人才。作为我国高等院校中最早成立的国际法学术研究和教学机构之一，华东政法大学立足上海“五个中心”区域建设定位，一方面内塑实力，依托教育部“卓越涉外法律人才培养基地”，成立国际金融法律学院，与国际法学院“一体两翼”培养高端涉外法律人才。在“外国法制史”“国际公法”“国际私法”“国际金融法”“比较公司法”等一系列外国法和比较法相关课程的设计和讲授中，尤其注重运用国际比较方法进行价值引领，帮助学生把握世界与中国的发展脉络，清晰认识中国法治体系在当今全球治理体系中的地位和作用，更加全面客观地读懂中国、了解世界、增强自信；激励学生充分认识我国“一带一路”、国家安全等重大战略，对外交政策立场的法律基础产生深刻认同；激发学生以扎实的法律知识基础和实践能力捍卫国家权益的责任感和使命感。

另一方面外展风采，以教育部高层次国际化人才培养创新实践项目建设为牵引，成立国际教育学院，建设法学教育对外开放的共同体，不断开拓学校国际教育新的增长点。为全球培养层次更高、数量更多，具有国际视野、通晓国际规则的知华友华优秀人才、中外友好交流使者、复合型国际法治人才；成为向国际社会贡献法治教育华政智慧、华政方案、华政力量的国际交流平台。通过建立域内、域外法学教育联合培养机制，为学生提供海外实习、海外游学、互认学分、互授学位的机会，选派学生参加国际顶尖模拟法庭比赛、国际模拟联合国大会，推荐学生前往联合国、国际法庭等国际组织实习，培养学生具备登上国际舞台进行对抗、捍卫国家权益的能力和实力。

3. 积极推动“法学+”前沿交叉学科发展，建立多语种智能法律翻译库。在“新文科”背景下，立足“法学+”交叉前沿科学，率先开展“智能+外语+法律”平台建设，吸收国家社科重大项目“一带一路”沿线国家法律文本翻译、研究及数据库建设的多国多语种法律翻译数据、2018~2020世界营商环境报告双语对照文本、2018年度和2020年度金融审判白皮书及十大案例等相关数据，建立了高达20余万句高质量、高可靠性的多语种对照的高端数据平台。目前，平台已为本校本、研学生搭建教学、研究平台,且有定制化的教学模块作为本科生和研究生课程教学的延伸,集成翻译项目实践所需的各种功能,为学生提供实习实践机会。为国家语言战略与政策制定贡献智识支持,为社会输送符合要求的高端法律翻译人才,为国家机关部委及重要涉外部门、国内外律师行业、国内外金融机构和公司企业输送高层次人才。

(四)加强宣传阐释,传递华政声音,成为习近平法治思想的传播地和策源地

在研究阐释习近平法治思想方面走在前、作表率,把握习近平法治思想形成的实践逻辑、理论逻辑、历史逻辑,推出有深度、高质量的学习习近平法治思想理论成果。用讲好法治故事、弘扬法治精神、传递法治能量,让习近平法治思想走进师生、深入人心。

学校从“一五”普法宣法开始,组织引导师生积极开展法律咨询服务、矛盾纠纷预防化解等社会治理工作,参与公共法律服务体系建设。新冠肺炎疫情暴发以来,第一时间组织师生线上线下开展及时有效的疫情防控法律服务。继续深入开展“百名法学家百场报告会”“青年普法志愿者法治文化基层行”等法治宣讲活动,促进全社会良好法治氛围和法治习惯的形成。

学校与多个区团区委成立华政大学生社会法律援助中心“幸福社区法律门诊”项目。坚持社团路演、文化体验,设置法治门诊,以我所学、服务社会,为公平正义而奋斗,志愿为建设保障权利、和谐有序的社会主义法治社会贡献力量。自编自导的相声《趣说民法典》、法援法治情景剧《离婚,请冷静》等普法节目为社区居民生动演绎了《民法典》中的亮点内容。

师生共同创排原创话剧《雷经天》,展示了中国共产党法治建设的创始人之一、新中国法学教育的开拓者雷经天为新中国司法制度建设作出的重要贡献。以情景话剧的形式展示、传承红色基因,赓续共产党人精神血脉,讲述法律人用坚定的理想信念和实际行动来实现中国特色社会主义法治道路决心的历史。将《雷经天》话剧作为生动教材融入学校夏季学期特色项目,在全国率先开设了新中国法治史沉浸式法治文化教育课程,有计划、分步骤地覆盖全体法学新生。宣传中国法治建设进程,从历史文化中汲取力量。

全面依法治国是一项系统性工程,对法治人才培养提出了更高要求。高校是法学教育的重要阵地,承担着为法治中国建设进程培养德才兼备高素质法治人才、为习近平法治思想提供思想基础和理论支撑的重要职责和使命。广大法学院校要站在坚持和发展中国特色社会主义、实现中华民族伟大复兴的全局和战略高度,将德法兼修的高素质法治人才培养问题放在怎样实行全面依法治国的总体要求下进行思考,认真学习研究、深入贯彻落实习近平法治思想,自觉用以指导法学研究、人才培养和法治实践,不断“创制”[11]法学人才培养新模式,丰富习近平法治思想的重要内涵。

On Innovating the Cultivation Mode of High-Quality Rule-of-Law Talent with the "Three Enterings and Three Integratings"

Wang Yueming　Lu Hui

Abstract: Xi Jinping Thought on the Rule of Law is the ideological banner and action guideline for the practice of the rule of law in China in the New Era, and it is the fundamental follow-up of Chinese legal education and the cultivation of rule-of-law talent. Based on the advantages in academic background in the science of law and talent cultivation, East China University of Political Science and Law establishes a solid foundation of deep studying the spirit of Xi Jinping Thought on the Rule of Law and sets an overall positioning of legal talent cultivation which is deeply integrated Xi Jinping Thought on the Rule of Law to present the features of "Basing on China,

⑪ 杨宗科:《论“新法学”的建设理路》,载《法学》2020 年第 7 期。

incorporate things of diverse nature, facing up to the future and displaying the characteristics". This model takes practical characteristics into account, which includes integration of the history and reality of legal education and the university's development and positioning, locality and globality, common sense and innovation. The university also strives for systematically and comprehensively explain Xi Jinping Thought on the Rule of Law from the integrated four systems, namely, talent cultivation system, disciplinary construction system, academic discourse system and social work system. All these measures expand the specific connotations of legal education, establish the "Three Enterings and Three Integratings" of Xi Jinping Thought on the Rule of Law and innovate the cultivation mode of the rule-of-law talent for the purpose of building a specific example for regional colleges and universities of political science and law.

Key Words: Xi Jinping Thought on the Rule of Law, rule of law, high-quality rule-of-law talent

新时代背景下涉外法治人才培养的路径

洪冬英[*]　戴国立[**]　缪志心[***]

摘　要：涉外法治人才的高需求、高质量特征与涉外法律服务人员的低供给、低质量现实之间的矛盾日益突出，加强涉外法治人才培养已成为一项紧迫的政治任务。新时代背景下，涉外法治人才培养需以习近平法治思想为指导，注重创新型涉外法治人才培养、个性化涉外法治人才培养、多样化涉外法治人才培养，需注重涉外法治人才培养评价。涉外法治人才包括涉外律师、涉外翻译人才、涉外企业法务等基本类型。良好的法律外语能力，扎实的法学理论功底，精湛的法律实务技能，良好的职业道德素养是涉外法治人才的基本素养。涉外法治人才是中国的法治人才，要科学制定涉外法治人才的政治标准，加强涉外法治专门人才培养，狠抓涉外法治人才优质生源遴选，实施涉外法治人才高标准培养方案，

---

* 洪冬英，华东政法大学教授，博士生导师。研究方向：法学、高等教育管理。

** 戴国立，华东政法大学副研究员。研究方向：法学、高等教育管理。

*** 缪志心，华东政法大学研究生院助理研究员。研究方向：法学、高等教育管理。

提高涉外法治人才师资的国际化专业化水平,开展涉外法治人才国内外协同培养,培养一批能够帮助中国融入世界,能够在世界展现中国的高素质涉外法治人才。

关键词:涉外法治人才　新时代要求　基本类型　基本素养　培养路径

在统筹国内国际两个大局和强调加强涉外法治工作战略布局的背景下,涉外法治人才培养被提到了前所未有的高度。近年来,我国对涉外法治人才的需求不断增加,而供给却没有跟上,供需矛盾越来越严重。仅以涉外律师为例,截至2020年年底,全国仅有执业律师52.2万多人。[①] 专门从事涉外法律服务的律师则更少。同时,据统计,在联合国系统的雇员中,中国籍雇员目前仅占1.12%,列11位,且从地域上看,主要集中于北京、上海、广州等东部沿海城市,排位在菲律宾、印度、俄罗斯等国之后。[②] 这与中国的大国地位不相适应。涉外法治人才的供需矛盾对于我国进一步进行"一带一路"建设、参与国际政治经济文化交流等带来了潜在抑或是现实的法律风险,推进涉外法治人才培养成为我国全面推进依法治国战略的一项重要且急迫的任务。

一、涉外法治人才培养的"新时代"要求

涉外法治人才培养并非一个新的人才培养项目,也不是一个崭新的话题。早在20世纪80年代初,司法部就针对改革开放形势需要,举办过涉外律师班。2011年教育部和中央政法委联合实施的卓越法律人才教育培养计划(教高〔2011〕10号)里面包含有涉外法律人才培养的内

① 参见司法部:《2020年度律师、基层法律服务工作统计分析》,载司法部官网,http://www.moj.gov.cn/pub/sfbgw/zwxxgk/fdzdgknr/fdzdgknrtjxx/202106/t20210611_427394.html。

② 参见杜焕芳:《涉外法治专业人才培养的顶层设计及实现路径》,载《中国大学教学》2020年第6期。

容,2012 年批准了全国22个高校作为涉外法律人才教育培养基地,2021 年2月,教育部学位管理与研究生教育司和司法部律师工作局又联合实施了“法律硕士专业学位(涉外律师)研究生培养项目”(教研司〔2021〕1号),确定全国15所法学院校实施涉外律师培养工作。③

在党的十九大报告中,习近平总书记对“新时代”的内涵提出了五个方面的定义。④ 面对新时代,涉外法治人才培养表现出史无前例的重要作用,迎接“百年未有之大变局”,涉外法治人才需体现这个“新时代”的特殊要求。

(一)需以习近平法治思想为指导

习近平法治思想是新时代涉外法治人才培养的行动指南,是法学教育中的“当代马克思主义”。高校是涉外法治人才培养的“摇篮”,是培养德才兼备高素质涉外法治人才的第一阵地。新时代背景下的涉外法治人才培养,务必将习近平法治思想融入教育教学的各个方面,以习近平法治思想为指导,调整法学高等教育和涉外法治人才培养的知识体系,保障法学高等教育和涉外法治人才培养知识体系的前沿性、时代性、国际性和本土性,提高我国法学高等教育的政治站位,提升涉外法治人才的政治素养,切实保障我国法学高等教育和涉外法治人才培养政治道路的正确性。

(二)需注重创新型涉外法治人才培养

创新型人才是当今世界最重要的战略资源。⑤ 各国实现经济发展、科技进步、社会振兴、国际竞争力提升等都需要以创新型人才的培养为基础、为前提。新时代需要大量的创新型涉外法治人才,高校涉外人才

③ 参见王健在2021年6月17日天津大学法学院举办的“涉外法治人才培养高端论坛”会议(在线)上的发言。

④ 党的十九大报告指出:“这个新时代是承前启后、继往开来、在新的历史条件下继续夺取中国特色社会主义伟大胜利的时代,是决胜全面建成小康社会、进而全面建设社会主义现代化强国的时代,是全国各族人民团结奋斗、不断创造美好生活、逐步实现全体人民共同富裕的时代,是全体中华儿女戮力同心、奋力实现中华民族伟大复兴中国梦的时代,是我国日益走近世界舞台中央、不断为人类作出更大贡献的时代。”

⑤ 参见郭振强:《大力培养和激励新型军事科技创新人才》,载《基层政治工作研究》2012年第9期。

培养要树立“全员成才观”,要推进“学生成才权利平等,机会均等,规则公平”的教育理念,努力营造适合高校学生成长成才的环境,使有志于涉外法治工作的学生都能成长为对社会有用的创新型人才;要树立“全面发展观”,涉外法治人才不能仅限于掌握涉外法律知识,高校要重视学生的全面发展,在对学生进行传统专业知识传授的同时,更要促进学生德智体美劳全面发展,重视学生创新思维、创新素质、创新能力的培养,为创新型涉外法治人才奠定坚实的基础;要树立“动态发展观”,高校不能静态地看待学生,不因“一时一事”将学生贴上“永久标签”,要关注学生的发展潜力和创新能力的动态变化,在此基础上,教育也应动态调整,以使教育资源能始终适合创新型涉外法治人才的发展需要。

(三)需注重个性化涉外法治人才培养

新时代的经济发展,明显的一个重要特点就是个性化经济,个性化经济下生产的非标准化需要个性化涉外法治人才,个性化涉外法治人才是创新思想的“发酵剂”,任何一个创新型社会都需要个性化思想。高校涉外法治人才培养的任务就是要把每一个学生培养成个性突出、能力突出、全面发展的学生。高校要更加在个性化涉外法治人才培养上发挥作用,要凝练个性化涉外法治人才培养理念,因材施教,突出大学生个性培养。要构建多样化培养体系,实行分类培养,培养大学生和谐个性;要完善学科专业设置,细化人才培养,适应大学生独特个性;要建立结构化的课程体系,加强隐性课程建设,整合基础、专业与个性发展关系,服务大学生个性发展;要健全教学制度体系,创新教学管理模式,改革教学评价方式,促进大学生个性发展;要改革灌输式的教学模式,推进自主型学习,关注大学生创造个性。

(四)需注重多样化涉外法治人才培养

新时代所面临的环境,除涉及经济因素外,还涉及社会、文化、民生等多种因素,当前的国际形势比较复杂,具有多重不确定的因素,这更需要涉外法治人才的多样化。涉外法治人才多样化的实质是知识的多样化,是新时代对不同知识需求的本质要求。人才培养的多样化不仅体现在一所高校内开展不同层次(博士生、硕士生、本科生)、不同类别(学术型、专业学位型)的涉外法治人才培养上,还体现在不同高校的职能定位上,国内综合性顶尖院校和其他“双一流”建设高校要面向国家重大战略需要,大力开展拔尖创新型涉外法治人才培养计划;地方性本科高校要着力以地方经济社会发展需求为主战场,凝心聚力培养高素质、复合型、应用型涉外法治人才;高职院校则要主动面向新发展格局下的产业与市场需求,以满足人民群众终身学习需要,以就业为导向,集中精力培养高素质技术技能型涉外法治人才。多样化培养是应对复杂性、多边性国际环境下不同层次、不同等级、不同需要主体的应然要求。

(五)需注重涉外法治人才培养评价

教育评价事关教育发展方向,有什么样的评价指挥棒,就有什么样的办学导向。⑥ 教育评价既为教育质量高与低的程度判断提供标准,又为教育质量好与坏的性质判断提供引导。⑦ 涉外法治人才培养评价体系的构建目的在于推动涉外法治人才教育高质量发展,它是高校人才培养评价的最终归宿。这是一个崭新的时代。崭新性要求需要加强对各因素的评价,以防止方向的偏差,表现在涉外法治人才培养评价方面,则要关注选拔功能和促进学生发展相统一,终结性评价和形成性评价相和谐,规范性评价与内在自我评价相促进。要建立科学多样的涉外法治人才成才评价标准,建立有利于重视人才培养和教学工作的评价体制机制,切实提高以人才培养为中心的高校管理水平。要加强以多主体参与、全内容覆盖、保障方式多样、规章制度有力、内外联动、学生互动为特色的涉外法治人才教学质量保障机制建设,形成由目标、标准、监控、评价到反馈、改进的常态化涉外法治人才教学质量保障闭环监控系统,实现涉外法治人才培养评价正确而有效提升高等教育质量的作用,促进高等教育高质量发展。

---

⑥ 参见中共中央、国务院:《深化新时代教育评价改革总体方案》,载政府网,http://www.gov.cn/zhengce/2020-10/13/content_5551032.htm。

⑦ 参见郭大成:《改革创新大学素质教育 全面提高人才培养质量》,载《大学(学术版)》2013 年第 6 期。

二、涉外法治人才的基本类型

2017年年初,司法部等四部门联合印发了《关于发展涉外法律服务业的意见》(以下简称《意见》),对我国涉外法律服务业的发展进行了全面的规划,《意见》明确了涉外法律服务的四项任务⑧,涉及"一带一路"建设法律服务、中国企业与公民涉外法律服务、外交法律服务,以及跨国犯罪法律服务等,为涉外法治人才的培养指明了具体的方向。依据服务类型,涉外法律人才可分为以下三种。

(一)涉外律师

涉外律师是为涉外法律服务机构和大型企事业单位法务部门提供服务的法律工作者,其不仅要懂政治、懂经济,而且要懂外语,能够用熟练的法律外语进行交流,能够在国际贸易、国际投资、国际金融、跨境犯罪、国际知识产权保护、国际商事仲裁等涉外法域提供专门性的法律咨询和法律服务。截至2017年,20个国家和地区的律师事务所在内地设有295个代表处,30多家国内律师事务所在境外设立了分支机构。涉外法律服务人才数量较少,截至2018年,载入司法部涉外律师人才库名册的全国涉外律师仅有985名。⑨ 在世界舞台上,参与国际法律事务处理,能够为中国利益发声的涉外法律专业人才严重不足,大量中国企业走出国门,但企业内部中国籍高端涉外法律人才缺乏,带来的结果是企业的投资收益很大部分支付给了外国律师。缺乏中国涉外律师的服务保障,使我国在域外的政治、经济利益无法得到有效保护,产生国际争议也无法得到妥善解决。

(二)涉外翻译人才

涉外翻译人才主要包括如下几类人群:一是服务于国家部委、国际

---

⑧ 四项任务分别是:其一,为"一带一路"等国家重大发展战略提供法律服务。其二,为中国企业和公民"走出去"提供法律服务。其三,为我国外交工作大局提供法律服务。其四,为打击跨国犯罪和追逃追赃工作提供法律服务。

⑨ 参见冷帅等:《中国涉外法律服务业探析(上)》,载《中国律师》2017年第5期。

组织、司法鉴定机构等政府或事业组织的翻译人员。二是服务于国有企业、外资企业、金融机构、涉外律师事务所、翻译公司等企业组织的翻译人员。三是法律外语翻译自由职业者。⑩ 涉外翻译人才“不仅要翻译世界,更要翻译中国”,让世界认识中国、理解中国,进而也能维护中国利益。但一份对2016年京津冀地区法律翻译服务需求的调研发现,京津冀地区法律英语翻译业务主要靠外包解决,这凸显了涉外法律翻译人才的短缺。法律翻译人才是目前国家急需的中高端涉外法律人才。⑪

(三)涉外企业法务

企业法务,一般是指企业聘请或任命的在企业内部管理法律事务,对企业的各种经营行为进行法律审查,对企业法律风险进行事先预防,并负责处理企业法律纠纷的职业岗位以及职业群体的总和。⑫ 涉外企业法务需具备的能力有:通晓与所任职企业涉外相关的法律知识和其他相关知识,具有较强的法律外语能力,能娴熟地为企业涉外经营管理化解法律纠纷等。企业法务是企业的“护法卫士”。⑬ 企业特别是涉外企业,需要加强对企业法务的重视,涉外企业法务是企业在涉外经济交往中防范风险,让企业行稳致远的有力砝码。

三、涉外法治人才的基本素养

《意见》指出:到2020年要“建立一支通晓国际规则、具有世界眼光和国际视野的高素质涉外法律服务队伍”。《意见》对涉外法治人才的素养定位为“通晓国际规则”“具有世界眼光和国际视野”。教育部学位

---

⑩ 参见王新博、董昊衢:《新时代涉外法律人才培养路径探究》,载《北京第二外国语学院学报》2021年第1期。

⑪ 参见周玲玲、太婉鸣:《京津冀地区法律英语翻译服务需求的调查分析》,载《上海翻译》2018年第3期。

⑫ 参见马秋:《企业法务人才培养模式探讨》,载《当代教育实践与教学研究》2016年第4期。

⑬ 参见王新博、董昊衢:《新时代涉外法律人才培养路径探究》,载《北京第二外国语学院学报》2021年第1期。

管理与研究生教育司和司法部律师工作局对“法律硕士专业学位(涉外律师)研究生培养项目”中法律硕士专业学位——涉外律师方向的培养标准和规格作了更为细致的描述。该项目旨在培养一批“跨文化、跨学科、跨法域,懂政治、懂经济、懂外语的德才兼备的高层次复合型、应用型、国际型法治人才,为建设一支法学功底扎实、具有国际视野、通晓国际法律规则,善于处理涉外法律事务的涉外律师人才队伍奠定基础”。因此,涉外法治人才的基本素养应包括以下几方面。

(一)良好的法律外语能力

把外语作为处理法律事务的工作语言是涉外法治人才的典型特征,外语应用能力中的外语,主要是英语,因为“英语法律语言在国际经济贸易和法律事务中具有国际通用语地位”“英语又是WTO规定的三种官方语言之一”⑭。但是,处理涉外法律事务不能仅具备单纯的英语能力,这里强调的英语是法律英语。法律英语是“以普通英语为基础,在立法、司法及其他与法律相关的活动中形成和使用的具有法律专业特点的语言,是表述法律科学概念以及从事诉讼或非诉讼法律事务时所使用的英语”⑮。法律英语不是法律和英语的简单组合,它要求学生既要精通英语又要熟稔法律专业知识,法律英语是法律和英语交叉融合的产物,是法律科学与英语语言学有机结合形成的一门实践性很强的新型交叉学科。⑯

(二)扎实的法学理论功底

理论厚度决定人才发展的后劲,涉外法治人才应当具有厚实的法学理论功底,法学是一门专业性极强的学科,被称为文科中的数学,法学理论功底扎实与否,会影响涉外法治人才处理国际法律事务的水平。当然,目前学界对涉外法治人才究竟如何进行培养还存在比较大的争议,有观点认为涉外法治人才就是国际法治人才,为此需要完善法学学科体

⑭ 张法连:《“一带一路”背景下法律翻译教学与人才培养问题探究》,载《中国翻译》2018年第2期。

⑮ 张法连:《法律英语学科定位研究》,载《中国外语》2019年第2期。

⑯ 参见王新博、董昊衢:《新时代涉外法律人才培养路径探究》,载《北京第二外国语学院学报》2021年第1期。

系,构建国际法学科体系,将国际法学确立为法学学科门类下的一级学科;[17]还有观点指出涉外法治人才归根结底是中国的法治人才,是中国法治人才队伍的组成部分。[18] 因此,培养涉外法治人才首先应当全面系统地掌握本国法,在比较全面、扎实地把握本国法的基础上,再进一步了解某一种或某几种外国的法律和国际间的法律规则,这是涉外法治人才培养的基本方向。

(三)精湛的法律实务技能

涉外法律服务不是"纸上谈兵",不能将涉外法律知识停留在理论层面,它是务实的,是实践性的。涉外法治人才必须具备"真刀真枪"处理国际事务的能力。因此,在高校层面,开展涉外法治人才培养必须以对学生的实务性培养为基本理念,培养学生的涉外法律服务意识,提升学生的涉外法务实践能力。为此,在课程上应开设诸如涉外谈判技巧、涉外庭辩技巧、涉外法律文书写作等实务课程,加强涉外法律实务培训,在社会实践上应鼓励学生到涉外企业进行法务实践和专业实习,以形成学生对涉外法律实务的亲身体验。

(四)良好的职业道德素养

涉外法治人才肩负着维护国家主权、安全,中国公民和企业利益的重任,是彰显国家形象和大国担当的"王牌军",因此,涉外法治人才首先要有坚定的政治立场,要对国家、民族和人民怀有深厚的感情,具有正直的职业道德情感,公平正义的职业良心和坚韧不拔的职业道德意志,热爱祖国和人民,热爱自己的涉外法律职业,不忘初心,敢于担当。唯有如此,涉外法治人才才能在国际复杂的法律环境中,在大是大非面前经受住各种考验,始终保持一颗鲜红的"中国心"。

---

⑰ 参见黄进:《新时代背景下涉外法治人才培养体系构建》,载光明法制网,https://legal.gmw.cn/2021-02/09/content_34611217.htm。

⑱ 参见王健在2021年6月17日天津大学法学院举办的"涉外法治人才培养高端论坛"会议(在线)上的发言。

四、涉外法治人才培养的路径⑲

(一)制定涉外法治人才的政治标准

涉外法治人才首先是中国的法治人才,需将其政治素养的提升放在首位。应以习近平法治思想为指导,提高涉外法治人才的政治站位,要把社会主义法治理念教育融入涉外法治人才培养的全过程,在教材建设、课堂教学中全面加强社会主义法治理念教育,增强涉外法治人才对社会主义法治理念的信仰和尊崇,对中国特色社会主义法治的道路自信、理论自信、制度自信和文化自信。要加强涉外法治人才的职业伦理教育,增强其职业意识,提升其职业素养,强化其心理素质,筑牢其为社会主义法治建设贡献力量的责任感,使其能经受国际上各种文化的冲击,取其精华,去其糟粕,在国际上能展现作为一个中国人应有的高尚人格和国格。要在中国的法治文化内培养涉外法治人才,培养一批能够帮助中国融入世界,在世界能够展现中国的高素质涉外法治人才。

(二)加强涉外法治专门人才培养

涉外法治人才培养要根据我国国际政治、经济交往的现实及跨国法律需求,明确其职业素养和实践能力的具体标准,进而设计涉外法治人才学科建设及培养计划。推进涉外法治人才分类培养,应进一步区分一流综合性大学、五大政法院校和法学专业相关特色院校在涉外法治人才培养目标和类型上的要求,进行分类培养,开展涉外法治人才的"订单式"培养。应进一步推动卓越法律人才培养基地建设,加强小语种法律人才的培养,并区别国内各省份、各区域、各经济圈不同要求,培养特定国际法务市场需求型人才。应加强涉外法治专门人才培养,推动培养一批在国家安全、对外投资、公共卫生、"一带一路"、自贸区建设、反制裁、

---

⑲ 部分内容引自洪冬英主持:《涉外法治研究生人才培养情况报告》,载张文显主编:《中国法学教育年刊》第7卷,法律出版社2019年版。

反干涉、反制"长臂管辖"、防范风险等重要领域的涉外立法专门人才，在反不正当竞争执法、反垄断执法、反倾销执法、反补贴执法、涉外企业纠纷处理等领域的涉外执法专门人才，在国际商事法庭、国际商事仲裁、国际商事争端解决、国际司法协助等领域的涉外司法专门人才。

（三）狠抓涉外法治人才优质生源遴选

涉外法治人才培养不应当是大众化的，而应当是精英化培养，在当前教育资源还不是很充裕的情况下，应当将培养对象界定为最有发展基础、最有发展潜力的优秀学生，并将培养目标界定为培养高端涉外法治人才。高校招生阶段，可以采取以下两种遴选方式：一是开展本硕连读项目。整合校内资源，发挥各学科优势，设置本硕连读项目，这种培养形式是本校四年制本科专业的补充和延续，可以在本科阶段加强法律英语课程，融入部分涉外法治人才所需的基础课程，为攻读研究生专业学位阶段奠定坚实基础。二是从考取研究生的新生中遴选。研究生除一些本科曾在本校就读的学生外，还有来自其他学校具有潜力的学生。在这些已录取的研究生中遴选涉外法治人才加以培养，除专业能力的考查外，还应设定较高的外语门槛。

（四）实施涉外法治人才高标准培养方案

培养方案直接决定人才培养规格，开展涉外法律人才培养，应当根据人才培养目标，科学制定培养方案。在制定涉外法治人才培养方案时，应当充分调研行业对人才培养的需求，培养方案中的课程设置、学制安排、实训要求都应当围绕培养目标和行业需求进行设计。为此，一是编写涉外法律核心教材，在传统国际公法、国际私法、国际经济法的基础上，根据社会经济发展并以涉外法学理论最新成果为基础，构建符合涉外法治人才培养的立体化的教材体系。二是改革涉外课程，重点加强与涉外法律实务相关的国际商法、国际投资法、反不当竞争法、反垄断法、反倾销法、重要国际条约、国别法律制度等的课程设置。三是加强出口管理，对涉外法治人才的学位论文可限定其用英文完成。四是强化实践教学，培养方案中应加入对学生涉外实践能力培养的内容，开设涉外实务课程，加强涉外实务教学，增加涉外法务实训，同时为了保证培养方案符合社会需求,在制定培养方案时,应当吸纳行业专家共同制定。

(五)提高涉外法治人才师资的国际化专业化水平

涉外法治人才培养有赖于法学师资的国际化。高素质的国际化教师有两个基本要素:一是要具有较前沿的国际法学理论知识和创新成果。二是要有时代眼光和国际视野,对时代和世界发展的趋势具有较强的敏感度。为此,涉外法治人才师资国际化主要有三条途径:第一,师资培养的本土化,即通过海外师资培训计划等,将学校法学骨干教师送到海外学习、进修、学术交流,增强其国际化教学能力。第二,加强与国外知名法学高校和科研院所的交流合作,通过招聘或短期交流的方式吸收国外知名法学专家学者到国内高校从事教学或科研工作,借此学习国外涉外法治人才培养的先进经验,提升师资整体教学能力和专业水平。第三,改革教师教学方式,传统的灌输式的教学方式不适应英美普通法教学的需要,也无法完成涉外法治人才培养的需要,因此,学校在开展涉外法治人才培养的过程中,应要求教师变革教育理念,从对学生的灌输式教学向启发式教学转变,全面推动教学方式向研讨式、辩论式转变,增强教学过程中的互动性。

(六)开展涉外法治人才国内外协同培养

涉外法治人才培养不仅是高校的任务,应更加科学合理地加强产学研合作,鼓励高校同国内外社会办学力量、社会实务机构开展深度合作,共享优质教学资源。在开展涉外法治人才培养的过程中,一方面,从国内层面来说,应加强涉外实务部门与高校之间的交流合作,畅通涉外政府部门、涉外企业、涉外律所和高校之间合作的渠道,高校可以与涉外法律实务部门联合开展人才培养工作,部分实务类课程完全由涉外法律实务部门专家开设,涉外法律实务部门负责安排学生的实习实训工作,将课程教授的知识转化为实务技能,实现从知识到技能的转化,同时,高校也可以通过聘任或开设讲座等方式,让具有涉外法律实务经验的一线律师或其他相关人员与在校学生进行直接的对话与交流。另一方面,从国外层面来说,涉外法治人才培养要主动服务国家对外开放战略,畅通国内高校和国外高层次法学院所合作与交流的桥梁,学习国外先进的教学管理理念，引进国外先进的教学设备，借鉴国外先进的教学管理方式，积极开展或参与国际学术研讨会、国际竞赛与比赛等，最大限度地将国外优质法学教育资源引入国内高校，充实涉外法治人才教学内容，另外应加强与国外律师事务所的合作，开拓学生海外实训实习基地，为学生参与涉外法务一线实践、学习涉外知识、提升涉外实务能力提供方便。

五、结语

法律是治国之重器，良法善治是"中国之治"的价值内蕴。[20] 改革开放的实践证明，法治是改革和发展的"稳定器"，我国参与国际事务的程度越深，越需要法治以及对法治背景下培养的一大批涉外法治人才的保障和维护。面临新时代、新发展、新机遇、新矛盾，涉外法治人才作为国家依法治国战略的参与者、法治中国的建设者、法治文化的传承者、涉外法治工作的实践者，将发挥越来越重要的作用。中国要参与全球治理，做国际规则的维护者和建设者，提升在国际事务中的话语权，就必须要培养一大批拥护党的领导、具有坚定政治立场、熟悉我国国情、懂政治、懂经济、懂外语、具有强法律知识、会法律实践的涉外法治专业人才。同时，涉外法治人才培养又是一项紧迫的政治任务，要深刻认识到国家对涉外法治人才的要求，进而充分发挥高校在涉外法治人才培养中的应有作用。习近平总书记指出，发展是第一要务，人才是第一资源，创新是第一动力。[21] 高校是第一科技生产力、第一创新动力、第一人才资源的典型代表，理应在涉外法治人才培养中主动适应新战略，承担高校责任义务，强化高校使命担当，加强社会协同，

---

⑳ 参见任绪保：《良法善治：新时代"中国之治"的价值内蕴及实践路径》，载《中共南昌市委党校学报》2020 年第 2 期。

㉑ 参见习近平系列重要讲话数据库，载人民网 2018 年 3 月 8 日，http://jhsjk.people.cn/article/29854767。

致力于提升涉外法治人才支撑能力和涉外法治服务水平,为培养高端化涉外法治人才贡献力量。

The Method for the Cultivation of Foreign-related Legal Professionals under the New Era

Hong Dongying Dai Guoli Miao Zhixin

Abstract: The contradiction between the high demand and high quality of foreign-related legal professionals and the low supply and low quality of foreign-related legal staffs is becoming increasingly prominent. Strengthening the training of foreign legal professionals has become an urgent political mission. In the context of the New Era, the cultivation of foreign-related legal professionals should be guided by Xi Jinping's thought of rule of law. Emphasizing the innovation, individuation and diversification of the training of foreign-related legal professionals, should pay attention to the evaluation of that. Foreign-related legal professionals include foreign-related legal lawyers, foreign-related affairs translators, foreign-related enterprise legal counsels and other basic types. Good legal foreign language ability, solid legal theory knowledge foundation, exquisite legal practice skills and good professional ethics are the basic qualities of foreign-related legal professionals. As foreign-related legal professionals are China's legal talents. We should scientifically formulate political standards for them, strengthen the training of foreign-related legal professionals, pay close attention to the selection of high-quality students for them, implement high-standard training programs for them, improve the international and professional level of their faculty group, and carry out coordinated training of foreign-related legal professionals domestic and overseas. The purpose is to cultivate a number of high-quality foreign-related legal professionals who can assist China integrate into the world and can present China over the world.

Key Words: foreign-related legal professionals, requirements of the New Era, basic types, basic literacy, cultivation methods

论高素质法治人才培养的“三进”路径

李　俊[*]　刘仁山[**]

摘　要:高校是践行习近平法治思想的重要阵地,推动“三进”工作是高校法学教育高质量发展的重要举措。“思政课程具备法治内涵、法学课程具有思政意义”的互促形态有助于高素质法治人才的培养,中南财经政法大学将法学教育教学质量的提升与“三进”工作的体系性构建紧密结合。在教材建设、教材选用和激励机制方面建章立制,实现教材编写、使用、推广和评价上的联动;构建“通识教育课程、大类平台课程和专业课程相结合;必修和选修相协调”的两翼并进课程建设模式;打造优质教学团队,强化教师的示范作用。“三进”工作作为高校法学教育建设的融合剂,旨在建立起“多元化的教材建设、多层次的课程体系建设、多样化的教学活动”于一体的立体化教育模式,培养德才兼备的高素质法治人才。

关键词:“三进”　融通　培养模式　体系构建

---

* 李俊,中南财经政法大学法学院副教授。研究方向:民商法。

** 刘仁山,中南财经政法大学副校长,教授,博士生导师。研究方向:国际私法、国际法。

党的十八大以来，中国共产党从坚持和发展中国特色社会主义的全局布局和厉行法治出发，创造性地提出全面依法治国的一系列新理念、新思想和新战略，提出并系统阐述了习近平法治思想。习近平法治思想不仅是全面依法治国的根本遵循，而且是新时代高校法学教育和法治人才培养的行动指南。① 高等院校尤其是政法院校作为践行习近平法治思想的重要阵地，贯彻落实好习近平法治思想的“三进”工作，对推动高校法学教育的高质量发展，培养德才兼备的高素质法治人才意义重大。

一、法学专业教育与思政教育的融通与互促

1. 习近平法治思想的法学专业要素。习近平法治思想是对新时代中国特色社会主义法治思想的系统阐述。习近平法治思想从历史和现实贯通、国内和国际关联、理论和实践结合中，深刻回答了新时代全面依法治国的一系列重大问题，是内涵丰富、论述深刻、逻辑严密、系统完备的全面依法治国思想理论体系。② 习近平法治思想是马克思主义法治理论中国化的最新成果，开辟了马克思主义法治理论新境界。

习近平法治思想围绕全面依法治国一系列重大问题，系统阐述了中国特色社会主义法治体系的科学内涵、全面依法治国的基本框架和总体布局等核心要义。同时，习近平法治思想还完善了法律术语，运用了新表述。从“依法治国”到“全面依法治国”，从“社会主义法律体系”到“社会主义法治体系”，从“有法可依、有法必依、执法必严、违法必究”到“科学立法、严格执法、公正司法、全民守法”，等等，充分体现出法治体系建构的中国特色。

习近平总书记曾指出，法治人才培养上不去，法治领域不能人才辈

---

① 参见周佑勇：《习近平法治思想是全面依法治国的根本遵循和行动指南》，载《光明日报》2021 年 1 月 11 日，第 6 版。

② 参见李林：《习近平法治思想的核心要义》，载《中国社会科学报》2020 年 11 月 23 日，第 4 版。

出,全面依法治国就不可能做好。[③] 高校作为法治人才培养的第一阵地,[④]法学教育应以习近平法治思想为指导,推动法学教育、法学理论研究及法学学科改革创新,形成更加完善的法学教学体系、教材体系和课程体系,切实提升法治人才培养的质量。

2. 习近平法治思想的思政教育内涵。习近平法治思想不仅包括了法学专业课程内容,而且作为思政教育的核心内容,在培养德才兼备法治人才的政治、道德素养等方面具有重要指引作用。推动习近平法治思想"三进"工作,有助于高等院校法科生进一步深入认识"党的领导是中国特色社会主义法治之魂,人民当家作主是社会主义民主政治的本质特征,依法治国是党领导人民治理国家的基本方式",是培养政治过硬、德法兼修的高素质法治人才的基本依据。

3. 法学专业教育和思政教育的融通融合。坚持党对依法治国的全面领导、坚持以人民为中心和坚持中国特色社会主义法治道路,既是习近平法治思想的核心内容,也是法学专业和思政教育融通融合的基础。因此,我们既要将"习近平法治思想概论"设置为法学专业必修课程,还要发挥其在法学专业教育和研究中的统领作用。"习近平法治思想概论"对所有法学课程都具有指导意义,促进了法学专业教育和思政教育的融通融合,形成"思政课程具备法治内涵、法学课程具有思政意义"的互促形态。将习近平法治思想进行科学、系统地学理转化,梳理其精神实质和核心要义,能有效地指导法学课程体系建设,从而完善教学体系、改进教学方法和提高教学水平,培养学生坚定中国特色社会主义的道路自信、理论自信、制度自信和文化自信。[⑤] 同时,"思政课程"到"课程思政"的发展,能进一步深入挖掘法学专业中的思政素材,促进法学专业教育与思政教育的融通发展。

---

③ 参见《习近平在中国政法大学时考察时强调 立德树人德法兼修抓好法治人才培养 励志勤学刻苦磨炼促进青年成长进步》,载《北京人大》2017年第5期。

④ 参见《习近平在中国政法大学时考察时强调 立德树人德法兼修抓好法治人才培养 励志勤学刻苦磨炼促进青年成长进步》,载《北京人大》2017年第5期。

⑤ 参见中共中央宣传部编:《习近平新时代中国特色社会主义思想学习纲要》,学习出版社、人民出版社2019年版,第31页。

二、中南财经政法大学法治人才培养“三进”体系的构建

作为一所具有红色基因的大学,中南财经政法大学理应成为践行习近平法治思想“三进”工作的重要阵地。我校通过组建一批学习、研究和传播法治力量的教学团队,打造一批内容齐备、思想深刻、形式活泼的优质示范课堂,形成了一系列深化习近平法治思想的优质教学资源,培养能担当民族复兴大任的时代新人,力创习近平法治思想“三进”路径的典范。

1. 习近平法治思想“进教材”的多维度举措。我校积极推进习近平法治思想“进教材”工作,在教材建设、选用和激励机制等方面建章立制。教材是高校学生获取知识和能力的主要工具,也是落实培养目标和课程内容的重要载体。习近平法治思想“进教材”是一项系统工程,选用习近平法治思想“马工程”教科书是建设基础,拓展相配套的系列辅助教材是建设关键,建立激励机制是完善、丰富教材的建设举措。我校通过《中南财经政法大学教材建设与使用管理办法》《中南财经政法大学优秀教材评选与奖励办法》等制度,在管理机构、教材建设与规划、教材编写、教材审核、教材选用、支持保障和检查监督7大方面建立健全教材管理制度;同时通过《中南财经政法大学本科课程建设与管理办法》《中南财经政法大学本科课程教学大纲制定与管理办法》《中南财经政法大学在线开放课程学习管理办法》等制度,来加强教材体系建设。

我校积极推动习近平法治思想教材编写和建设,在“马工程”教材编写、辅助读本建设等方面渐显成效。我校法学院陈柏峰教授参与编写由张文显教授主编的《习近平法治思想概论》“马工程”教材,打造习近平法治思想课程的国家级教材。2021年5月以来,教育部通过全国高校教师网络培训平台推出“习近平法治思想大讲堂”,邀请教育部法学学科教学指导委员会副主任委员向全国法学专业教师开展习近平法治思想课程培训。我校刘仁山教授作为主讲人之一,以“坚持统筹推进国

内法治和涉外法治”为主题开展线上讲座,丰富了“习近平法治思想概论”的课程内容。此外,由我校多位学者合编的《习近平法治思想简明读本》也待印刷出版,以课外读本的方式充实了习近平法治思想教材的内容,体现了教材建设和选用的科学性和预见性。

此外,在习近平法治思想教材的建设、使用和规范等方面,我校已覆盖全部专业。一方面,我校发挥“法学双一流学科”的优势,推动法学学者在习近平法治思想教材建设和使用等方面的领头作用,通过各部门法的基层教研组织深入研究教材建设内容;另一方面,立足于“法学经济学学科群”和“经法管融通”的特色,我校发挥教材建设中的雁群效应,将习近平法治思想课程覆盖至全专业,实现教材实施中编写、使用、推广和评价四方面的联动。

2. 习近平法治思想“进课堂”的课程体系建设。在习近平法治思想课程体系规划方面,我校构建“通识教育课程、大类平台课程和专业课程相结合;必修和选修相协调”两翼并进的课程建设模式。习近平法治思想的内容广泛,其核心要义涵盖了多类课程的教学内容。通识课、大类平台课与专业课从不同的角度阐释习近平法治思想的内涵;必修课与选修课则从基础学习和深化研究的层面形成搭配适宜的课程体系结构。

在通识课程建设方面,我校通过通识必修课与通识选修课结合的形式,从思政、家国情怀、文化传承等方面建设习近平法治思想基础课程群。首先,我校全面推动习近平法治思想进思政课,全面落实中共中央宣传部、教育部关于新时代学校思想政治理论课的改革创新实施方案。⑥ 我校深入挖掘习近平法治思想的核心要义,提升思政教育中坚持党的领导、坚持以人民为中心、坚持建设德才兼备的高素质法治人才等法治思想内容,促成高校思政课程的革新与发展。其次,我校将“思想道德修养与法律基础”课程调整为“思想道德修养与法治”,在“马克思主义基本原理概论”“毛泽东思想和中国特色社会主义理论体系概论”课程中,进一步诠释习近平法治思想;在“形势与政策”等课程中,及时、深

---

⑥ 参见中央宣传部、教育部《关于印发新时代学校思想政治理论课改革创新实施方案的通知》(教材〔2020〕6号),2020年12月18日。

入地宣讲习近平法治思想。此外,我校还进一步梳理“读懂中国”系列通识课课程、财经政法融通课程体系和教学内容,通过选修的方式拓展和丰富习近平法治思想在通识教育中的内容。

在专业课程建设方面,我校围绕《习近平法治思想概论》打造习近平法治思想课程群,全面落实习近平法治思想的专业课程体系建设。首先,我校明确了习近平法治思想在法学专业教育中的指导地位,将“习近平法治思想概论”纳入法学专业核心必修课,与新修订的《法学类专业教学质量国家标准》(2021 年版)相契合。其次,鉴于习近平法治思想的内容具有法学专业性,我校在法学各专业课程中对标习近平法治思想,及时更新教学内容,对照习近平法治思想中“十一个坚持”的核心要义,完善各专业课程的关联内容。最后,我校还通过必修课“中国特色社会主义法治理论”和选修课“当代中国法治”的专业课程搭配,进一步完善“习近平法治思想”的专业课程体系建设,确保法治人才培养的政治方向,为法治人才培养提供理论与学术滋养。

3. 习近平法治思想“进头脑”的教学质量保障。我校已成立湖北地区首家“习近平法治思想研究中心”,推进教师在习近平法治思想“进头脑”方面的示范作用。在各门课程的讲授中,高校教师应帮助学生掌握习近平法治思想的理论体系和话语体系,促成他们成为习近平法治思想的坚定信仰者、积极传播者和模范践行者,通过“进头脑”来助力法科学子为全面依法治国工作服务。同时,我校在 2021 年还成立了“课程思政教学研究与实践中心”,以推进习近平法治思想“三进”作为核心工作目标,将法学专业教育和思政教育的融通融合作为重要探究方向。习近平法治思想是法学属性与思政属性紧密结合的有机整体,从法学专业方面讲好习近平法治思想是其中的关键之一。

我校各学院致力于打造一批理论水平高、教学能力强的优质教学团队。相关教学单位充分发挥教研室、教学团队、课程组等基层教学组织作用,积极开展习近平法治思想集体教研活动。同时,鼓励和支持思政课教师与专业课教师合作教学教研,提升专题教学的能力和水平。此外,学校搭建多样化的教师教学交流研讨平台,促进习近平法治思想“三进”工作中的重难点问题和前瞻性问题的研究,支持学科专业领域教师开展经常性的典型经验交流、现场教学观摩、教师教学培训等活动,鼓励跨学院、跨学科开展教学研讨方面的交流和研究。

三、“三进”路径下法学教育的新发展

1.“德法兼修、明法笃行”高素质法治人才的培养。培养德才兼备的高素质法治人才,是法学教育中“三进”工作的重要目标。习近平法治思想是法学教育和法治人才培养的根基,为法学教育和法治人才培养指明了方向。在习近平法治思想核心要义中,坚持中国特色社会主义法治道路、在法治道路上推进国家治理体系和治理能力现代化等内容,既是深化依宪治国统领依法治国、坚持法治与改革双轮驱动的最新总结,也在法学教育中具有引领作用。[⑦] “三进”工作是高校法学教育继续深化习近平法治思想的重要抓手,能从专业和思政、国内法治与涉外法治等维度,为推进全面依法治国培养“德法兼修、明法笃行”的高素质法治人才提供强有力的支撑。

2.法学教育“全景化、立体化”培养模式的养成。“三进”工作引领下的法治人才培养模式,是构建凸显时代特征、体现中国特色的法治人才培养体系的关键。习近平法治思想“三进”工作,既要围绕习近平法治思想核心要义建设“习近平法治思想概论”课程群,也要打造习近平法治思想系列教材,还要在高校法学教学与实践中不断深化和落实。习近平法治思想体现了社会和行业对法学教育的系统化要求,也是培养高校法科生具有法律职业伦理、法学专业技能和法律思维能力的优化工具。习近平法治思想的核心要义贯通于法学教材体系、课程体系和教学体系之中,“三进”工作则作为高校法学教育建设的融合剂,建立起“多元化的教材建设、多层次的课程体系建设、多样化的教学活动”于一体的

⑦ 参见张文显:《中国法治40年:历程、轨迹和经验》,载《吉林大学社会科学学报》2018年第5期。

“全景化、立体化”教育模式，培养符合新时代需求的高素质法治人才。

3. 为中国特色社会主义建设提供高层次法治人才的保障和支撑。党的十八大以来，习近平总书记围绕“培养社会主义建设者和接班人”作出一系列重要论述，深刻回答了“培养什么人、怎样培养人、为谁培养人”这一根本性问题。[8] 法学教育不仅旨在传授人文社科领域的专业知识，而且承载着中国全面依法治国和现代化建设的重任。把服务中华民族伟大复兴作为教育的重要使命，才能加快教育现代化、深化教育改革创新和全面提高教育质量。[9] 培养何种人才、如何培养人才，最终还是要服务于“为谁培养人才”，三者既是整体又为递进关系。可以说，为中国特色社会主义建设培养高层次的法治人才，是“三进”工作在法学教育中的落脚点，也是法治中国建设的生动体现。

On the Path of the "Three-Entering" Education in the Cultivation of High-Quality Rule-of-Law Talent

Li Jun　Liu Renshan

Abstract: Colleges and universities are the important fronts for practicing Xi Jinping Thought on the Rule of Law, and promoting the "Three-Entering" Education, which is an important guarantee for the high-quality college legal education. The mutual promotion form of " the ideological and political courses have the connotation of the rule of law, and the law courses have the ideological and political significance" is conducive

⑧ 参见中共中国人民大学委员会：《培养什么人　怎样培养人　为谁培养人》，载《求是》2020 年第 17 期。

⑨ 参见教育部课题组编：《深入学习习近平关于教育的重要论述》，人民出版社 2019 年版，第 121 页。

to the cultivation of high-quality rule-of-law talent. Zhongnan University of Economics and Law integrates the improvement of the teaching quality of legal education with the "Three-Entering" Education, which constructed a system for textbook compiling, selection of textbooks and related incentive mechanisms to motivate textbook compilation, use, promotion and evaluation. Based on this way, the university also builds an "integration of general education courses, an integration of the general platform courses and professional courses, and a construction mode of the coordination of the compulsory courses and elective courses". The university has been building a high-quality teaching personnel to enhance the role of teachers as the models of education. The "Three-Entering" Education, as a fusion agent for the construction of university legal education, aims to establish a three-dimensional education model that integrates "diversified textbook construction, multi-level curriculum system construction, and diversified teaching activities" to cultivate the high-quality rule-of-law talent with morality and law.

Key Words: "three-entering", convergence, cultivation model, system building

论涉外法律人才之供求错位与对策*

简基松** 陈良奎***

摘 要：我国涉外法律人才的匮乏，不仅表现为总量不足，同时表现为供求偏差：培养领域与需求领域之间的偏差；培养的类型与需求的类型之间的偏差；培养的语境与需求的语境之间的偏差。因此，拓展国别法的专业设置，加大涉外法律人才的职业化培养，充分发挥专硕在涉外法律人才培养中的龙头作用，加大小语种涉外法人才培养的力度是消除这种供求错位的重要举措。

关键词：涉外法律人才 供求错位 国别法

2020年11月16日至17日，党的历史上首次召开了中央全面依法治国工作会议，习近平总书记在会上强调，要坚持统筹推进国内法治和涉外法治。① 坚持以习近平法治思想为引领，加强涉外法治人才

---

* 2022年度教育部哲学社会科学研究重大专项项目"坚持统筹推进国内法治与涉外法治研究"（项目编号：2022JZDZ005）的阶段性成果之一。

** 简基松，中南财经政法大学法学院教授，博士生导师。研究方向：国际法、涉外经贸法律与实务。

*** 陈良奎，中南财经政法大学法硕中心硕士研究生。研究方向：国际法、涉外经贸法律与实务。

① 参见习近平系列重要讲话数据库，载人民网2020年11月17日，http://jhsjk.people.cn/article/31934454。

培养,为我国涉外法治建设提供有力的人才保障已刻不容缓。在学术界,黄进教授也坚持倡导"构建涉外法治体系","要着力培养一大批具有家国情怀和世界眼光、通晓国际法律规则、善于处理国际法律事务的高素质涉外法治人才"。② 由此可见,补齐我国涉外法治人才严重短缺和能力不足的短板是我国法学教育无法回避的庄严使命和重大任务。

我国自改革开放以来就拉开了涉外法律人才培养的序幕。国务院办公厅于1984年就曾发出通知要求每项涉外经济贸易洽谈都要配备法律顾问,可见涉外法律人才的培养在我国持续扩大对外开放以及全球化的经济发展中具有举足轻重的作用。然而,经过40多年的涉外法律人才培养,我国并没有从根本上缓解涉外法律人才的供求矛盾。根源何在？笔者通过深入的研究得出的结论是:我国涉外法律人才培养除了总量匮乏的问题之外,还存在严重的供求错位问题。以下笔者将向大家介绍我国涉外法律人才供求之间存在的三大错位问题。

一、我国涉外法律人才之供求错位

我国涉外法律人才之供求错位主要表现在以下三个方面:

(一)培养领域与需求领域的错位

为适应世界多极化和国家对外开放的要求,我国需要一大批通晓国际规则、涉外中国法以及国别法且能够参与国际法律事务和国际竞争的涉外法治人才。③ 涉外法治和国际法人才是不能划等号的。涉外法律比国际法律的内涵更为丰富。笔者认为涉外法律至少包括三类:一是国际法,由各种国际条约、习惯、一般法律原则组成。二是含涉外因素的本国法,如《中华人民共和国外商投资法》《中华人民共和国对外贸易法》。

---

② 黄进:《加强我国涉外法治人才培养的战略选择》,载光明网,https://legal.gmw.cn/2021-02/09/content_34611217.htm。

③ 参见教育部、中央政法委员会《关于实施卓越法律人才教育培养计划的若干意见》,载教育部网,http://old.moe.gov.cn/publicfiles/business/htmlfiles/moe/s3875/201204/xxgk_134451.html。

三是不同国别的外国法，比如，美国反海外腐败法、美国对外贸易管制法，等等。与之对应的涉外法治人才也可以分为三类：一是通晓国际法律的人才。二是通晓含有涉外因素的本国法的人才。三是通晓外国法律的人才。我国的对外开放政策大致分为两个阶段，1979 年到 1992 年是改革开放的第一阶段，其核心特点是"引进来"，这个时代我国的涉外法律人才需求领域主要在一般的国际法律上，特别是解决法律冲突的国际私法和含有涉外因素的国内法律上，如三资企业法（外商企业法、中外合资企业法、中外合作企业法）、外汇管制法律、对外贸易管制性法律等。1992 年至今，我国改革开放进到一个"走出去"的新阶段，很多企业纷纷走出国门，到其他国家去投资办企业。此时，国家对于通晓外国法律人才的需求暴涨。然而，我国的涉外法律人才培养领域并没有与时俱进地调整，还是固守传统地在国际法和含有涉外因素的国内法律领域培养人才，培养观念依旧没有走出重国际法轻国别法、重中国法轻东道国法的误区，在培养模式上缺乏对通晓外国法律涉外人才的教学指导。

"一带一路"沿线国家所涉及的法律体系远远超过世界上任何一个多边或区域经济合作组织，世界上五大法律体系均涵盖其中。随着我国"一带一路"倡议的深入推进，中国企业在海外参与"一带一路"建设必然面临与国内不同的法治生态环境，为避免企业在东道国遭遇不必要的法律风险和发展障碍，涉外法律人才提供的法律服务必须重点关注东道国的投资、贸易、建筑、劳工、知识产权、财税金融等方面的法律法规，确保企业在东道国合法投资经营。④ 然而，全国律师协会"一带一路"跨境律师人才库的中方律师仅有 84 人。⑤ 因此，各高校注重培养具有国际视野、通晓沿线国国家法律的涉外法律人才是建立精准、有效和可操作性强的"一带一路"法律服务机制的前提和关键。

虽然我国教育部与中央政法委在 2011 年和 2018 年联合发布了《关

④ 参见汪习根、李曦光：《"一带一路"视角下法治服务体系的优化——基于法律价值理念的分析》，载《武汉大学学报（哲学社会科学版）》2018 年第 1 期。

⑤ 参见刘晓红：《"一带一路"倡议背景下的法律人才培养改革探索》，载《法学教育研究》2020 年第 1 期。

于实施卓越法律人才教育培养计划的若干意见》和《关于坚持德法兼修实施卓越法治人才教育培养计划2.0的意见》这两份重要的指导文件，但我国整体的涉外法律人才培养领域和模式并没有进行与之相应的调整,还是固守传统的国际法与含有涉外因素的国内法律的培养方式。2017年,广西柳州的五菱汽车集团有限公司派其法务部来我校座谈,其法务总监明确表示该公司有意在马来西亚设立工厂,利用当地极具价格优势的劳动力生产汽车,因此希望我校提供通晓马来西亚外商投资法、劳工法、知识产权法的涉外法律人才。遗憾的是,我校鲜有学子能够胜任此份工作,只能动用教师团队专门研究马来西亚相关投资领域的法律。此事让我校深感培养通晓外国法律的涉外法律人才的紧迫性。然而,全国开设国别法专业或者建立国别法研究中心的高校数量稀少,本文收集统计了全国法学学科排名前五十的高校开设国别法专业的数量,结果为开设国别法专业的占比仅为20%,未开设国别法专业的占了80%。⑥

可见,开设国别法或建立国别法研究中心的高校数量占比太小,大部分高校的法学生仍以学习涉外中国法为重点,拟定的包括国际法、比较法以及外国本土法在内的涉外教学方案缺乏系统性,其课程设置零散、随机性强,⑦完全达不到有效培养通晓外国法律的涉外人才的要求。因此,我国涉外法律人才需求领域和供给领域存在严重的错位问题。

(二)培养类型与需求类型的错位

法律硕士学位在设置之初就与法学硕士学位进行了区分,法学硕士(学硕)的培养目标是初级研究型法律人才,而法律硕士(专硕)的目标是培养职业化的人才。学硕与专硕培养方向的切分角度也不同,学硕常

⑥ 开设国别法专业的10个高校分别是:中央民族大学开设英美法系刑法、WTO规则,四川大学开设英美合同法、英美侵权法,中国人民大学开设欧洲法、法语,武汉大学开设中法法律双学位班,吉林大学开设“美国法讲习班”,厦门大学开设罗马法专业,中南财经政法大学开设比较法与欧洲法、下设东盟刑事法研究中心,湘潭大学开设非洲法法务专业,中国政法大学下设中德法学院、中美法学院,西南政法大学下设有俄罗斯法研究中心、中美环境法研究中心。

⑦ 参见贺赞:《涉外法治人才培养机制创新——以课程体系建设为中心》,载《中国法学教育研究》2017年第2期。

常以学科知识门类为依据切分方向，比如学硕基本切分为宪法、民法、刑法、行政法、民事诉讼法、刑事诉讼法、行政诉讼法、经济法、国际经济法、国际私法、国际公法、法制史、法理学等，而专硕则是以专门的职业或复杂的职业活动为视角来切分专业方向的，即以具体的职业或职业活动所需要的专业知识结构、工作经验、工作能力为路径，量身定做培养职业化人才的方案，比如，投行法律与实务，它所需要的专业知识主要涉及公司法、证券法、证监会和两大证券公司所发布的部门规章和市场规则以及财务会计学方面的专业知识，同时需要具备在证券或其他公司投行部、证券市场工作的经验、较强的协调能力和管理能力。因此，专硕可以充分发挥"复合型"知识背景的优势，根据这些能力要求来设计培养方案，量身定做培养职业化的人才。而学硕则难以突破相关学科门类知识的限制，其培养的学生要求具有一定的法律研究能力。"复合型法治人才"与"应用型法治人才"是专硕培养目标的"一体两翼"，⑧该培养类型相较于学硕更能够培养出可以直接参与涉外法律工作的专业化人才。

随着我国进入高水平对外开放新时期，国内外的经济贸易往来越来越频繁，跨国企业和组织对优质的涉外法律服务需求大增，因此，亟须大量专业化分工明确、具备复合性知识和能力、懂实务操作技能的应用型涉外法律专业人才。然而长期以来，不少高校对学硕与专硕的差别存在认识盲区与误区，导致对专硕的培养出现了与学硕同质化的问题，即对专硕的培养仅停留在通识性的法学课程上，未能提供一套系统的实用型职业化培养体系，此种模式下培养出来的涉外法律人才无法直接与国家亟需的实务人才有效衔接。本文收集的法学学科排名前五十的高校对法律硕士实施职业化培养的现状显示，法律硕士实施职业化培养的高校占比为16%，法律硕士未实施职业化培养的高校占比为84%。⑨

---

⑧ 参见丁国峰：《论我国法学教育"一体两翼"培养模式的构建与完善》，载《河北法学》2018年第8期。

⑨ 法律硕士实施职业化培养的高校包括：中国人民大学：国际商事争端预防和解决，北京大学：国际商法方向，厦门大学：国际经济法，西南政法大学：涉外法治人才实验班、"一带一路"法治人才实验班，南京大学：比较与涉外经济法、中德经济法学，华东政法大学：法律与国际经济、国际经贸法律，中南财经政法大学：国际商贸法律实务班，湘潭大学：非洲法法务。

可见,大多数高校并未对法律硕士实施职业化培养,其培养模式还停留在传统的教学形态上,以理论教学、知识传授为主,实践教学授课方式陈旧,多数课程虽然冠以"实务",但内容体系和教学方法与法学硕士或法学本科生课程并无二致,实务技能培养偏弱。⑩ 因此,我国涉外法律人才的培养类型和需求类型存在错位问题。

(三)涉外法律人才培养语境与需求语境错位

参与国际规则制定、接轨国际司法实践要求涉外法治工作者熟练掌握一门甚至多门法律外语,开展中外法律交流和法治外宣以及发展涉外法律服务业也离不开法律外语人才的培养。⑪ 中华全国律师协会会长王俊峰就曾建议,提升"一带一路"语言服务能力,增加非英语语种法学教育。⑫ "一带一路"倡议的深入推进、中国对外开放的逐步深化对从事涉外法业务的法律人才提出了更高的语言要求,⑬具体表现在精通当地语言以实现情感沟通从而争取当地民众的理解和支持上。一方面,"一带一路"沿线的国际形势极为复杂,国家间矛盾频发、世界大国在此博弈不断,我国企业与其开展贸易投资时遭遇的政治风险较大,这就亟须精通当地语言的涉外法律人才充分了解当地外交、用工以及征收征用政策,从而为我国企业在当地投资作出精准的风险研判以及时化解隔阂和纠纷,增进互信和友谊。另一方面,"一带一路"沿线国大多是新兴经济体和发展中国家,其法律体系与我国存在较大差异,部分国家法律制度正处于变革与完善期,若涉外法律人才不精通当地的语言,不能对修正相关法律的第一手原文资料进行及时、准确地翻译和解读,⑭其提供的

---

⑩ 参见苏平、赵怡琳:《产教融合协同培养企业知识产权复合性应用型人才研究》,载《知识产权》2020年第7期。

⑪ 参见屈文生:《建设涉外法治工作队伍需要法律外语人才》,载《中国高等教育》2017年第7期。

⑫ 参见郭雳:《创新涉外卓越法治人才培养模式》,载《国家教育行政学院学报》2020年第12期。

⑬ 参见郭一达:《新时代涉外法治专业人才队伍培养路径探析》,载《中国司法》2021年第3期。

⑭ 参见吴旻雁:《国际税收合作中小语种语言服务存在的问题与对策》,载《税务研究》2018年第8期。

涉外法律服务就不能有效保障我国企业的投资安全。

曾有研究明确指出，“外语是国家行走的先遣队，国家到哪里，外语就应当先走到哪里”。⑮ 掌握“特定国家的一门外语 + 具备涉外法律知识”的复合型人才是为“一带一路”建设提供更准确、更优质的法律服务与法治保障的关键。⑯ 然而，我国高校在小语种涉外法律人才的培养上存在一定的问题，仍未重视小语种涉外法律人才在“一带一路”倡议中起到的战略性、基础性支撑作用。本文调查发现，法学学科排名前五十的高校开设“法学 + 小语种”专业的比例为 8%，未开设“法学 + 小语种”专业的比例为 92%。⑰

可见，我国实施“法学 + 小语种”培养模式的高校数量过少，多数高校主要构建以国际通行的英语为沟通语言的涉外法治人才培养模式，据了解，我国高校的培养方案大多是法学教育与英语课程的简单叠加，既没有达到法学知识与英语能力的融会贯通，也没有重视第二外语在涉外法治人才培养中的精英化作用，无法满足涉外法治专业人才通晓外国本土法律的基本技能要求，阻碍了我国涉外法治服务工作的长远发展。因此，我国涉外法律人才的培养语境与涉外法律工作的需求语境也存在偏差错位问题。

二、我国涉外法律人才培养的调整建言

（一）拓展国别法的专业设置

针对领域错位问题，各高校应当重视对精通国别法的涉外法律人才

---

⑮ 李宇明：《中国外语规划的若干思考》，载《外国语（上海外国语大学学报）》2010 年第 1 期。

⑯ 参见王俊峰：《加强涉外法治工作　服务全面开放新格局》，载《中国司法》2019 年第 4 期。

⑰ 这里只统计了法学学科排名前五十的高校，北京外国语大学和广东外语外贸大学也开设了相应小语种法学专业，但未将其列入统计范围。主要包括，中国人民大学：中法欧洲项目（法语），武汉大学：中德德语、法学双学士学位试验班（德语）、中法法律双学位班（法语），山东大学：日语背景法学教育班（日语），中国政法大学：中德法学院（德语）。

的培养。依据我国对外贸易的法律服务需求来看,国别法专业设置可分以英语为主的发达国家的国别法和英语普及率较低的发展中国家的国别法,前者以美国为代表,后者则多为小语种国家。

主流发达国家的教育资源丰富,鼓励学生出境学习是培养精通发达国家国别法的涉外法律人才的惯常方式之一,但我国学子多为攻读国外LLM(Master of Laws)学位,目的在于强化特定领域的法律知识,如人权法、知识产权法等,接触留学国全面系统的基础法律课程的机会较少,因此远不能达到对留学国国家法律的精通程度。美国、加拿大和澳大利亚都设置了JD(Juris Doctor)学位,该学位强调通识教育,课程涵盖了美国法律体系所有的基本内容,且教学内容偏向实务,可以使不具备法律学习背景的人获得从事法律工作所要求的基本技能,该学位的培养方式与我国对精通国别法的涉外法律人才的培养需求极具契合性,因此,高校应当鼓励学子攻读JD学位,一方面在校内人才选拔上下功夫,针对绩点优异、符合名校申请要求的学子重点培养,如提供申请材料的书写指导、LSAT(法学院入学考试)的专项培训等教学服务;另一方面在财政预算范围内予以资金支持,尽可能帮助学子解决物质障碍。

我国精通小语种国别法的涉外法律人才缺口与我国对外开放新时期所产生的高质量涉外法律服务需求形成了巨大的供求矛盾,但国内高校对此也基本束手无策。北京外国语大学和广东外语外贸大学基于强大的语言学功底,开设了部分小语种国别法专业,但由于其法学学科实力较为薄弱,很多此专业的学子面临着“毕业即失业”的窘境。有学者曾提出邀请精通小语种国别法的外国籍人士加入中国国籍,以快速弥补我国人才缺口,满足紧迫的涉外法律服务需求,但此观点引起了巨大争议,因为此类人才不具备“红色基因”,其为社会主义事业献身的决心有待商榷。在高校层面,本文认为可以借鉴该学者的思维,直接聘请精通小语种国别法的外国籍人士参与教学培养工作,同时重视对小语种专业的学生选拔工作,以推动教与学的快速融合,保障培养质量。在国家层面,本文认为国家可以制定小语种国别法涉外法律人才的培养计划,并以高校学科特点和综合实力为依据,通过资金鼓励与政策引导的方式将培养计划合理分配到高校加以落实；在培养体系成熟前，国家还应当完善供求渠道建设，解决该专业学子的就业问题，推动涉外法律人才供出与涉外法律服务需求的有序对接。

（二）充分发挥专硕在涉外法律人才培养中的龙头作用

各高校应当将涉外法律人才根基在本科学历教育中夯实，并以专硕为龙头，实现职业化培养。专硕与学硕最大的区别便是法律实践，提升学生的涉外法律实践能力，加大涉外法律人才的职业化培养，是充分发挥专硕类型优势的前提和基础。

重视法律实践的培养方案可以体现出以下特色：第一，优化“双导师”制度，强化实务指导。部分高校的“双导师”制度流于形式，所聘请的校外导师只是挂名，并不实际参与教学活动。⑱ 各高校可采取灵活的方式安排校外导师参与实践教学工作，如采取分阶段讲座或者周末授课的形式，充分发挥双导师的制度优势。第二，推广模拟法庭竞赛，注重“以赛促学”锻炼学生的涉外法律知识应用能力。⑲ 赛事课程和赛事参与既能培养学生的实践、沟通能力，又能激发学生顽强蓬勃的荣校荣国理念，将国际模拟法庭赛事与课程培养相结合，是培养涉外卓越法治人才实践能力的有效路径。第三，探索境外实习这一国际化培养新方案。各高校应当积极与跨国企业、涉外律所进行沟通合作，为学生打造多元化的境外实习机会，锻炼学生的涉外法律实践能力。

专硕重视法律实践的另一层要义便是实现职业化培养，各高校要以涉外法律人才的职业化培养作为涉外法律人才培养突破口。一方面，各法律院校应当根据自身学科专业实力、办学特色和区位优势，有规划、有侧重地确定不同的涉外法治人才培养功能定位，走差异化的发展道路，争取创立发挥本校特色、具有全国影响力并保证培养实效的品牌项目。例如，我校将结合金融和财会的学科优势，探索发展国际贸易、国际投

⑱ 参见卢明威、李图仁：《法律硕士研究生实践教学现存不足及解决措施》，载《学位与研究生教育》2017 年第 3 期。

⑲ 参见陶立峰：《新时代涉外卓越法治人才培养路径探索》，载《黑龙江教育（高教研究与评估）》2021 年第 2 期。

资、国际金融、国际税收和涉外知识产权等方向的专业培养。另一方面,法律硕士专业应当在学制和学分方面争取上级支持,以有效培养涉外法治人才为导向,对本校的学制和学分在合理范围内实施动态管理,使学校及学院拥有更大的办学自主权,包括必修课程的设置调整,以增加制度安排上的灵活性,鼓励学生挑选感兴趣的专业发展方向,充分发挥非法学法硕的复合型人才优势,同时提升学生参与国际交流的积极性。

(三)加大小语种涉外法律人才的培养力度

各高校可以从优化招收生源、重构学科融合课程体系以及建立师资共享体制四个方面加大小语种涉外法律人才的培养力度。第一,高校可以从招生生源出发,对外语学科实力强劲的高校进行侧重招生宣讲,表明小语种涉外法治人才的稀缺程度以及发展前景,鼓励语言学特别是小语种背景的本科生在研究生阶段接受涉外法学教育,侧重小语种生源质量是减少小语种涉外法律人才培养阻力的有效路径之一。第二,各高校可以结合本校的优势学科以及语言培养条件,在对小语种国家进行广泛调研,深入分析,摸准地区、行业需求的前提下,重构学科融合课程体系,处理好个别需求与整体布局、现实需求与长远发展的关系,确定重点领域的涉外法律人才所需的小语种方向,弃“泛”求“精”,将有限的教育资源以最优的方式投入小语种涉外法律人才的培养中。第三,建立有规模、有保障、可执行的师资共享机制是提升优质教育资源利用效率、缓解当前教育资源匮乏局面的重要路径。培养小语种涉外法律人才的师资共享机制不仅限于校内的外国语学院与法学院的教育资源共享,同地区的、各自坐拥优势学科的高校间的教育资源共享,尤其是语言类强校与法学类强校的教育资源共享互通才应是该机制的核心。第四,国家应当在小语种涉外法律人才培养方面承担必要的责任。如相应的资金投入,并对小语种涉外法律人才需求进行摸底统计规划,特别是要进行就业安排,解决小语种涉外法律学生“毕业就失业”的问题。

On the Mismatch of the Supply and Demand of Legal Talent Handling Foreign-Related Matters and the Countermeasures

Jian Jisong Chen Liangkui

Abstract: The lack of legal talent who can handle foreign-related matters in China is not only manifested in the lack of total amount, but also in the mismatch of supply and demand: the deviation between the field of cultivation and that of demand; the deviation between the type of cultivation and that of demand; the deviation between the context of cultivation and that of demand. The authors of this paper suggest that a set of measures can be employed to diminish these mismatches and deviations, namely, to expand the setting of different law majors of different countries, strengthen the professionalization of the talent who can handle foreign-related matters; give full play to the leading role of professional masters in the cultivation of legal talent who can handle foreign-related matters and increase the scale of the cultivation of legal talent who can handle foreign-related matters in minority languages.

Key Words: legal talent handling foreign-related matters, mismatch of the supply and demand, laws of different countries

习近平法治思想"三进"与高素质法治人才培养

焦盛荣[*]

摘　要：习近平法治思想内涵丰富、逻辑严密、体系完整，习近平总书记用"十一个坚持"对全面依法治国进行阐释、部署，是全面依法治国的根本遵循和行动指南，也为法学教育和法治人才培养指明了方向。切实推进习近平法治思想"三进"，将这一重大理论创新成果融入法学教育中，为提高法治人才培养质量，培养德才兼备的高素质法治人才队伍奠定基础。

关键词：习近平法治思想　"三进"　高素质法治人才

习近平法治思想博大精深、体系完整，习近平总书记用"十一个坚持"对全面依法治国进行阐释、部署，都是涉及理论和实践的方向性、根本性、全局性的重大问题，成为法学教育和法治人才培养的根本遵循。切实推进习近平法治思想进教材、进课堂、进头脑，将这一重大理论创新成果融入法学教育中，为

---

* 焦盛荣，甘肃政法大学副校长，教授。研究方向：法学教育、刑事诉讼法学、地方立法。

培养德才兼备的高素质法治人才队伍奠定基础。

一、习近平法治思想是法学教育和法治人才培养的根本遵循

全面依法治国的进程离不开法学教育和法治人才的培养,这二者是我国法治事业兴旺发达的重要保障。法学教育是建设高素质法治人才的基础工作,高校作为法治人才培养的第一阵地,承担着高素质法治人才的培养重任,进而为全面依法治国提供人才保障。

习近平总书记指出,法治人才培养上不去,法治领域不能人才辈出,全面依法治国就不可能做好。习近平法治思想作为法学教育和法治人才培养的根本遵循,为我国法学教育和法治人才培养提供了丰富的理论给养。①

(一)指明了我国法学教育和法治人才培养的方向

习近平法治思想为确保我国法学教育和法治人才培养的政治方向提供了智力支持。因为习近平法治思想坚持党对全面依法治国的领导、坚持以人民为中心、坚持中国特色社会主义法治道路,用这些思想指导我国法学教育无疑会确保法治人才培养的正确方向。

(二)充实了法学教育和法治人才培养的知识体系

习近平法治思想既继承吸收了中华优秀传统法律文化,又包含中国共产党治国理政的丰富法治经验,这将会极大丰富我国法学教育和法治人才培养的内容,使法学学科建设更具时代性和中国性。

(三)强化了法学教育德法兼修的育人理念

习近平总书记指出,要坚持建设德才兼备的高素质法治工作队伍,这就要求在法学人才培养中以习近平法治思想为指导,坚持立德树人、德法兼修,将德法兼修的育人理念贯彻在人才培养的全过程,通过德法兼修的路径培养德才兼备的高素质法治人才。

---

① 参见《习近平在中国政法大学考察时强调 立德树人德法兼修抓好法治人才培养 励志勤学刻苦磨炼促进青年成长进步》,载《人民日报》2017 年 5 月 4 日,第 1 版。

二、推进习近平法治思想“三进”

高校是法治人才培养的第一阵地,对于高校法学专业的学生来说,推进习近平法治思想“三进”,对提升法治人才培养质量意义重大。法学教育和法治人才培养为全面依法治国提供生力军,是全面依法治国的基础工作。②

(一)紧紧抓住“进教材”这一先决条件

进课堂、进头脑的前提条件是“进教材”。习近平法治思想内容丰富,是马克思主义法学原理与全面依法治国、建设法治中国实践相结合的重大理论成果,是我们党治国理政的科学指南与指导思想。将习近平法治思想及时融入教材体系建设,体现了理论创新成果的学科化,需要注意理论建构的整体性和完整性,注意理论体系转化为教材体系的接续工作。在教材建设方面,要以马克思主义理论研究和建设工程统编的最新版教材和教学大纲为依据,在系统学习党中央的重大方针政策、贯彻党的十八届四中全会精神、十九大精神的基础上,参照《习近平谈治国理政》《之江新语》等原文原著,全面掌握习近平法治思想的科学体系、时代渊源、丰富内涵与实践要求,及时把最新理论成果融入教材体系建设。同时,在建设官方教材的同时,也要给学生推送一些重要的辅导读物,如《习近平新时代中国特色社会主义思想三十讲》等,使官方教材与辅导读物相辅相成,相得益彰。

习近平法治思想“进教材”后的文本还是相对抽象的,对教材的解读和阐释还需要教师的讲解,通过讲解,将习近平法治思想的内容全面展示给学生。作为授课教师,一方面要立足于教材相关内容,讲清习近平法治思想的基本理论内容,并在此基础上融会贯通;另一方面,教研室要组织教师以集体备课、学术交流、头脑风暴等形式,切实把思想和行动

---

② 参见董娟、李俐娇:《论习近平法治人才培养观》,载《哈尔滨学院学报》2019年第7期。

统一到中央重大决策部署上来。

随着法学学科教学指导委员会对法学专业人才培养计划的修订，习近平法治思想成为法学专业的必修课，这必将推动形成以习近平法治思想为统领的新型教材体系，进而推动习近平法治思想相关教材、教辅资料的建设。同时，也会推动“习近平法治思想”课程的师资队伍建设，授课教师会不断学习，在自己学懂、弄通的基础上传授给学生，这为推进习近平法治思想“进课堂”提供了有力支持。

（二）认真落实“进课堂”这一行动关键

为了推进习近平法治思想“进课堂”，教育部法学教学指导委员会已对法学专业国家标准进行了调整，由以前的“10＋X”课程设置调整为“1＋10＋X”，“1”就是“习近平法治思想”，使其成为每位法学专业学生的必修课，这势必推动“习近平法治思想”走进课堂，使学生往心里学，往深里学，深刻领悟习近平法治思想的精髓。甘肃政法大学已按照法学专业最新国标的要求，对法学专业培养方案进行了修订，即将开始执行的新培养方案已经将“习近平法治思想”作为法学专业必修课，同时将其作为其他专业的通识课，切实推进习近平法治思想“进课堂”，使法科学生在课堂中接受习近平法治思想的洗礼，坚持正确的思维导向。甘肃政法大学为了推进习近平法治思想“进课堂”，采取专题的形式，由法学院、民商法学院、环境法学院、丝路法学院的老师对习近平法治思想的11个方面做了11次专题讲座，讲座采取线上线下结合的方式进行，每次讲座主讲老师都精心设计、反复研究，对习近平法治思想的科学内涵和理论品格进行了深刻阐释，学生们踊跃探讨，畅所欲言，在学校掀起了学习“习近平法治思想”的热潮。

同时，教育部高等教育司2021年5月28日～7月6日举办了习近平法治思想大讲堂活动，此次活动利用“全国高校教师网络培训”平台，面向全国法学院校开展培训，是推进习近平法治思想进课堂的工作部署。各省设分会场，甘肃省分会场就设在甘肃政法大学，本校教务处组织全省法学院校负责人参加了习近平法治思想大讲堂启动仪式，并安排专门的工作人员和分会场管理员进行沟通，组织学校所有法学教师及学生参加习近平法治思想大讲堂活动。此次活动共13讲,13位授课教师都是中国顶级的法学家,参训教师要在他们的带领下,全面、系统、深入地读原著、学原文、悟原理,努力成为习近平法治思想的深度学习者;进一步加强学理转化,将其有机融入专业课教育教学中;将其核心要义和工作贯穿在法治人才培养的全过程,做习近平法治思想的积极践行者和传播者。参训学生也进一步了解了习近平法治思想的精髓要义,增强了法治意识和法治能力。

另外,要把有关习近平法治思想的讲话稿和相关书籍推荐给学生阅读,不断强化学生的获得感。同时,要通过演讲、辩论和模拟法庭的演练等方式不断丰富习近平法治思想的教学形式。教师应根据教学对象的学习情况,采取有效的教学方法提质增效。

(三)不断践行"进头脑"这一根本目标

"进教材"和"进课堂"的目的是"进头脑"。只有进了头脑,才能把学习成果转化为不可撼动的理想信念,真正做到"学而信、学而思、学而行",用信仰之力开创美好未来。毕竟,思想是行动的先导,理论是实践的指南。[③] 通过"进头脑",厘清全面依法治国的总抓手、主要任务和重点环节,促使学生把博大精深的思想观点转化为厉行法治的强大动力,推动全面依法治国行稳致远。

1.通过检验"进课堂"的效果来评估"进头脑"的成效。要把习近平法治思想"三进"工作落到实处,就要对"进头脑"的成效进行评估。而如何评估"进头脑"似乎很难判定。但是,通过审视我们就会发现,在"三进"工作中,"进课堂"是中枢,即使"进教材",也只有经过"进课堂"的转化,才能真正"进头脑"。因此,"进头脑"的成效,可以通过检验"进课堂"的效果来评估。显然,由于授课教师自我检验的认识短视和视角偏差,由授课教师自己评判"进课堂"的效果是不尽合理的。因此,应该由教研室和学生对授课教师"进课堂"的效果进行检验,让学生和同行进行双重评价,这样的评价结果就比较客观。因为同行的评价只能出自

---

③ 参见王群瑛:《新时代法治人才培养的基本要求》,载《中国高等教育》2018年第19期。

“教”的认识,无法完全体味“学”的滋味,而学生的评价只能出自“学”的状态,无法体验“教”的感受。

教研室全体教师可以通过集体听课等环节来检验“进课堂”的效果,重点关注是否把习近平法治思想讲清楚、讲透彻了。通过同行听课还会发现一些普遍存在的问题,这可以在集体备课时进行重点研讨,进一步统一思想,制定解决问题的具体方案,同时,优化课程设计,以学生为中心,让学生入心入脑地学。诚然,一流的人才需要一流的、业务精湛的师资队伍。

2. 立足实际,丰富拓展实践育人的领地。“德法兼修”法治人才培养不能局限于课堂的理论渗透,应该让学生“走出去”,洞察社情民意,亲身参与法治实践,在实践中强化理论知识,将法治内化为自身素养。为此,高校应该因地制宜地成立宣讲习近平法治思想的社团组织,让大学生宣讲员走进宿舍、社区,通过读书会、论坛、社会实践等多种形式,充分利用网络宣讲不受时间和地点限制的优势,面向全校学生及周围居民进行宣讲学习。宣讲学习的过程,就是推动学习习近平法治思想往深里走、往心里走、往实里走的过程,从而学出坚定信仰,学出绝对忠诚,学出使命担当。同时,通过开展大学生假期实践活动,让学生体验新时代的巨大变化,体验全面依法治国的时代召唤,感悟习近平法治思想的伟大力量,实施个人—学校—社会三位一体的育人领地,切实增强行动的自觉性和主动性。

三、推进习近平法治思想“三进”,助力高素质法治人才培养

习近平法治思想为培养高素质法治人才提供了根本遵循和行动指南,通过推进习近平法治思想进教材、进课堂、进头脑,助力高素质法治人才的培养。

(一)培养高素质法治人才是习近平法治思想的重要内容

坚持法治国家、法治政府、法治社会一体建设,实现科学立法、严格

执法、公正司法、全民守法是习近平法治思想的重要内容,这些都离不开一支高素质的法治工作队伍。④ 在法治人才培养方面,应该坚持以习近平法治思想为基础,建立回应中国问题与现实急需的法学知识体系,落实新文科建设,以达到知识扩展和思维创新的培养目的。坚持将最新的法学知识体系纳入法学教材,形成以习近平法治思想为统领的新型教材体系,推动法学教育和法治人才培养的知识体系、教材体系、课程体系的更新与优化。同时加强法律职业伦理教育,坚持立德树人、德法兼修,坚持建设德才兼备的高素质法治工作队伍,实现革命化、正规化、专业化、职业化,确保做到忠于党、忠于人民、忠于法律,建设德才兼备的高素质法治工作队伍。

同时,全面推进依法治国,紧紧依靠法治工作者是不够的,需要全民法治素养的普遍提升。这就要求高校的法学教育在培养法治专门人才的同时,还需面向所有学生深入开展法治信仰、法学实践教育,使法治成为每个人的内在修养和行为习惯,使学生成长为融专业、德育、法治于一体的高素质人才,为全面依法治国构筑人才资源。

(二)以习近平法治思想为指导,处理好法学知识教学与实践教学的关系

习近平总书记强调,法学学科是实践性很强的学科,法学教育要处理好知识教学和实践教学的关系。⑤ 学生要养成良好法学素养,首先要打牢法学基础知识,同时要强化法学实践教学。法治这一治国理政的基本方式,都要转化为治国理政的实践依据。时代是思想之母,实践是理论之源。因此,在强化学生法治知识和法治理论学习的同时,要重视实务部门的实践育人工作,使其成为法治人才培养的第二阵地。同时,把实务部门优质实践资源引入高校,加强校企、校地、校所合作,通过创新实践育人形式和拓宽实践育人内容提高学生的实践操作能力,以强化法

④ 参见杨宗科:《习近平德法兼修高素质法治人才培养思想的科学内涵》,载《法学》2021年第1期。

⑤ 参见习近平系列重要讲话数据库,载人民网2017年5月3日,http://jhsjk.people.cn/article/29252264。

治人才培养的实践教学环节。另外,实践工作部门也可以选派理论水平较高的专家到高校任教,参与法学人才培养方案制定、课程体系设计、教材编写、专业教学,把社会主义法治国家建设实践的最新经验和生动案例带进课堂教学。

(三)习近平法治思想引领法学教育新时代

法律是治国之重器,法治是国家治理体系和治理能力的重要依托。党的十九届四中全会提出,到2035年基本实现国家治理体系和治理能力现代化,到新中国成立一百年时全面实现国家治理体系和治理能力现代化。在习近平法治思想的“十一个坚持”中,“坚持在法治轨道上推进国家治理体系和治理能力现代化”是其重要内容。我国实施全面依法治国是国家治理领域的深刻变革,法学教育为全面依法治国培养高素质法治人才的使命和任务,势必要求法学教育为推进和实现国家治理现代化培养能够承担起治国理政重要责任的高素质法治人才。

我们的国家治理有其他国家不可比拟的特殊性和复杂性,我们有我们的历史文化,有我们的体制机制,有我们的国情,因此,要以体现中国特色的习近平法治思想为引领,创新法学学科体系、课程体系、教材体系,深入研究和解决好为谁教、教什么、教给谁、怎样教的问题,培养大批高素质法治人才。

总之,习近平法治思想是新时代法学教育和法治人才培养的行动指南,通过大力推进习近平法治思想进教材、进课堂、进头脑,将这一重大理论创新成果融入法学教育各方面,培养大批德才兼备的高素质法治人才,是法学院校的使命和责任。

On the "Three Enterings" of Xi Jinping Thought on the Rule of Law and the Cultivation of the High-Quality Rule-of-Law Talent

Jiao Shengrong

Abstract: Xi Jinping Thought on the rule of law reflects the characteristics on the rich connotations, rigorous logic, and complete system. General Secretary Xi Jinping uses the "eleven adherences" to explain and deploy the rule of law in a comprehensive way. It is the fundamental follow-up and action guidance for the comprehensive implementation of the rule of law and it also points out the direction of legal education and the cultivation of the rule-of-law talent. With the advancement of the "Three Enterings" of Xi Jinping Thought on the Rule of Law, this significant theoretical innovation will be integrated into legal education in order to lay a foundation for improving the quality of the cultivation of the rule-of-law talent and the cultivation of the high-quality rule-of-law talent with both virtue and law specialties.

Key Words: Xi Jinping Thought on the Rule of Law, "Three Enterings", high-quality rule-of-law talent

教学研究

从“课程育人”、“课程思政”到“全面推进课程思政建设”

——“课程思政”建设理念的整体含义与实践路径

张建文*

摘 要：在一般意义上，“课程思政”存在广义的和狭义的区分，后者意味着高等学校教育教学范围内所提出的明确使用了“课程思政”名义的部分，而前者意味着还包括尽管没有使用“课程思政”之名但具有课程思政之实的“中小学学科德育”部分，也就是在一般意义上的学校教育中的课程思政。2020年5月底，教育部发布的《高等学校课程思政建设指导纲要》所使用的“课程思政”的含义，远远大于以前所使用的在“专业思政和课程思政”意义上的“课程思政”的含义，其取代并吸收了以前的“专业思政”的概念，而且将“课程思政”的场域设定，从作为“课堂教学改革”的目标扩展为包含专业建设在内的人才培养、课程设置、课程教学、实践教学、实验实训、课程教学评价乃至本科教育教学评估在内的整个人才培养体系的工作任务和培养目标。“全面推进课程思政建设”，意味着“课程思政”作为意在保障和实现我国高等教育社

* 张建文，西南政法大学教授，博士生导师。研究方向：高等教育管理、人格权法。

会主义性质和方向的重要手段将会重塑新时代中国特色社会主义高等教育人才培养的一般目标,从而直接影响并强力拘束所有高校中每个专业的具体人才培养目标。

关键词:课程育人　课程思政　专业思政　全面推进课程思政建设

普通高等学校课程设置与建设的科学性和有效性,对于人才培养体系质量和效果的作用是决定性的。具体的每门课程和整体的课程体系的育人作用和育人价值日益凸显。“课程思政”的建设理念,正是在认识到具体的每门课程和整体的课程体系对于高质量人才培养的核心价值和重要作用的前提下而提出的,意味着承认课程的设置和设计以及其实践活动,具有强烈的价值倾向,而且这种价值倾向具有可塑性,因此,才有提出和实现课程思政建设理念的前提和可能性。

一、中国特色高等教育制度:源自“课程育人”的“课程思政”

在我国,教育的根本问题被归结为三个:培养什么人,怎样培养人,为谁培养人。这是由我国国体和政体的性质所决定的。中国特色社会主义高等教育在人才培养方面最关注的也是其认为最重要的是,坚持“为党育人,为国育才”的社会主义办学的正确政治方向(“我国教育最鲜亮的底色”①),即高校要始终成为“坚持党的领导的坚强阵地”和“培养社会主义事业建设者和接班人的坚强阵地”②,强调落实立德树人根本任务的工作和效果,即培养德智体美劳全面发展的社会主义建设者和接班人。这是由党的教育方针所决定的,也凸显了我国高等教育本身具有鲜明且强烈的政治属性。对于人才的培养而言,只有通过非法律的手段,也就只有通

① 《习近平总书记教育重要论述讲义》编写组编:《习近平总书记教育重要论述讲义》,高等教育出版社2020年版,第89页。

② 教育部课题组编:《深入学习习近平关于教育的重要论述》,人民出版社2019年版,第37页。

过道德教育才能培养出其尽职尽责的品质。

在最近20年来，高等教育主管机关对于课程的认识体现为从关注课程设置，即“课程设置是教学计划的核心内容，也是实现专业培养目标和培养规格的中心环节”③，转变到更加关注课程的质量，特别是关注课程质量对人才培养质量的直接决定性作用，即“课程是人才培养的核心要素，课程质量直接决定人才培养质量”④，要求“必须把教学改革成果落实到课程建设上”。这是一个崭新的命题，由此催生了本科课程建设的“双万计划”。因而，高等教育主管机关对于课程地位和作用的认识，也逐渐从育人的角度进行考虑，把课程的课堂教学不仅仅是放在传授知识和培养能力上去看待，而是作为价值塑造，也就是将其用作思想政治教育的载体和手段来看待。课程的课堂教学就被纳入整体性的育人体系之中，即十大育人体系中的“课程育人”部分⑤。

为了加强大学生思想政治教育工作，教育主管机关提出了多项进一步实现“课程育人”的创新性理念。2018年6月21日，原教育部部长陈宝生在新时代全国高等学校本科教育工作会议上指出：“要促进专业知识教育与思想政治教育相融合”“加强课程思政、专业思政十分重要，要提升到中国特色高等教育制度层面来认识”“推动其他各门课都要‘守好一段渠、种好责任田’，与思政课同向同行，形成协同效应”“高校要明确所有课程的育人要素和责任，推动每一位专业课老师制定开展课程思政教学设计，做到课程门门有思政，教师人人讲育人”⑥。这一段讲话和要求实际上已经为“全面推进课程思政建设”规划好了路线方向和重点任务。

2018年9月17日，教育部提出“强化课程思政和专业思政”，要求

---

③ 参见《关于普通高等学校修订本科专业教学计划的原则意见》（教高〔1998〕2号）。

④ 参见教育部《关于一流本科课程建设的实施意见》（教高〔2019〕8号）。

⑤ 参见中共教育部党组《关于印发〈高校思想政治工作质量提升工程实施纲要〉的通知》（教党〔2017〕62号）。

⑥ 陈宝生：《在新时代全国高等学校本科教育工作会议上的讲话》，载《中国高等教育》2018年Z3期。

“着力推动高校全面加强课程思政建设”⑦,意图在于“全面加强课程思政建设”,要求“强化每位教师立德树人意识,把思想政治教育有机融合融入每门课程”⑧。此外,还有如“精准思政”“网络思政”等⑨提法。

“课程思政”必须要得到全面的理解,而要完整地理解“课程思政”的含义,必须要注意两个层面:第一,要考虑深度挖掘高校各学科门类专业课程所蕴含的思想政治教育资源的问题。第二,要解决好各类专业课程与思政课相互配合的问题,也就是说,使各类专业课程“与思政课同向同行,形成协同效应”的问题。只有完整且全面地理解并解决了这两个层面的问题,才能够达到“发挥所有课程育人功能”的课程思政建设目标。因此,无论是单纯地强调挖掘高校专业课程的思想政治教育资源却忽视与思政课相互配合,还是过度地强调专业课程与思政课程的相互配合,乃至于把思政课程的内容和课程目标强加或者凌驾于专业课程之上的做法,都是片面的,在实践中也将是有害的。必须关注并考虑课程思政所蕴含的这两个要素之间的配合和平衡问题。

二、“全面推进课程思政建设”:从课堂教学到课程建设

2020年5月,教育部发布《高等学校课程思政建设指导纲要》⑩(以下简称《纲要》),提出了“全面推进课程思政建设”的主题,把全面推进课程思政建设,提高到“落实立德树人根本任务的战略举措”和“全面提高人才培养质量的重要任务”的新高度。

首先,“全面推进课程思政建设”的提出,意味着以前所提出的“专业

⑦ 教育部《关于加快建设高水平本科教育全面提高人才培养能力的意见》(教高〔2018〕2号)。

⑧ 教育部高等教育司负责人就《关于加快建设高水平本科教育全面提高人才培养能力的意见》等文件答记者问,2018年10月17日。

⑨ 参见“落实　落实　再落实——陈宝生在2019年全国教育工作会议上的讲话”(2019年1月18日)。

⑩ 参见教育部《关于印发〈高等学校课程思政建设指导纲要〉的通知》(教高〔2020〕3号)。

思政”的概念不再被强调和突出，乃至淡出了官方文件，而是把“课程思政”建设作为唯一的也是最核心最重要的官方提法和建设任务。在该纲要中，“专业思政”所蕴含的工作任务，被要求将更具有一般性的课程思政建设任务纳入各专业人才培养方案的做法所取代，因而“专业思政”的提法可以不再适用，从教育部关于课程思政示范项目建设的工作文件中也可以看出“专业思政”不再被提到。

其次，教育部提出“全面推进课程思政建设”的目标和任务，意味着课程思政建设将因为其重要性程度而作为国家的公共任务和正式要求，在高等教育系统中全面开展，这意味着将会有更多的公共资源和行政手段，来促进该项工作的进展和目标任务的完成。如将“思想政治工作要求”作为教师的基本职责之一，将课程思政建设情况纳入教师评价⑪；将“课程思政建设”纳入“双一流”建设成效评价⑫。

再次，“全面推进”课程思政建设的范围不断扩大。一方面，从本科教育的层面扩大到了研究生教育的层面，提出了“加强研究生课程思政”的要求；⑬另一方面，在职业教育领域中，也提出了课程思政建设的要求。⑭

值得指出的是，在中央文件中，课程思政的理念其实是较为广泛的，不仅仅包括了明确提到的课程思政的部分，而且还包括没有冠之以“课程思政”的名义，但是具有课程思政的实质性要素的部分。从中共中央办公厅和国务院办公厅印发的《关于深化新时代学校思想政治理论课改革创新的若干意见》所提出的“整体推进高校课程思政和中小学学科德育”的

⑪ 参见人力资源和社会保障部、教育部《关于深化高等学校教师职称制度改革的指导意见》（人社部发〔2020〕100号）。

⑫ 参见教育部、财政部、国家发展改革委《关于印发〈“双一流”建设成效评价办法（试行）〉的通知》（教研〔2020〕13号）。

⑬ 参见教育部、发展改革委、财政部《关于加快新时代研究生教育改革发展的意见》（教研〔2020〕9号）。

⑭ 参见教育部、发展改革委、财政部、人力资源和社会保障部《关于印发〈深化新时代职业教育“双师型”教师队伍建设改革实施方案〉的通知》（教师〔2019〕6号）；教育部《关于印发〈国家开放大学综合改革方案〉的通知》（教职成〔2020〕6号）；教育部、河南省人民政府《关于深化职业教育改革推进技能社会建设的意见》（豫政〔2021〕2号）；教育部、广东省人民政府《关于推进深圳职业教育高端发展争创世界一流的实施意见》（粤府〔2020〕63号）。

角度看,课程思政不仅包含了我们通常狭义上的高校课程思政建设的内容,而且还包含了中小学学科德育的内容。在该文件中同样对中小学课程提出了要深度挖掘"中小学语文、历史、地理、体育、艺术等所有课程蕴含的思想政治教育资源","解决好各类课程与思政课相互配合的问题","发挥所有课程育人功能","使各类课程与思政课同向同行形成协同效应"⑮。由此观之,实质意义上的课程思政建设,不仅是在高等学校的层面,而且在所有的中小学学科德育的层面存在,只不过没有使用"课程思政"的名称,但是,中小学除思政课外的所有课程的建设目标和工作任务与高等学校各学科门类专业课程的建设目标和工作任务是相同的。

最后,在"全面推进课程思政建设"理念的统领下,《纲要》极大地拓展和更新了早期课程思政建设的场域化意识。也就是说,课程思政建设从"课堂教学改革"扩张到包括课程设置、课程改革、实践教学、实验实训、课程评价等在内的宏观意义上的"课程建设"。《纲要》对课程思政建设的范围和建设思路、重点任务均有了更加体系化、更为开放化的变化。最初,在课程育人的理念之下,课程思政的建设目标或者说建设的场域被设定为"以'课程思政'为目标的课堂教学改革"⑯,也就是说,课程思政主要是在课堂教学范围内进行,而"全面推进课程思政建设"理念的核心内容和重点任务,则不局限于课堂教学改革的范围,而是从课程建设的整体性与体系性出发,将课程思政建设的要求纳入专业人才培养方案的顶层设计之中,将课程思政建设的要求纳入所有教师和所有课程的建设任务和工作目标之中。同时,提出建设完整的课程思政教学体系、内容体系和工作体系三大体系,它们具有相互关联性、配套性和支撑性。这也体现了近几年来教育主管部门对于课程思政建设路径和方法认识的进一步深化,即从"加强课程育人"⑰,到"大力推动以'课程思政'为目标的课堂教学改

---

⑮ 参见中共中央办公厅、国务院办公厅《关于深化新时代学校思想政治理论课改革创新的若干意见》,2019年8月14日。

⑯ 参见中共教育部党组《关于印发〈高校思想政治工作质量提升工程实施纲要〉的通知》(教党〔2017〕62号)。

⑰ 参见中共教育部党组《关于深入学习宣传以习近平同志为总书记的党中央治国理政新理念新思想新战略的通知》(教党〔2016〕43号)。

革”，再到“全面推进课程思政建设”的进路。

三、课程思政建设在本科教育教学中的定位

课程思政建设，对本科教育教学和人才培养工作，提出了四个新要求新任务：

在顶层设计上，要求科学设计课程思政教学体系。具体来说，就是要把课程思政建设的要求落实到各本科专业的人才培养方案中去，落实到本科专业类教学质量国家标准中去。

在建设基础上，强调结合专业的特点来分类推进课程思政建设。这意味着课程思政建设要把公共课程和专业课程本身，特别是将专业课程作为课程思政建设的根本基础和立足点。正如有官方意见指出：“高校教师的80%是专业教师，课程的80%是专业课程，学生学习时间的80%用于专业学习，专业课程教学是课程思政的最主要的依托。”⑱由此，也可以看出，《纲要》意义上课程思政的理念，超越了在将“专业思政”与“课程思政”并列使用时的“课程思政”的含义，并涵盖了“专业思政”的内容。

在培养过程上，要把课程思政的任务和要求融入课程教学建设的全过程。这就意味着“全面推进课程思政建设”的主要任务，在宏观意义上，即在高等学校层面，是要重塑和革新我国高等教育系统和所有高校在整体意义上的人才培养体系和规格要求；在中观意义上，即在各专业的人才培养方案与计划中，重塑各专业的本科人才培养体系；在微观意义上，也即在课堂教学活动层面，课程思政建设的能力和成效，将成为评价本科人才培养质量的核心指标。这一点我们也从中央关于深化新时代教育评价改革总体方案中可以看得到⑲。

在培养目标上，全面推进课程思政建设，这意味着将重塑新时代中国

---

⑱ 参见“全面推进高等学校课程思政建设——教育部高等教育司负责人就《高等学校课程思政建设指导纲要》答记者问”，2020年6月5日。

⑲ 参见中共中央、国务院《深化新时代教育评价改革总体方案》，2020年10月。

特色社会主义高等教育的一般人才培养目标。“让学生通过学习,掌握事物发展规律,通晓天下道理,丰富学识,增长见识,塑造品格,努力成为德智体美劳全面发展的社会主义建设者和接班人。”我国高等教育人才培养的这个一般目标,会直接影响并强力约束每个高校每个专业的具体人才培养目标。

因此,可以说,经过不断淬炼和聚焦的课程思政建设,其含义和基本内容越加广泛,逐渐取代了专业思政的概念和内容,也更具一般性色彩。它不仅是一种新的独特的高等教育教学理念,而且也成为我国整个和全部学校教育的基本理念;它既是一种整体和宏观意义上具有强制性要求的课程教学的价值导向,也是一种具体和微观的课程教学的方法创新,还是一项由一系列体制机制和公共资源保障体现并确保人才培养特定质量与方向的核心要素。

四、“全面推进课程思政建设”与教师的实践意识塑造

对于高校的教师特别是承担专业课程教学工作的教师来说,如何提高自己在专业课或者公共课中课程思政建设的意识和能力,成为其面临的共同性问题和个别性问题。

笔者根据观察和体会,提出三个具有实践性的建议:

第一,全面推进课程思政建设,要求教师们树立课程教学的底线意识。底线意识,意味着课程思政建设所公开且明白地提出的价值理念和基本内容是强制性的,不容违背和忽视。“每个社会,或如人们如今所说的每个文明之所以能够有其统一性,正是因为他们所珍爱的东西、他们的价值和他们所尊敬的东西都有某种特定的秩序,如果没有一个并且唯一一个高高在上的东西,就不会有一个统一体。这个高高在上的东西赋予社会以其特性。”⑳也就是说,在公共课程和专业课程的课程教学中,教师

⑳ [美]列奥·斯特劳斯:《苏格拉底问题与现代性:施特劳斯讲演与论文集:卷二》(增订本),彭磊等译,华夏出版社2016年版,第359页。

必须要考虑到并且做到,在自己教学中,不得违背“五爱”的主线㉑,不得背离“五个重点内容”㉒,要有意识地结合自己的专业课程内容得体且恰当地进行“六个教育”㉓,其最终目标和结果,是要“坚定学生理想信念”。树立课程教学的底线意识,意味着有某种不可突破的界限,意味着“学术研究无禁区”,但“公共表达有界限”,因为“不可能存在一个不必使用强制性限制的社会”㉔。

第二,全面推进课程思政建设,要求教师们要树立课程教学的责任意识。

对教师而言,其要考虑到对自己和对学生的双重责任。对自己的责任,意味着教师对自己所从事的教育职业抱有并保持“教书育人”职责的重要性的高度认同与持续重视,同时也对课程教学这种类型的公共表达形式本身抱有底线意识。对学生的责任,意味着要考虑到我们所面临的课程教学的听众,是处在成长中的,世界观、人生观和价值观都是正在形成中的年轻人,他们具有不同的自然禀赋,而且这种差异是巨大的,在某种程度上来说,这种差异也是自然上不平等的。孔子所说的“因材施教”,对于在有着数十位甚至更多年轻人而只有一位教师的课堂来说,是一件艰巨而且极富挑战性的工作。不加掩饰的甚至是直白的怀疑性乃至否定性的表达,可能会令年轻人产生误解,即使教授者的出发点或者目的是好的,是善意的,也可能会令年轻人产生误解,形成不正确的也就是哲学上所谓的不正义的世界观、人生观和价值观,从而做出有害于他人的选择和行动。

要求教师对所面临的年轻人负担责任意识,其实也是保护年轻人的意识。这种保护意味着,在面对年轻人进行课程教学这类公共性活动时,教师有责任用带有修辞性的或者说带有政治性的表达,以避免使年轻的灵魂被暴露在没有任何保护而又充满了诱惑的“智术师式”的伤害之中。

㉑ 即“爱党、爱国、爱社会主义、爱人民、爱集体”。

㉒ 即“政治认同、家国情怀、文化素养、宪法法治意识、道德修养”。

㉓ 即“中国特色社会主义和中国梦教育、社会主义核心价值观教育、法治教育、劳动教育、心理健康教育、中华优秀传统文化教育”。

㉔ [美]列奥·斯特劳斯:《苏格拉底问题与现代性:施特劳斯讲演与论文集:卷二》(增订本),彭磊等译,华夏出版社2016年版,第341页。

这也是最伟大的教师苏格拉底所告诉我们的,在《普罗塔戈拉》中,苏格拉底挺身而出挡在了希帕克拉底身前,在智术师面前保护了还处在比较容易轻信状态的年轻人㉕。

这种责任意识所要求的教师教学活动的节制与界限,不仅是保护教师自己和年轻听众的方法,更是一种教育包括极少数有天分的年轻人在内的教学方法㉖,毕竟教师所面临的学生都不可能同时达到同等程度的启蒙,这就意味着要采用一种既能够教育极少数有天分的学生,也要顾及眼界见识和理解力处在普通程度的大多数学生,为他们的未来健康成长承担责任。

第三,全面课程思政建设,要求教师们树立课程教学的创新意识。这种创新意味着在课程思政建设总体要求下的守正创新、适度创新和有限创新。2016年12月7日,习近平总书记在全国高校思想政治工作会议上的讲话中,提出了盐的比喻,指出,好的思想政治工作应该像盐,但不能光吃盐,最好的方式是将盐溶解到各种食物中自然而然吸收。㉗ 要给课程教学增加的是适量的、有益于健康的"调味盐",而不是胡乱地撒两把"工业盐"。

在这个过程中,最要防止的是把课程思政建设的"五爱"主线、"五个重点内容"和"六个教育",生硬粗暴地插入到专业课程和公共课程之中,而是要创造性地在自己的课程自然地融入课程思政的元素。这种元素不是外来的,而是来自公共课程或者专业课程本身所具有的内容和价值目标。这种创新应当是立足于本专业的公共课程和专业课程的特点而进行的创新,而不是偏离这个基础进行。

㉕ 参见[古希腊]柏拉图、[美]施特劳斯:《普罗塔戈拉》,刘小枫译,华夏出版社2019年版,第18页。

㉖ 正如朗佩特所指出的:"《卡尔米德》展现出苏格拉底成功地发现了自己的哲学在雅典的状况:他发现,他将他的哲学传授给克里提阿,却败坏了克里提阿,培育了他僭主式的野心。解放了苏格拉底的真理对克里提阿却是致命的,苏格拉底学习到关于明智的真理对于克里提阿们是致命的,也就学习到必须要将真理掩藏起来,真理的传播要求将真理掩藏在一个伪装之下,是真理仅仅为那些它能够解放的人们说接近。《卡尔米德》展示出苏格拉底发现了一种必要性:致命的真理要求秘传,而且要求比他在《普罗塔戈拉》中所主张的秘传更为隐微。"参见[美]朗佩特:《哲学如何成为苏格拉底式的:柏拉图〈普罗塔戈拉〉〈卡尔米德〉以及〈王制〉绎读》,戴晓光、彭磊等译,华夏出版社2015年版,第261页。

㉗ 参见张啸飞:《好的思想政治工作应该像盐》,载人民网2018年7月16日,http://theory.people.com.cn/n1/2018/0716/c40531-30149945.html。

课程教学本身就承担了价值塑造、知识传授和能力培养功能，这三者融为一体，不可割裂。“全面推进课程思政建设”最重要的要求或者任务，就是在课程教学中，“要寓价值观的引导于知识传授和能力培养之中，帮助学生塑造正确的世界观、人生观、价值观”。㉘ 从某种程度上说，课程思政建设追求课程教学的三个目标任务和功能导向的和谐平衡，那就是价值塑造、知识传授与能力培养的和谐与平衡，尤其值得注意的是，“价值塑造”被放在了课程思政建设的首位。

课程思政的创新性体现在从本专业的公共课程或者基础课程中去发掘价值元素（思想政治教育元素），把这种价值元素提炼为本专业相关课程价值塑造的载体和抓手，从而使课程教学的正面价值导向和价值塑造的任务与功能获得进一步凸显和加强。

全面推进课程思政建设要求我们每一位专业课教师要尽最大努力去挖掘公共课程和专业课程教学中的价值元素，并把这种价值元素提炼为价值塑造的手段。

From "Course Education" and "Ideological and Political Education in Courses" to "Comprehensively Implementing the Construction of Ideological and Political Education in Courses"

—The Overall Definition and Practice Path of the Construction Concepts of "Ideological and Political Education in Courses"

Zhang Jianwen

Abstract: In a general sense, "ideological and political education in

㉘ 参见教育部《关于印发〈高等学校课程思政建设指导纲要〉的通知》（教高〔2020〕3号）。

courses" is divided into broad and narrow senses. The latter means the parts that clearly use the name "ideological and political education in courses" in the scope of higher education and teaching. The former means that although it does not use the name "ideological and political education in courses" but has the actual curriculum includes ideological and political part of the "moral education subjects in primary and secondary schools", that is, the curriculum ideological and political in school education in a general sense. At the end of May 2020, the definition of "ideological and political education in courses" used in the *Guideline for the Construction of Ideological and Political Education in Courses at Colleges and Universities* issued by the Ministry of Education is far greater than the previous term used in "ideological and political education in major" and "ideological and political education in courses", which replaces and absorbs the previous concept of "ideological and political education in major", and it extends the field of "ideological and political education in courses" from the goal of "classroom teaching reform" to the entire talent cultivation system for the major, which includes talent cultivation, curriculum design, course teaching, practice teaching, practical training, course teaching evaluation and the overall evaluation of undergraduate education and teaching. "Comprehensively implementing the construction of ideological and political education in courses" means that "ideological and political education in courses" is functioning as an important means to ensure and realize the socialist nature and direction of Chinese higher education, which is reshaping the general goal of talent cultivation in higher education with Chinese characteristics in the New Era, which will directly influence and significantly restrict the specific talent cultivating goals of each major in all colleges and universities.

Key Words: course education, ideological and political education in courses, ideological and political education in major, to comprehensively implementing the construction of ideological and political education in courses

新文科背景下法学实验教学的改革与创新

——以信息化法学实验室建设为例*

项　焱**

摘　要："新文科"建设既是教育行政部门的要求，也是学界讨论的热点。在归纳学者对"新文科"定义的基础上，作者讨论了法学界对"新文科"的认识，指出"卓越法治人才教育培养计划2.0"是"新文科"在法学领域的具体化。信息化法学实验室的建设契合了卓越法治人才教育培养计划2.0在法学实践教育方面的绝大部分要求，可以成为计划落实的有力抓手，最终也实现了"新文科"建设在学科建设、人才培养和社会服务等方面的功能。信息化法学实验室的建设已取得了一定成绩，但其完善还有很长的路要走。

关键词："新文科"　"卓越法治人才教育培养计划2.0"　信息化法学实验室建设

---

* 基金项目：本文系武汉大学2020年教学研究项目"以信息技术为基础的法学实验课程体系完善研究"（项目号：YB－3）的阶段性研究成果。

** 项焱，武汉大学法学院教授、博士生导师，武汉大学法学实验教学中心执行主任。研究方向：法律史、外国宪法学、公益法。

2019年4月29日,教育部、科技部、财政部等部门在天津联合召开“六卓越一拔尖”计划2.0启动大会,“新工科、新医科、新农科、新文科”为核心的国家“四新”建设工程自此开启。过去两年多来,“新文科”逐渐从概念走向具体实施。作为高等教育领域的国家战略,“新文科”必将对未来中国大学文科、中国教育和中国社会产生巨大影响。[①] 对法学学科而言,“新文科”也是法学教育工作者无法回避的挑战。法学教育如何回应“新文科”建设要求?旨在实践能力培养的法学实验室建设如何融入“新文科”要素?如何建设新文科背景下的法学实验室?本文拟对这些问题进行初步探讨。

一、新文科背景下的“新法学”

自2018年8月“新文科”进入大众视野以来,学界对“新文科”的含义进行了探索。樊丽明尽管未界定“新文科”的含义,但对“新文科”之“新”作出了解读[②],并指出了“新文科”的时代需求与建设重点。[③] 黄启兵对“新文科”的来源、特性及建设路径进行了较为全面的梳理和总结,提出当前我国“新文科”概念的提出至少与新技术的推动、新需求的产生及新国情的要求三方面有关,并在梳理学界观点的基础上提出我国“新文科”之“新”深具中国特色,一方面作为“政府主导型”的国家工程而具有国家意志性;另一方面则强调对中国优秀传统文化的执着坚守和传承,而其建设路径则要从人才培养、科学研究和社会服务等大学的基本功能入手。[④] 马骁认为创新是“新文科”建设的根本导向,融合是“新

---

① 参见黄启兵、田晓明:《“新文科”的来源、特性及建设路径》,载《苏州大学学报(教育科学版)》2020年第2期。

② 参见樊丽明:《对“新文科”之“新”的几点理解》,《新文科建设的内涵与发展路径(笔谈)》,载《中国高教研究》2019年第10期。值得注意的是,樊丽明教授系山东大学校长,也是教育部新文科建设工作组组长。

③ 参见樊丽明:《“新文科”:时代需求与建设重点》,载《中国大学教学》2020年第5期。

④ 参见黄启兵、田晓明:《“新文科”的来源、特性及建设路径》,载《苏州大学学报(教育科学版)》2020年第2期。

文科”建设的核心理念，[5]并进一步指出新文科概念是大文科、跨学科和超学科概念。[6] 周毅认为，新文科的特征主要在新交叉、新功能、新范式、新路径。[7] 段禹认为，“新文科是一种基于传统文科而又超越传统文科，以新时代、新经济与新产业为背景，融合了理、工等诸多外部学科要素的包容性学科框架。”[8]刘曙光对“新文科”之“新”的理解中除强调学科交叉融合外，也包含“教育方式、培养模式和学习方式的变化”。[9]

总体上看，由于官方文件中并未对“新文科”的含义进行界定，学界的解读多从以下三个高度相关、相互依存的方面展开：第一，从学科建设和发展的角度认为“新文科”的“新”在于学科交叉融合。第二，从人才培养的角度认为“新文科”意味着培养模式和课程体系的更新。第三，从学科功能和社会服务的角度认为“新文科”应服务于中国走向世界舞台的中心。

就“新文科”在学科交叉融合和中国问题、中国方案等方面的创新而言，法学学者和法律实务界早有动作。由于法学学科的特殊性，特别是“建设中国特色社会主义法治体系”提出后，[10]法学学者越来越重视法学问题的中国视角、中国方案。[11] 就学科交叉创新而言，法学学者们早

---

⑤ 参见马骁、李雪：《创新与融合：学科视野中的“新文科”建设》，载《中国大学教学》2020 年第 6 期。

⑥ 参见马骁、李雪、孙晓东：《新文科建设：瓶颈问题与破解之策》，载《中国大学教学》2021 年第 21 期。

⑦ 参见周毅、李卓卓：《新文科建设的理路与设计》，载《中国大学教学》2019 年第 6 期。

⑧ 段禹、崔延强：《新文科建设的理论内涵与实践路向》，载《云南师范大学学报（哲学社会科学版）》2020 年第 2 期。

⑨ 刘曙光：《新文科与思维方式、学术创新》，载《上海交通大学学报（哲学社会科学版）》2020 年第 2 期。

⑩ 参见《中共中央关于全面推进依法治国若干重大问题的决定》，载《〈中共中央关于全面推进依法治国若干重大问题的决定〉辅导读本》，人民出版社 2014 年版，第 4 页。

⑪ 参见李龙：《中国特色社会主义法治体系的理论基础、指导思想和基本构成》，载《中国法学》2015 年第 5 期；曾令良：《国际法治与中国法治建设》，载《中国社会科学》2015 年第 10 期；马长山：《互联网 + 时代软法之治的问题与对策》，载《现代法学》2016 年第 5 期；张文显：《法理：法理学的中心主题和法学的共通关注》，载《清华法学》2017 年第 4 期。

已注意到社会生活变化带来的新问题,“计算法学”⑫“人工智能法学”⑬“算法规制”⑭“网络治理”⑮“健康法治”⑯已蔚然成风。而“互联网法院”“智慧司法”⑰“智慧检务”⑱的出现则是法律实务界对技术浪潮的一种回应。不过,这些探讨更多是法学学者从研究旨趣出发自发进行的,与“新文科”概念的提出并无密切的联系。

也有法学学者对新文科背景下的“新法学”进行了解读。冯果指出,法学学科应顺应新文科建设需要,在育人观念、人才战略定位、专业建设、课程体系、教学模式和授课方式等方面进行全面改革。⑲ 徐显明指出了新文科与传统文科在话语体系、内容、作用和方法论上的不同,⑳并进一步在将新文科界定为古今打通、文理打通、人文与社科打通、中与西打通、知与行打通的“五通文科”的基础上,指出“新法学”教育面临的七大挑战,并提出“新法学”教育的建设策略。㉑

真正与“新文科”背景下的“新法学”密切相关的是卓越法治人才教

---

⑫ 钱宁峰:《走向“计算法学”:大数据时代法学研究的选择》,载《东南大学学报(哲学社会科学版)》2017年第2期。

⑬ 王利明:《人工智能时代提出的法学新课题》,载《中国法律评论》2018年第2期;刘艳红:《人工智能法学研究的反智化批判》,载《东方法学》2019年第5期。

⑭ 姜野:《算法的规训与规训的算法:人工智能时代算法的法律规制》,载《河北法学》2018年第12期;张凌寒:《算法规制的迭代与革新》,载《法学论坛》2019年第2期。

⑮ 郑智航:《网络社会法律治理与技术治理的二元共治》,载《中国法学》2018年第2期。

⑯ 王晨光等:《健康法治的基石:健康权的源流、理论与制度》,北京大学出版社2020年版。

⑰ 周强:《坚持需求和问题导向 破解难题补齐短板 推进人民法院信息化建设转型升级》,载《人民法院报》2016年1月30日。

⑱ 《最高检印发意见深化智慧检务建设》,载最高人民检察院官网,http://www.spp.gov.cn/xwfbh/wsfbh/201801/t20180103_208087.shtml;《最高检印发〈全国检察机关智慧检务行动指南(2018~2020年)〉2020年底全面构建新时代智慧检务生态》,载最高人民检察院官网,https://www.spp.gov.cn/xwfbh/wsfbt/201807/t20180720_385543.shtml。

⑲ 参见冯果:《新理念与法学教育创新》,载《中国大学教学》2019年第10期。

⑳ 参见徐显明:《高等教育新时代与卓越法治人才培养》,载《中国大学教学》2019年第10期。

㉑ 参见徐显明:《新文科建设与“新法学”教育的挑战和应对》,载《新文科教育研究》2021年第1期。

育培养计划2.0的提出,学者们也多从这一角度讨论"新法学"的定位和发展。[22] 原因在于"新文科"概念的提出与"卓越法治人才培养计划2.0"几乎同步,这也意味着卓越法治人才培养计划2.0就是"新文科"建设在法学教育领域的具体体现,而《关于坚持德法兼修实施卓越法治人才教育培养计划2.0的意见》(以下简称《意见》)[23]的出台则指引了"新文科"背景下"新法学"的改革方向。

二、卓越法治人才教育培养计划2.0对法学实验教学的意义

《意见》对实施卓越法治人才教育培养计划2.0的总体思路、目标要求、改革任务和重点举措以及组织实施作出了详细部署,由此构成未来一段时间内法学教育改革的路线图。值得注意的是,《意见》显著强调了"法学实践教育""实践教学"的重要性,主要表现在以下方面:首先,"总体思路"部分明确提出"找准人才培养和行业需求的结合点……强化法学实践教育"。其次,"目标要求"部分提出"经过5年的努力……教材课程、师资队伍、教学方法、实践教学等关键环节改革取得显著成效"。最后,"改革任务和重点举措"部分提出了八个方面的措施,其中一方面就是"重实践,强化法学教育之要","要着力强化实践教学,进一步提高法学专业实践教学学分比例,支持学生参与法律援助、自主创业等活动,积极探索实践教学的方式方法,切实提高实践教学的质量和效果"。由此可见,在下一阶段的法学教育改革中,法学实践教育的深化与创新将是重要议题。

---

[22] 参见黄进:《新时代高素质法治人才培养的路径》,载《中国大学教学》2019年第6期;郭为禄:《坚持立德树人培养一流法治人才》,载《中国大学教学》2020年第5期;刘坤轮:《中国法学教育改革的理念层次——深埋在"卓法计划2.0"中的金丝银线》,载《中国大学教学》2019年第6期;何志鹏:《卓越法治人才培养的实践解读》,载《中国大学教学》2019年第6期;周江洪:《智能司法的发展与法学教育的未来》,载《中国大学教学》2019年第6期。

[23] 参见教育部、中央政法委《关于坚持德法兼修实施卓越法治人才教育培养计划2.0的意见》(教高〔2018〕6号文),载教育部官网,http://www.moe.gov.cn/srcsite/A08/moe_739/s6550/201810/t20181017_351892.html。

问题在于，“法学实践教育”“实践教学”的含义是否足够清晰？从当前国内主流的法科院校本科生培养方案来看，“实践教学”常与“实验”“实训”“实习”“实践”“实务”混用，例如，北京大学法学院的“第二课程”包括诊所式法律教育、模拟法庭基础和模拟法庭实训，㉔中国人民大学法学院的“实务类课程”包括诊所式法律教育、宪法、民事、刑事等案例分析，㉕清华大学法学院的“实践课”包括法律实务和法律诊所，㉖中国政法大学的“实务技能课”主要由各类模拟法庭和各类法律诊所构成，㉗武汉大学法学院的专业实务课程包括实例研习、模拟法庭、法律诊所和实习实训等，中南财经政法大学法学院的“实践教学环节”包括学年论文、教学实习、毕业设计、实验课程和课程实验。㉘ 从各校的培养方案可以看出，在现有法学教育中，“实践”和“实务”课程已在课程体系中占据了比较重要的地位，这意味着法学院校多用“实务课”或“实践课”来承担理工科“实验教学”的功能。其中的一个例外是中南财经政法大学，其实践教学环节就包括“实验课程”和“课程实验”，这与该校多年持续开发法学实验教学系统有密切的关系。㉙

各校培养方案的这一安排与改革开放以来法学实践教学的发展历程密切相关——长期以来，法学教育中有实践无实验的情况非常普遍。对国内较早开展法学实验教学的院校来说，其最初的法学实验主要集中

㉔ 参见《北京大学法学院本科生培养方案》，载北京大学法学院官网2013年6月6日，https://www.law.pku.edu.cn/jx/jxpy/pyfa/10821.htm。

㉕ 参见《法学院本科法学专业培养方案》，载中国人民大学法学院官网2014年2月16日，http://www.law.ruc.edu.cn/home/t/? id=44443。

㉖ 参见《2016级法学专业本科培养方案》，载清华大学法学院官网2017年4月24日，https://www.law.tsinghua.edu.cn/info/1056/7009.htm。

㉗ 参见《中国政法大学本科培养方案（2018年）》，载中国政法大学教务处官网2019年2月27日，http://jwc.cupl.edu.cn/info/1055/4365.htm。

㉘ 参见《法学实验教学体系》，载中南财经政法大学法学实验教学中心官网2021年7月25日，http://fxsyzx.zuel.edu.cn/5907/list.htm。

㉙ 参见刘茂林：《基于LETS软件的法学实验教学体系》，载《法学教育研究》2015年第1期。

在鉴证、刑侦、证据科学等与理工科知识密切相关的领域。[30] 2005～2016年教育开展的国家级示范性实验教学中心认定工作[31]在一定程度上改变了法学实验教学的样貌,获得认定的一些法学实验教学示范中心多采取了将模拟法庭竞赛、法律诊所等实践教学活动纳入实验教学中心管理的模式。[32] 因此,从当前我国法学教育实践来看,广义的“实验教学”包括“实践教学”。有学者对法学实验教学相关概念及其应用进行了界定,[33]这也在一定程度上反映了法学实践(实验)教学人员试图统合“实践”和“实验”的努力。

在笔者看来,法学实验教学是实践教育的有机组成部分,设计精良的法学实验教学项目作为实践教学的前置环节,可以在学生实际动手操作前培养其行为习惯,并通过反复试错和验证提升实习、实训等实践教学活动的效能,切实提升学生的实践能力。

以此为出发点深入解读《意见》我们就会发现,通过信息化法学实验室建设,不仅可以沟通法学实践教育和实验教学,在完善法学实验课程体系的基础上推动法学教育改革,而且可以将卓越法治人才教育培养计划2.0的大部分要求落到实处。在笔者看来,除前述“重实践”外,《意见》中“改革任务和重点举措”部分提出的“厚德育”“强专业”“深协同”“拓渠道”“促开放”“立标准”都可以通过信息化法学实验室建设得

---

[30] 参见王麟:《国家级法学实验实训中心建设的探索与实践》,载《法学教育研究》2009年第1期。

[31] 国家级实验教学示范中心建设于2005年启动,其中华东政法大学、辽宁大学、西北政法大学、中国人民公安大学、中南财经政法大学的法学实验教学中心认定时间为2008年,四川警察学院、西南政法大学、湘潭大学、中国政法大学和中山大学法学实验教学中心认定时间为2009年。参见教育部办公厅《国家级实验教学示范中心建设》,载教育部高等教育司网2021年9月30日,http://www.moe.gov.cn/s78/A08/gjs_left/s7945/moe_735/s5661/index.html。

[32] 参见中山大学法学实验教学中心网2021年9月30日,http://law.sysu.edu.cn/fxsyzx/,中南财经政法大学法学实验教学中心网2021年9月30日,http://fxsyzx.zuel.edu.cn/main.htm,中国政法大学法学实验教学中心网2021年9月30日,http://syjxzx.cupl.edu.cn。

[33] 参见王均平:《法学实验教学相关概念的界定及其应用》,载《高等教育研究》2012年第9期。

以实现或部分实现。换言之,信息化法学实验室的建设与完善应该成为卓越法治人才教育培养计划2.0落地的重要抓手,而这也是武汉大学法学院正在努力的方向。

三、新文科背景下法学实验室建设思路

为回应"新文科"建设要求,满足"数字原住民"学生的需求,自2018年以来,武汉大学法学实验教学中心已进行了一系列信息化建设的尝试,以"拓渠道,发展'互联网+法学教育',推动法学教育与现代信息技术的深度融合……建立覆盖线上线下、课前课中课后、教学辅学的多维度智慧学习环境……"为出发点,将卓越法治人才教育培养计划2.0的要求融入法学实验室建设,拓展法学实验教学、实践教学乃至理论教学的物理空间,突破时间限制,打造信息化、智能化、泛在化的教学环境,使法学实验室成为法学教育改革的助推器。

另外,武汉大学法学实验室的建设也力图探索文科实验教学的创新与发展。与偏重于事实和科学原理从而具有显著客观性的理工科实验不同,法学实验的目的并不在于发现自然的客观规律或唯一正确答案,而在于通过实验过程设计,提高学生应用法学理论分析解决时机问题的能力。因此,围绕这一目标,通过实验教学软硬件设计、拓展教学空间、打造教学环境,通过信息手段将实验教学、实践教学融为一体,从而真正实现"法学实践教育"的飞跃式发展。

具体而言,法学实验室的建设思路有以下几个方面:

第一,为满足"厚德育""重实践""强德能"的要求,改造法学实训实验室。作为国内最早的民间法律援助机构,武汉大学法律援助中心也是

武汉大学法学院"法律诊所"课程的主要实践地。[34] 近30年来,数以千计的武汉大学法学院学子用志愿服务的方式,通过为社会弱势群体提供法律咨询、案件代理和普法宣传获得了法律实务训练,也收获了志愿服务精神;多位教师志愿者也在指导学生的过程中获得了科研的第一手材料。[35] 2018年,法律援助中心被改造为法学实验教学中心实训实验室,架设了远程录直播设备,实现志愿者培训、接待当事人全过程录制、存储,并向对应的志愿者开放,供学生反思学习;诊所教师和教师志愿者将录像用于诊所课堂和志愿者培训,取得了良好的教学效果。显然,在为弱势群体提供法律援助的同时,实训实验室使学生"在了解群众疾苦中磨炼坚强意志,在奉献社会中增长智慧才干",获得了"社会公益教育"从而实现了"厚德育"的要求,而教师团队的持续投入为"强德能"提供了坚实的保障。[36]

第二,为满足"拓渠道""立标准"的要求,新建智能实验室并形成线上教学资源平台。通过架设远程录直播设备,实现课程、讲座、学术会议全程录播和直播,相关素材剪辑加工后,按二级学科归类后放入平台,累积"覆盖线上线下"的教学资源;模拟法庭配合录直播设备,接入庭审直播信号后即可形成"庭审直播实践教学平台";我院与法律科技公司合作开发了智慧案例教学系统,依托企业强大的案例数据库,根据部门法知识点智能推荐相关案例、司法考试试题和练习题,实现了智能辅教辅学。根据"推动法学专业教育与现代信息技术的深度融合"的要求,将

㉞ See Benjamin Liebman, *Legal Aid and Public Interest Law in China*, Texas International Law Journal, 1999, 34(2): 233 - 235; Pamela Phan, *Clinical Legal Education in China: In Pursuit of a culture of Law and a mission of social Justice*, Yale Human Rights & Development.

㉟ 以武汉大学法律援助中心的教学实践为主要内容的"创新实践教学模式 培养国际化应用型卓越法律人才"获第八届国家级教学成果二等奖。参见《教育部关于批准2018年国家级教学成果奖获奖项目的决定》,载教育部官网,http://www.moe.gov.cn/srcsite/A10/s7058/201901/t20190102_365703.html。

㊱ 参见《陈金林团队获首届湖北省高校教师教学创新大赛二等奖》,载武汉大学法学院网2021年8月22日,http://law.whu.edu.cn/info/1051/10692.htm。武汉大学法学院获批省级教师团队。参见《我校新增4个省级教学团队和4个优秀基层教学组织》,载武汉大学新闻网2021年3月15日,http://news.whu.edu.cn/info/1002/63717.htm。

上述资源集成为法学实验教学平台,辅以信息管理系统,实现了实验室使用线上预约、师生一键登入、线上资源访问留痕,在累积教与学行为数据的基础上使"强化过程监控和质量评价"成为可能,并由此形成"课前课中课后"全覆盖的智慧学习环境。

第三,为实现"强专业""深协同"的要求,自主研发实验教学软件,逐步完善实验教学课程体系。基于虚拟现实实验室,我们开发了三套虚拟现实软件和一套虚拟仿真软件。虚拟现实教学软件主要解决的问题是,重现现实生活中无法进入、不可逆、难以描述的场景和操作,在增强法律事件的沉浸感和体验感的同时,引导学生深入思考法律事件的内在逻辑。其中,纵火案虚拟现实教学软件以"杭州绿城纵火案"为原型,让学生进入虚拟现实场景,"看见"案发过程,并将案件过程中的一些关键节点设置为选项,促使学生思考不同事实条件对结果判断的影响,从而提升其法律思维能力。枪支认定标准虚拟现实教学软件旨在解决口头描述枪支认定标准的困难,学生可选择不同种类的枪支,在虚拟靶场中击打纸张、铝罐、钢板和人体模特等不同物体,生成不同参数以供对比,从而增强学生对枪支认定标准的直观认识。法律口才训练虚拟现实教学软件依托包含绿幕、抠像摄像机等设备在内的混合现实实验室,为法学生搭建法院场景,通过对宣读法律文书的语音和视线智能判断进行法律口才训练,软件已用于我院国际和国内模拟法庭竞赛训练,取得了良好的训练效果。法律责任认定虚拟仿真实验教学软件以纵火案为蓝本,设计了一个高度逼真的犯罪现场、七个可供选择的角色和多条自主可逆的实验进程,仿照理工科实验流程,将法律思维过程转化为实验步骤,形成线上综合性思维训练实验,切实提升学生实操能力。[37]

此外,在新冠肺炎疫情暴发前我院已实现了录直播设备接入高速网络后的远程教学,由远在欧美的校友为本科生讲授"职业生涯规划"课程。疫情以来国际旅行的诸多限制则为远程教学的发展提供了契机,我

㊲ 目前该实验作为"国家级虚拟仿真一流课程"的申报项目已在虚拟仿真实验教学创新联盟官网"实验空间"上线,供社会公众和各高校使用。参见国家虚拟仿真实验教学课程共享平台2021年8月14日,http://www.ilab-x.com/details/2020? id=6303&isView=true。

院全英文硕士项目的学生无法入境，外教授课也常用远程方式进行，课程内容经录屏、剪辑后归入实验教学平台，实现了“全天候、跨时空”的教与学。可见，智能法学实验室相关设备完全可以满足“促开放”的要求。

通过以上软硬件的开发与运用，武汉大学法学新文科多维度实验室已初具规模，并尝试在稳固基础的前提下，创新教学方式、培养模式和学习方式，通过虚拟仿真、虚拟现实实验教学软件推动信息化“实验教学”课程体系建设，培育学生的法律思维能力和行为习惯，通过信息化软硬件设施的运行拓展理论教学、实践教学空间，推动涵盖“实习”“实训”“实务”“实验”“实践”的“法学实践教育”的体系性完善，从而持续为武汉大学法学院的卓越法治人才培养发挥效益。我们相信，打造“学生自主学习为中心”“线上线下、校内校外、课前课中课后”全覆盖，且能够实现“跨时空、全天候、多终端”实时互动的教学环境能够极大地提升法学教育的质量，这也应该是未来法学教育智能化、信息化的发展方向。

四、结语

从更广泛的意义上看，信息化法学实验室的建设也契合了“新文科”的要求。

第一，在学科交叉融合方面，法学实验教学软件的设计和运行本身就是学科交叉融合的结果，虚拟现实、虚拟仿真教学软件和智慧案例教学软件的研发和迭代需要计算机专业人士与法学教师的密切配合。软件的开发与硬件场景的展开不仅可以帮助法学学者理解信息技术的底层逻辑，而且拓展了我们的视野，能切实推动法学学科创新。实际上，信息技术与法学融合的成果不仅体现在法学界对人工智能、网络治理的讨论上，更体现在“计算法学”开始成为计算机科学的学科分支上。[38] 在这

---

[38] 参见《CCF 将成立计算法学分会并征集执行委员》，载中国计算机学会网，https://www.ccf.org.cn/Focus/2021-08-05/732925.shtml。

个意义上,“新文科”和“新工科”实现了融合。

第二,在人才培养方面,信息化法学实验室并不仅仅服务于教学和学生培养,其不断完善、发展也将为教师的成长与发展提供条件。应该注意的是,近年来教学成果和教学创新在我国学科评价体系中的重要性稳步提升。[39] 智能法学实验室内开展的软件开发和硬件应用在开拓师生视野的同时,也为教师尝试新型教学手段、开发新的教学模式提供了契机,作为人才计划后备力量的青年教师也由此获得个体的提升和发展。

第三,在社会服务方面,法学实验教学软件的开发与运用本身就是产学研一体化的成果,法学实训实验室的运转更是社会服务的典范。随着法律科技的推进,法学学者深度参与乃至主导法律科技项目将越来越成为常态,[40]而这必将与向政府机关、企事业单位建言献策一样,成为社会服务的一种新形式。

作为践行“新文科”建设和“卓越法治人才教育培养计划2.0”的一种尝试,智能化、信息化法学实验室的建设顺应了技术发展、教学创新和教学改革的趋势和要求,尽管已取得一定成效,但其完善还有很多工作要做,如如何形成适应法学学科特色的信息化实验课程体系?如何在累积数据的基础上确定科学精准的教学行为和学习行为评价体系?如何在数据分析的基础上根据科学的评价体系形成每一个学生的能力图谱?而这些方面也留待我们进一步探索和推进。

㊴ 参见《第五轮学科评估工作方案》,载中华人民共和国中央人民政府网,http://www.gov.cn/xinwen/2020-11/03/content_5556900.htm。

㊵ 国家重点研发计划“公共安全风险防控与应急技术装备”重点专项项目“精准公共法律服务支撑技术与装备研究”武汉大学法学院深度参与,参见《精准公共法律服务支撑技术与装备研究“智慧司法服务”公开论坛召开》,载搜狐网2019年7月17日,https://www.sohu.com/a/327452131_120202776。国家重点研发计划“高质高效的审判支撑关键技术及装备研究”,四川大学、中国人民大学等10余家高校科研机构主持或参与,参见《国家重点研发计划“高质高效的审判支撑关键技术及装备研究”项目启动会暨实施方案论证会顺利召开》,载四川大学科学技术发展研究院网2018年12月24日,https://kyy.scu.edu.cn/info/2079/4938.htm。

The Reformation and Innovation of Legal Experimental Education in the Background of New Liberal Arts

—Taking the Construction of Informatization Laboratory of Law as an Example

Xiang Yan

Abstract: The construction of "new liberal arts" is the requirement of Ministry of Education as well as the hot topic of the academia. Based on reviewing and summarizing different definitions on the "new liberal arts" in the academia, this article discusses the specific meanings and significance of the "new liberal arts" in the domain of the science of law. The author points out that the "Education Plan 2.0 for Cultivating Outstanding Legal Talent" is the specification of the "new liberal arts" in the domain of practical legal education. The construction of informatization laboratory of law meets most of the requirements of practical legal education in the "Education Plan 2.0 for Cultivating Outstanding Legal Talent", which can be considered as the ideal objective to guarantee the implementation of the Plan in order to fulfill the functions of discipline construction, talent cultivation and serving the society demanded by "new liberal arts". The construction of informatization laboratory of law has achieved so much, but there is a long way to go for its improving.

Key Words: "new liberal arts", "education plan 2.0 for cultivating outstanding legal talent", construction of informatization laboratory of law

论“文化遗产保护法”本科教学实例的遴选与适用

——以中央民族大学法学院教学实践为例*

郑　毅**

摘　要:“文化遗产法保护法”作为一门新兴法学课程,在强调历史文化传承与全面依法治国、高校专业布局不断优化等多重时代背景下,具有广阔的发展前景,但教学实践却存在较大落差。根据该课程综合性、实践性、法学性、趣味性、探索性的基本特征,相关实例的遴选应遵循功能性的基本原则,以及法学专业性、高可接受性和课后启发性三项一般原则。相关实例根据使用目标和场域不同,可分为四个大类和十五个小类。通过对三十五个具体实例的详细解读,从中总结出实例适用的一般技巧。除课堂情况和考试成绩外,“文化遗产保护法”的实例教学成果还可从期中笔谈内容、学年论文和期末论文选题倾向、学生自主科研项目选题倾向以及继续深造意向等方面充分体现。同时,也面临司法实例偏少、对实例教学的依赖性较高、受其他部门法课程基

---

* 本文系中央民族大学本科教学改革创新项目“法学民族实验班教学改革研究”(项目编号:CX2006)的阶段性成果。

** 郑毅,中央民族大学法学院副教授,法学博士。研究方向:宪法学。

础制约较大等问题。对此,可从适用方式的结构性提升、科学扩大实例样本来源、引入课堂之外的实例教学资源等方式实现部分解决,最终契合“增值评价”的教育改革要求。

关键词:“文化遗产保护法”本科课程　实例教学　中央民族大学法学院

一、问题的引入

目前,高校法学院的文化遗产法课程建设仍处于初探阶段。其一,多数高校着眼于相对宏观的文化遗产保护,对“法制”的侧重不明显,授课对象往往是建筑学、城乡规划、风景园林等专业的学生,技术性色彩强而制度性色彩弱,①在全面依法治国的时代背景下仍然显得不够。其二,少数专门设置文化遗产法课程的院校多以专门研究机构的师资为依托,②经验推广不易。而在开设文化遗产法课程方面最具代表性的中国人民大学法学院,近两年也因故取消了面向本科生的选修课程,而仅保留了面向硕、博研究生的选修课。其三,任课教师队伍规模均极为有限,再加上课程本身的新兴性、边缘性所导致的校际教学交流的匮乏,使集体备课、教学研讨等活动基本无法开展。

笔者自2013年起在中央民族大学法学院开设文化遗产保护法专业选修课,欲借本文分享该课程实例教学的浅见。两点关于主题的说明:

---

① 如中国海洋大学的“文化遗产保护理论与实践”、同济大学的“城市历史与遗产保护”、陕西科技大学的“非物质文化遗产保护”、北方工业大学的“文化遗产保护概论”等课程。

② 如国内最早开展系统的文化遗产法课程教学以及硕士、博士培养的中国人民大学法学院,其文化遗产法课程教学的开展即依托王云霞教授主持的文化遗产法研究所,2020年更获批联合国教科文组织“文化遗产法教席”项目。这种文化遗产法课程的学术资源优势对于一般高校而言是很难实现的。参见中华法律文化网2021年9月17日,http://www.ruclcc.com/article/? id=1768。

第一,“实例”而非“案例”。法学案例教学以司法案例的讨论为核心。[③] 在文化遗产保护法领域,虽然近年来司法案例逐渐丰富,但其数量规模以及典型性、多元性和代表性等尚不足以全面覆盖所有的重要教学知识点。同时,除司法案例外,教学过程中更多出现的是引发关注或争议的社会热点或实事,它们显然无法归入传统的“案例”范畴。因此,本文采用了内涵更宽泛的“实例”的表述。

第二,遴选与适用并重。如何从浩如烟海的实例中遴选出最典型、最能达到预期教学效果的实例,需要一套科学、系统的遴选原则体系;同一个实例,由于引入的位置、适用的技巧、侧重的角度甚至在不同阶段递进式的引用等差异,教学效果也有很大差别。本文特将两大要素予以统筹考量,既强调各自的体系建构,又强调彼此的有机协同。

二、文化遗产保护法本科课程的特点及实例遴选原则体系

(一)文化遗产保护法本科课程的特点

我院文化遗产法课程开设于大二下学期,属专业选修课,共18周,36学时,2学分,内容包括:文化遗产保护法的基础、物质文化遗产的法律保护制度及域内外比较、非物质文化遗产的法律保护制度及域内外比较、文化遗产法律制度的综合实施等。其特点大致有以下五点:

第一,综合性。一是内部综合性。在中国特色社会主义法律体系中,文化遗产保护法的核心规范《文物保护法》和《非物质文化遗产法》虽被归为行政法律部门法,但其也同时涉及民法中的文物产权和隐私权制度、知识产权法中的涉非遗商标和专利制度、刑法中“妨害文物管理罪”若干罪名及走私文物罪等、诉讼法中的文物公益诉讼制度、国际法中的文物跨国追索制度等。二是外部综合性。理解文化遗产保护法相关制度,既要了解文物保护中的历史、考古、环境、城市规划等,也要了解非

③ 参见汪东丽:《我国法学案例教学的迷思与出路——以两大法系案例教学的比较研究为视角》,载《哈尔滨学院学报》2011年第10期。

物质文化遗产中的传统手工艺、民族文化、民俗等。

第二,实践性。一是源于实践,即深入探索隐藏在相关法律条文及其制度背后的文化遗产保护、立法、司法、法制宣传等广阔而丰富的实践土壤。二是面向实践,法学是实践学科,文化遗产保护法课程教学必须面向实践适用,培养学生以课堂所学科学、有效地直接指导相关法制实践、处理具体法律关系、解决相关争议纠纷和案件的专业能力。三是分析实践,在方法上,除了常见的规范分析、逻辑分析外,还涉及社会学、人类学常用的田野调查等实证方法,以培养学生全面、科学、扎实地获得必要实证素材的能力。

第三,法学性。区别于纯粹聚焦文化遗产保护工作或技艺本身的相关学科,文化遗产保护"法"必须以法学理论为前提、以规范分析为主体、以法律思维为指引、以司法适用为导向。因此,对制度的讨论须从法律规范出发,除非必要,否则应尽量避免大量出现与"法律"关联不大的、纯粹文化遗产保护的话题和事例,确保"在法言法"。

第四,趣味性。该课程在功利性意义上对学生的吸引力有限:既无法实现学生专业对口的升学目标,也难以满足学生借此通过法律职业资格考试进而就业的需求。再加上选修课的大班教学形式导致教师对所有学生的无差别关注有限,更易滋生懒散情绪。因此,课程设计必须突出趣味性以确保学习效果。

第五,探索性。相对于"趣味性"的雪中送炭,"探索性"在更多地扮演锦上添花的角色——充分引发学生课后的深入思考、自主思考甚至直接激发其进一步学习研究的积极性。而对教学效果的评价,除出勤率、课堂状态和期末成绩等传统要素外,更在于学生课后的互动交流、申请相关主题的创新或实践项目、撰写相关主题的学年论文和毕业论文,甚至选择相关领域作为研究生阶段的研究方向等发展性指标。

(二)实例遴选的原则体系

首先,基本原则。最核心的是"功能性原则":文化遗产保护法实例的选择应当具有外部的全面性和内部的自洽性。前者是指所有实例和原则的体系能够覆盖所有服务于相关知识点讲解、学生意识培养及思维方法传授等各方面的教学目标;后者是指实例和原则体系内部各要素间具有明确的分工,功能互补且有机互动,最终能够呈现"1+1>2"的效果。

其次,一般原则。大致有三:第一,法学专业性。或体现为该实例本身就具有法律属性;或体现为对非典型法律实例的讨论强调引入法学的视角;或体现为对本在其他部门法领域讨论的实例进行文化遗产保护导向的分析。第二,可接受性。一是实例选择的趣味性,通过引人入胜的实例提升学生的关注度。二是实例的选择尽量贴近身边、贴近日常、贴近生活,以拉近学生的心理距离。由此引出对少数民族或民族地区实例侧重的衍生原则,这是由中央民族大学法学院的少数民族学生或来自民族地区的学生占有相当比例以及学校本身民族特色的客观情况所决定的。三是侧重于从授课教师亲身的研究、调研、游历中提炼实例,一来确保真实性和可信度,二来提升实例的细节化程度,三来对枯燥的知识点进行深化、补充甚至反思,四来丰富、灵活、生动丰富的实拍照片、视频等素材能使纸面上的知识立体化。第三,课后启发性。功在课上,效在课外,尽可能地激发学生潜在的心理共鸣,提升学生在课后进行后续思考、主动将课堂所学用于分析日常生活中接触到的相关信息或现象,直至产生进一步深入学习或开展独立研究的欲望。因此,选择争议较大的实例、教师在课堂不给出明确的答案以为学生自主思考和辩论故意留白等,都是重要的考虑要素。

最后,实例遴选更细节化的原则可能还涉及时效性、真实性等,但此类原则的适用要求无论是广度、严格度以及重要性都低于前述原则,不再赘述。

三、实例的类型结构及适用

(一)引导型实例

引导型实例不参与具体的问题分析过程,旨在引出特定的授课内容或激发学生对特定知识点的关注和反思，因此强调贴近学生的心理，能够激发学生的兴趣且存在较明显的思辨空间，往往突出某种近似“戏剧冲突”的效果以达成前述目标。

1. 引出议题。如在课程之正式内容展开之前，激发学生对本门课程的好奇心和学习欲，同时形成物质文化遗产和非物质文化遗产两大类型的初步印象。

【例1】在电影《十二生肖》中，成龙扮演的角色寻找四个“圆明园”十二生肖兽首并归还祖国。成龙在接受采访时表示：“希望所有国宝都可以回家。”但2013年4月，成龙却在微博中表示要把他收藏的四间徽派古建捐赠给新加坡的大学，引发轩然大波。

在电影中强调爱国情怀的成龙，实践中却面临“不爱国”的指责，由此产生的强烈反差引导学生展开思考。成龙的名人效应也有利于拉近学生与实例之间的心理距离。在学生讨论后，再播放白岩松专访成龙讲述来龙去脉的专题片。不仅为学生奠定了物质文化遗产、文物流失等初步印象，也使学生认识到朴素的常识认知与专业分析之间的差距，进而激发其深入学习的兴趣。

【例2】在宫斗剧《延禧攻略》中，高贵妃请江湖艺人表演的“万紫千红”的原型是河北著名非遗“打树花”。随后播放“打树花”纪录片，在展现绚丽场景的同时突出唯一的非遗传承人对后继乏人的无奈。

热播剧情节以及其同现实生活的关联，激发了学生进一步了解的兴趣；“打树花”现场的绚烂与传承人谈及传承时的落寞，又构成了一种强烈的戏剧冲突。在引起学生惋惜和共鸣的同时，也引导其进一步思考深层原因。该实例强化了学生对非遗及其传承困境的直观印象，为后续授课埋下伏笔。

2. 引起关注。这类实例旨在引发学生对特定问题的关切，因此强调足够的话题性，且须避免产生纯粹正面或纯粹反面的标签式印象，最好反面引入、正面评价，充分展示其发展、完善的过程。

【例3】新中国成立初对北京的规划，有苏联专家的“旧城改造方案”和留旧建新的“梁陈方案”，前者最终被采纳。后来，北京多数古城门被拆除殆尽(以图片展示地名中带"门"现在却已见不到门的旧城门照片)。随即播放纪录片,展示时任国务院秘书长的习仲勋在"破四旧"过程中保护西安古城墙不被拆除,最后引出习近平同志关于文化遗产保护的数次重要讲话。

该例通过文字、图片、视频等多种展示方式,反思了早年的认知局限,展示了思想进步的过程,传达了新时代国家文化遗产保护顶层设计的重要精神,并辅以习近平总书记相关指示的思想脉络乃至家学渊源的"暗线"。耳熟能详的文件表述,生活中熟悉的各处地名,再加上对历史材料的补足,以此引发学生的兴趣与关注。

3. 引发思考。借助颠覆传统认知或惯性思维、打破"想当然"窠臼的过程,尤其是通过一般认知与专业结论之间的巨大张力,使学生从"常识"向专业化靠拢,激发思考的主观能动性。

【例4】中国在研制喷气式飞机初期未掌握制造叶片核心技术,但1978年曾侯乙墓出土的青铜器中有一件花纹异常精美的尊盘所采用的失蜡法却能在保持精准形状的同时杜绝焊缝、铸接等隐患,从而解决了飞机叶片的关键技术问题。

通常认为,文化遗产更多地体现为传统文化价值,科学性不突出,但前例却使学生对文化遗产的科学性有了鲜明而深刻的印象。

【例5】星巴克曾在故宫开设分店,破坏了故宫作为中国古典宫廷建筑群的完整性,造成"视觉污染",最后迫于各方压力退出了故宫。

对物质文化遗产的破坏常见物理损伤,但上例则展示了"软性破坏",意想不到反而能够激发学生进一步的思考。该例也为后续讲授《威尼斯宪章》中关于环境整体性原则的内容埋下伏笔。

【例6】2016年1月,浙江某祖传特产膏药传承人倪先生购买汽车奖励员工。倪先生从2015年3月开始利用移动互联网创业,已成为国内顶尖移动电商团队。

通常认为,非遗在经济收益方面表现不佳,进而引发传承面临困境的问题,但上例却打破了这种"想当然"。移动电商的话题颇受青年学生关注,又契合"互联网+"的国家战略,更能引导学生就非遗市场化的新思路展开自主思考。

(二)说明型实例

与引导型实例相对超脱于分析过程不同,说明型实例往往作为具体知识点讲授、相关逻辑论证展开的构成部分存在,旨在便于理解、加深印象。

1. 一般说明。这是最常见的说明型实例,常作为特定知识点讲授后的“附件”,强调与特定教学目标的关联性和一致性。

【例7】史载曹操死后曾建“七十二疑冢”以防止陵寝被盗。2009 年 12 月 27 日,曹操位于河南省安阳市的高陵被发现,“七十二疑冢”之说就此终结。

【例8】史传雍正皇帝胤禛通过串通隆科多将遗诏上的“传位十四子”改为“传位于四子”而篡位。2013 年 8 月 30 日,辽宁省档案馆展出以满、蒙、汉三种文字书写的康熙遗诏,雍正即位之谜真相大白。

两例均旨在说明文化遗产的“历史发展见证价值”,曹操疑冢之说流传甚广,雍正又频现于清宫剧,均能激发学生的兴趣。

2. 引申说明。引申说明的实例除作为“附件”的基本功能外,还强调对后续思考的激发。

【例9】2013 年 6 月,伊川一家 6 人集体在武当山景区石壁上刻字留念引发轩然大波,这不是个例,甚至埃及神庙的墙壁、罗马竞技场的石柱上都被发现有“到此一游”的痕迹。

本例旨在讨论文物保护意识的问题。“到此一游”为学生所常见,亲身感受性强;埃及、罗马的图片展示激发了学生的民族荣誉感和自尊心,促使其主动思考解决方法。在组织小范围的讨论后,再展示慕田峪长城景区设立电子涂鸦墙“变堵为疏”,使学生跳出“依法禁止”的惯性思维,产生豁然开朗之感,达到深化理解的目的。

【例10】2008 年 2 月 11 日,韩国一号国宝——建于 1395 年的崇礼门被纵火烧毁。重建工程竟耗时 5 年 2 个月零 20 天。若利用现代装备技术,只需一两年,但韩方坚守传统,不仅由石匠手工打磨石料,连修复人员的工作服也是传统韩服。

重要文物的损毁将使国家民族面临不可挽回的巨大损失,而必须进行的文物修复工作应"修旧如旧",态度和工艺极为关键。该例中韩国政府在文物修复过程中对打磨工艺、服装等一些细节的机械、刻板甚至有些不可理喻的追求给学生留下深刻印象,但"不可理喻"实际上就是对学生比较和反思意识的自主激发。

3. 反差说明。虽然同样表现为营造"戏剧冲突",但区别于引导型实例中引发思考情形的外在性特征,反差说明实例强调结构性融入特定知识点讲授,甚至直接成为知识点的组成部分。

【例11】端午节在传入韩国后,发展为具有韩国独特的民族和地域特色的"江陵端午祭",成为区别于中国端午节的全新非遗项目。因此2005年韩国端午祭申遗成功并不意味着端午节不再属于中国,中国端午节也在2009年申遗成功。

本例旨在说明非遗的流变性,尤其是形式流变和本质流变的区分。近年来,韩国网民关于端午节、土炕、孔子"都是韩国的"系列不实言论,激发了学生的民族意识和家国情怀。但上例则凸显了通常认知与专业判断间的巨大反差,发挥了澄清误解并引导学生理智爱国的效用,进一步激发学生深入了解相关问题的学习积极性。

【例12】浙江东阳每年三月都有吃童子尿煮鸡蛋进补的习俗。2011年3月,童子蛋入选东阳市非物质文化遗产,引发热议。

【例13】香港街头有提供"打小人"服务的神婆,"打小人"被香港民政事务局列为当地非遗项目。

两个实例通过挑战大众一般认知而营造强烈反差,引发学生对非遗项目评审标准甚至"非遗大跃进"现象的冷思考。

4. 反向说明。千篇一律的正向讲授容易导致"审美疲劳",适当穿插一些反向说明的实例反而能取得更好的教学效果。

【例14】在2016年4月于浙江省博物馆录制的《奔跑吧兄弟》节目中,明星们在博物馆文物展厅内大声叫喊、快速跑动、剧烈打闹,以及节目录制的强光照射等,都严重威胁到了珍贵文物的安全。

本例指向文物合理利用的知识点。如何理解借助人气栏目促进文物经济价值的发掘与馆内撕名牌这种利用方式是否“合理”的问题之间的关系？该例在引发学生思考积极性的基础上，附带展开对《文物保护法》第4条“合理”的规范解释，形成理论、规范、实践三个因素的良性互动。随后再补充举出：《奔跑吧兄弟》的原版节目——韩国的Running Man某期曾在国立现代美术馆拍摄，撕名牌环节要求所有嘉宾在场馆里不能跑步，只能竞走；互撕的场地也尽量选择场馆大厅或者多媒体展示区这种对文物损害不大的地方；节目中也多次用字幕提示了观众不能模仿。而浙江卫视另一档真人秀节目《二十四小时》就曾在南京市博物馆拍摄，但仅是利用朝天宫的古建筑庭院，在室外开展游戏。正反实例的组合运用避免了“抬高他国、妄自菲薄”的错误导向。

【例15】2020年5月23日真人秀节目《巧手神探》中，某演员很随意用三根手指掐着刚被修复过的汉代文物并举起，主持人和其他嘉宾在旁提醒注意文物安全，该演员却指着身旁的文物修复大师说：“没事，他可以再修复。”

以反例的形式引导学生思考文物保护意识的培养问题，自然引出对《文物保护法》第11条“文物是不可再生的文化资源，国家加强文物保护的宣传教育，增强全民文物保护的意识”规定的理论阐释和规范讲解。

（三）印证型实例

印证型实例的核心功能在于“证”。适当使用印证型实例能够提升授课过程的说服力，使学生能够始终沿着教师预设的逻辑轨迹接收、思考、反馈信息，从而确保高效地实现教学目标。

1. 补充印证。主要针对那些距离学生日常生活较远、学生缺乏直观感受的知识点设计，旨在营造学生的“临场感”以加深其对知识点的理解。

【例16】山东曲阜孔庙曾被交由旅游公司管理，旅游公司因不懂文物保护规律而“水洗三孔”，导致大量彩绘被冲毁。此外，公司职工还开车将一尊元代记事碑撞碎，无法复原。

该实例用于对“禁止擅自改变文物管理体制”问题的讲授。“文物管理体制”对于一般学生而言过于遥远，该例通过文字背景的介绍铺垫，再辅以“水洗三孔”后触目惊心的文物损毁照片,形成强烈的视觉冲击,加深学生对文物管理体制尤其是企业管理文物弊端的印象。

【例17】播放河北冀宝斋博物馆展示“赝品文物”的新闻视频,尤其突出其中各种雷人情况,与该馆曾获得国家3A级旅游区、衡水市“十馆一中心一剧院”重点项目、河北省少先队实践教育基地、衡水爱国主义教育基地以及河北第三批“省级科普基地”等“光荣历史”形成强烈对比。

该例用于讲授《博物馆条例》第2条博物馆体制及国家对公立和私立平等支持原则。在学生形成国家鼓励私立博物馆发展、创新博物馆多元经营体制等自然观感后及时“泼冷水”,建立客观、全面、辩证的理解。

2. 实践印证。课堂讲授侧重理论性会导致“审美疲劳”,抽象理论也会弱化其自身的说服力。若以相关实践相印证,则能抵消前述消极效应。

【例18】2010年,阿克苏地区公安局成立龟兹分局,保护库车县境内的6处国家级文物保护单位和19处自治区级文物保护单位。文物、公安联合执法的“龟兹模式”初见成效。

该例用于说明目前文物执法体制缺乏行政强制权的缺陷,与公安部门联合执法又引发新的问题,最终促成了“龟兹模式”的产生;然而,公安机关本身文物专业素养的匮乏,同样困扰着“龟兹模式”,问题其实并未得到根本解决。相关的事例源于文物执法一线,易于引发学生关注,改革方向尚无定论的开放式特征又提供了较为充分的思辨空间。

3. 经历印证。强调教师个人一手资料的呈现,强调“亲历性”,适于通常情况下学生难以在个人生活实践中触及的知识点的展开。

【例19】2015年4月,郑州马固村7处文物中的5处因“智能电器产业园”项目被拆毁,民间环保组织中国生物多样性保护与绿色发展基金会(以下简称“绿发会”)就此提起环境公益诉讼。

上例缘于笔者对文物公益诉讼制度的讲授。笔者本人于2018年7月25日应邀出席“绿发会”针对该案组织的专家论证,能以亲历者的特殊身份提供大量案件细节、具体争点、专家立场等情况,并辅助展示论证会现场照片,在布置课后参考文献时再匹配笔者本人关于该案的分析评论文章。④ 教师本人的经历印证确保高可信度，拉近了与学生的心理距离，使相关讲授更具说服力。

【例 20】气候多变、范围过大、人员不足、经费有限、装备缺乏、专业化程度高等使水下文物巡查难以有效开展。授课教师在参与起草国家文物局"我国管辖海域内文化遗产联合执法工作办法"的过程中，曾赴宁波、海口等地登上海警执法船，获得了大量一线执法素材。

该例用于辅助讲授《水下文物保护管理条例》的相关内容。通过结合笔者调研获得的一手材料，直观反映出目前水下文物保护执法所面临的困境，引导学生对"我国管辖海域内文物执法工作办法和操作流程"的内容结构、《水下文物保护管理条例》的修订等议题进行发散性思考。

4. 对比印证。对比印证往往以组合的方式出现，通过聚焦同一问题的两种截然不同的立场或处理方式营造思辨空间。

【例 21A】2016 年 11 月，河南省汝州市望嵩文化广场项目施工方用挖掘机在汝州市文物局考古发掘后划定的古墓群穴保护区进行推土施工作业，致该区域内所有墓穴和砖砌墓室灭失。

【例 21B】2016 年 3 月，通州潞城镇胡各庄村在北京副中心建设前期考古勘探过程中发现战国到明清的百余座墓葬、窑址、灰坑。2017 年 5 月 28 日，河北省文物局开始在雄安新区范围内进行全面系统文物调查。

这组实例属国内横向比较，用于《文物保护法》第 32 条的讲授。尤其是 B 例，既关联通州行政副中心、雄安新区等国家重大举措，又拉近了在北京求学的学生的心理距离。

【例 22A】例 3 中"梁陈方案"被否决，导致北京在城市建设过程中面临文物保护矛盾（略）。

【例 22B】印度政府在德里老城外的西南兴建现代化首都新城——新德里，兼顾古都保护与现代化建设，走出了一条与中国截然不同的道路。

---

④ 参见郑毅：《文物保护公益诉讼应处理好五个关系》，载《民主与法制时报》2020 年 12 月 5 日，第 3 版。

这组实例属国内外横向比较。一边是“梁陈方案”被否决所引发的“首都病”,另一边是印度版“梁陈方案”在实施后产生的不同效果。引导学生思考:如果北京当年采纳了“梁陈方案”,今天又会怎样?同时强调,新德里模式也面临诸多问题,这构成了客观评价并具时代性地反思“梁陈方案”的基础。

【例23A】例3中北京在新中国成立初期为了大规模市政建设而大量拆除古城墙。

【例23B】(通过视频展示)修建北京地铁6号线时,原规划下穿皇城。为避免对古建筑地基的影响,最终6号线西端点向北平移1.5公里,当下穿古建区时,上下行隧道由平行模式转为纵向叠落模式,将对古建筑影响降至最低。

这组实例属于纵向历史比较。同样是处理北京的城市建设与文物保护的关系,在不同的时代有天壤之别。尤其在例3中展示被拆除的城门图片引起学生的惋惜情绪后,对比性实例的及时引入将大幅提升学生对当前文物保护思想、理念和制度的认同感,强化对《文物保护法》第4条中“保护为主、抢救第一”的规范内涵的理解。

此外,例22和例23在形式上巧妙借用之前讲课过程中用过的实例,节约了课堂资源,形成了课程前后内容的彼此呼应,使学生随着课程内容的不断展开实现了对同一问题思考的逐渐拓展和深化。

(四)关联型实例

该类实例通过在两处不相邻的知识点之间建立联系,促使学生形成更加全面和体系化的理解,同时通过在知识点与相关实例内容之间建立联系,达到区分近似知识点、强化理解和记忆的作用。

1.理论与实践的关联。主要是为了缓解抽象理论与学生的心理疏离感,同时通过展示“意想不到”的内容提升学生亲近感,主要作用在于促进学生对知识点的领会和记忆。

【例24】非遗在抗击新冠肺炎过程中做出了独特的贡献:国家级非遗中医传统制剂方法(安宫牛黄丸制作技艺)产品入选国家推荐处方药剂;湖北省非遗四季美汤包制作单位为武汉火神山医院建设者供餐;北

京面人郎、夹江木版年画等则通过创作抗疫主题的艺术作品服务于宣传工作大局。

借助热点事件点出非物质文化遗产在现实中扮演的积极角色,既能引发关注激发共鸣,也能纠正学生对非遗缺乏当代实用价值的固化理解,使其更全面地理解非遗保护的必要性与时代价值。

【例25】2013年5月14日召开的北京市非遗立法研讨会上反映出各种现实困境,如寿材技艺传承人提出,属于非遗实物的几口名贵棺材在拆迁后如何保存?箭弩非遗传承人抱怨因为箭弩属于危险品而无法制作、销售。

人们通常很难想到部分非遗项目的传承会面临存储、销售方面的特殊问题。该例除了补充效果外,也能激发学生对于这类实践中难题“号脉、开方、抓药”的思考积极性。举出该实例时学生往往相顾莞尔,其趣味性确保了既定教学目标的充分达成。

2. 课堂与生活的关联。通过实例本身,将学生对实例内容的兴趣转化为对实例背后知识点的关注。

【例26】北京故宫博物院文创产业形成了双线格局:“故宫文创”延续宫廷高冷风,“故宫淘宝”走亲民路线。2019年6月21日,人民日报社与故宫博物院联合举办首届“故宫文具创意设计大赛”,总奖金高达100万元。

该实例聚焦于“让文物活起来”的话题。由于该例位于课程最后一讲,因此本身不设条条框框,鼓励气氛活跃的讨论:大到文化事业和文化产业的关系,小到文创产品的销售策略升级,无形中实现了对之前课堂内容的回顾和复习。同时,授课教师当堂展示故宫文创产品实物亦能进一步提升学生的话题参与度。

【例27】2021年春节期间,河南卫视的“唐宫夜宴”春晚和“元宵奇妙夜”两台晚会声名鹊起,探索出一条全新的“让文物活起来”的文宣之道。

此系2021年牛年春节期间网络热议的话题。将文物保护主题融入重要节日晚会,不仅是宣传路径的重大革新,更体现了新时代传统文化事业单位参与或引领文物保护的新思考、新趋势,同时也给予了学生更加充分的思考兴趣和讨论空间。

3.文化遗产保护法与其他传统部门法的关联。针对本课程因与升学、就业关联度不高而产生的"学习动力忧虑",加深其与相关部门法知识的有机整合,能够使学生在复习之前所学部门法内容的同时,提升对本门课程的认识程度。这也是在各类实例中最可能与司法实践和法学学科特色直接相关的部分。

【例28】2004年,收藏家杨某安向呼和浩特市政府捐赠8328件(套)文物,呼市政府支付杨鲁安50万元奖金,尚余100万元未支付。2009年杨某安去世。2015年,杨某安之子杨某向呼市政府请求支付剩余奖金未果,向法院提起民事诉讼,后于2017年向内蒙古自治区高级人民法院提起行政诉讼。2018年,内蒙古自治区高级人民法院终审判决杨某胜诉。

【例29】1959年10月,山西省闻喜县举办国庆展览,借本县王某一家传文物18件,展览后拒绝归还,王某一讨要20年未果。1980年,王某一去世,其子王某石于1999年诉至运城中院,但被驳回诉讼请求。王某石又上诉至山西高院,最终于2001年终审中胜诉。

上述两例为文化遗产保护法与行政法的交叉。文化遗产保护法实践中更多的是行政处罚方面的实例,焦点也往往在行政相对人一方。上述两例涉及不常见的行政奖励、行政给付等行政诉讼问题,具有重要的补足性作用。

【例30】(通过视频展示)2010年1月,安顺市文化局以电影《千里走单骑》未在公开场合表明片中"云南面具戏"实为"安顺地戏"的真实身份从而误导观众、错误诠释地方民俗文化、严重侵犯了"安顺地戏"的署名权为由,向北京西城法院提起诉讼,在2011年5月一审败诉后又提起上诉。2011年9月,二审法院以"安顺地戏"不构成作品而难以得到著作权法保护为由,裁定驳回。

该例为文化遗产保护法与民法的交叉。在该案起诉及一审时,《非物质文化遗产法》尚未实施。虽然该实例的时效性有限,但却从侧面体现了法制进步对于文化遗产保护的促进作用,使学生自主思考:如果根据《非物质文化遗产法》重新审理该案,结果又会有何不同?

【例31】浙江泰顺的周某禄系泰顺药发木偶的非遗代表性传承人。2008年5月,泰顺县公安局扣押周某禄用于制作药发木偶的黑火药30.55公斤,以涉嫌制造爆炸物罪对其进行刑事拘留。2008年7月19日,泰顺县法院一审判决周某禄免除刑事处罚。

【例32】2016年2月,河北省非遗赵县"五道古火会"会头杨某申在制作古火会所需的烟花时被刑拘。2017年4月以非法制造爆炸物罪一审被判处有期徒刑四年半,杨某申上诉。石家庄中院判决认为,杨某申作为非遗传承人制造烟火药为了履行法定传承义务,未造成实际危害后果,且犯罪时为75周岁以上,免除刑事处罚。

上述两例为文化遗产保护法与刑法的交叉。其所反映的刑法所保护的法益与非遗传承之间的直接冲突所引发的两难境地较为罕见。不仅自带较强的思辨性,而且同时举出两例更能够引起关注并夯实相关讨论的必要性。再结合著名刑法学家张明楷教授的相关分析,⑤更有助于学生充分调动此前学习的刑法以及宪法知识进行分析,提升整体参与度和讨论度。

【例33】浙江大学湖滨校区教学主楼3号楼距西湖只有500米,被誉为"西湖第一高楼",对西湖的整体景观造成了一定破坏。2007年1月,建成仅13年的该楼被定向爆破拆除。《人民日报》(海外版)评论:"除却高楼的西湖,天空为之一净,人们的眼前豁然开朗。"

该例为文化遗产保护法与国际法的交叉。用于讲授《威尼斯宪章》中提出的环境完整性原则在中国的实际适用问题。同时,该例又与例5彼此呼应,从不同视角实现了对同一重要问题的反复强调,提升了前后知识点的关联度。

⑤ 参见张明楷:《宪法与刑法的循环解释》,载《法学评论》2019年第1期。

四、“文化遗产保护法”本科教学实例遴选和适用的成效、问题及对策

(一)“文化遗产保护法”本科教学实例遴选和适用的成效

实例教学在整个文化遗产保护法课程中仅扮演辅助性角色。其一,在功能上,所有实例归根结底必须服务于理论和制度内容的讲授,因此除部分引导型实例外,大多数实例均在知识点的讲授之后方得出场。其二,在篇幅上,实例要恪守简洁、精练、适度的原则。一是每个案例的篇幅尽量简短,有的甚至通过几张图片附加简单的口头说明即可达到充分展示的效果;二是整体数量控制,即便是实践较为丰富的制度性章节,其实例内容占比最多也不超过15%。其三,在内容上,除简单描述外,更多的讲授仍聚焦在相关理论和制度知识点在该实例中的具体体现,即避免实例“喧宾夺主”。

实例遴选和适用的优化目前已取得了一些积极成效。除体现在学生到课、听讲、参与讨论等各方面的积极性、期末考试成绩等之外,如下方面也能作为评价实例教学效果的辅助因素。

第一,期中笔谈的内容。其一,相对于早期的从概念、特征等起笔的教科书式思维,近年来越来越多的学生开始从课堂上的某一个实例进行破题,讨论的内容也并不再局限于课堂内容。其二,越来越多的学生有意识地结合亲身经历或切身体会,尝试对特定的文化遗产保护法题目进行独立解构。其三,越来越多的学生不满足于根据教师的个人观点或针对课堂内容进行再发掘,而勇于对教师的立场提出反驳并提供自己的论证方案。前述情况说明:学生对课堂实例印象深刻,达到了基本教学目标。学生能够主动运用课堂所学分析生活中的日常现象,学以致用。同时培养了学生大胆质疑、小心求证的学术精神。

第二,学年论文和期末论文的选题。虽然仅为选修课,但近年来越来越多的学生选择文化遗产保护作为学年论文和本科学位论文的选题。

这体现出学生对文化遗产保护法专业知识基础的掌握和积累达到了一定程度，对于独立开展研究、提出有价值的个人见解并以之应对相应的答辩环节具有较为充分的信心——在大三下学期撰写学年论文时，距大二下学期文化遗产保护法课程学习已将近一年；而在撰写毕业论文时，据授课已一年半有余。此外，在具体的行文过程中，除了课堂上教师所举的实例经常出现外，按照教师所举实例的思路而展示的学生个人发现的实例也占据相当比重。

第三，学生自主科研项目的选题。学生自主科研能力和创新能力的培育和训练是重要环节，还有综测成绩、奖学金、保研资格等功利化目标的加持，本科生申请相关项目的热情不断走高，越来越多的学生选择以文化遗产保护法作为申报项目的选题，并且在立项成功率、结项优秀率、获奖率等重要指标方面表现不俗。

第四，继续深造的意向。2021 年春季学期，在面向 2019 级本科生的文化遗产保护法课程结束后，有学生在与笔者交流时表示，除了本门课程，还同时去历史文化学院辅修了文博专业，并向笔者咨询在攻读研究生阶段继续从事文化遗产保护法研究的专业方向选择的问题。作为大二的本科生，已早早定下研究生阶段继续研习文化遗产保护法的目标和计划，实例教学的形式显然功不可没。

（二）“文化遗产保护法”实例教学面临的问题

1.宏观困境。第一，导致学生对实例教学的依赖性有所增加。由于并非所有知识点的讲授均能辅以相应的实例，导致对于有实例支撑的知识点，学生学习、记忆、领会的效果往往更好；若无实例支撑，教学效果就可能不尽如人意。这虽契合引入实例教学模式的初衷，但实例相对贫瘠却较为宏观、抽象、原则的理论部分知识点的处境却愈加恶化，这是实例教学模式本身所不欲的。

第二，教学效果受到其他部门法基础的制约。文化遗产保护法的“跨课程依赖”在实例教学过程中体现得尤为明显。该课程依赖较强的民法、刑法、行政法、诉讼法、知识产权法等，均为法学专业学习中卷帙浩繁、内容庞杂、压力颇重的学科，学生对于相关基础知识的掌握可能本就火候不足,这就为文化遗产保护法课程对相关实例的讲授提出了新的挑战。该课面向大二下学期的本科生,此时学生对于一些基础法律部门的学习尚不完整,因而限制了其运用完整的学科知识体系分析具体文化遗产保护实例的能力。

2. 微观困境。文化遗产保护法课程的实例虽然多,但较之于民法、刑法、行政法、诉讼法、知识产权法等类法律部门而言,司法实例的规模和比重均仍然偏少。法学作为一门适用性的社会科学,"可司法性"在某种意义上就代表着学科的实务性。其一,鉴于我国民事、刑事、行政三大诉讼法所构建的基本司法制度格局,通常情况下文化遗产保护法的司法审判会在三类诉讼中取其一,这会导致相关案件被归入其所依据的诉讼法对应的实体法范畴的错觉(如前述例32、33、34)。其二,有限的文化遗产保护司法案件领域相对集中,导致部分知识点无案例可引,部分知识点又因案例过多而遴选难度大。其三,相关司法实践发展缓慢,时效性不足反而会导致学生平添对文化遗产保护法"可司法度"的质疑。

前述说明三点。其一,实例教学虽能提升文化遗产保护法教学的效果,但绝非"包治一切"的灵丹妙药。司法实践的相对匮乏与滞后、相关法学课程基础的孱弱等问题,就是实例教学无法自行逾越的"明希豪森困境"。⑥ 其二,实例教学适用不当可能还会诱发次生问题,如"实例教学依赖症"——即便所有的知识点讲授均能辅以相关实例,也会由于实例教学的适用过于泛滥而使听者丧失新鲜感与调剂感。其三,相对于实例教学"标"的属性,完备的教学大纲、合理的课程安排、科学的讲授技巧才是确保教学效果的"本"。因此,实例教学仅能"锦上添花",难以"雪中送炭"。

(三)部分解决方案

这里的解决方案必须强调"部分",即只能缓解,不能根治。大致可从四个方面着手。

---

⑥ "明希豪森困境"喻指不能依靠自身解决的问题。参见舒国滢:《走出"明希豪森困境"》,载[德]罗伯特·阿列克西:《法律论证理论:作为法律证立理论的理性辩论理论》,舒国滢译,商务印书馆2019年版,第1页"代译序"。

第一,适用方式的结构性提升。针对司法实践的客观局限性,文化遗产保护法的司法实例来源不足且更新较慢,要求在教学过程中对有限的实例样本用足、用好、用活。如针对最终未能进入司法程序的实例组织学生案例审判——假设提起诉讼,原被告(控辩)双方应当如何充分调动文化遗产保护法的相关规定形成诉讼策略,居中裁判的法官又应当如何判决?类似地,对于早期的司法实例(如例32),可在现行规范体系下模拟重审,从而巧妙地把时代滞后性转变为充分理解法制进步的独特视角。

第二,即便不断提升实例适用的技巧,也不能完全替代扩大实例样本来源、补充新实例。随着互联网影响的愈加深化,通过网络检索的二手信息对于同样具有网络超强网络检索能力的新时代大学生的吸引作用直线下降,这要求授课教师不断加强对具体文化遗产保护法治问题的研究、实践、调研,以丰富且独到的第一手资料夯实课堂信息的不可替代性。还应充分利用学生反馈的重要信息并将其加工为新的实例,既包括学生在期中笔谈、期末论文、课后提问交流等环节提供的新鲜素材,也包括在指导、评审学生各种自主科研或实践项目的过程中汲取的重要样本。

第三,充分、有效、多元化地引入课堂之外的实例教学资源,促进实例教学模式的创造性转化。以任课教师作为唯一的讲者必然具有局限性,而促进实例教学的创造性转化能够在较大程度上实现主体多元化目标。一是"引进来",发动授课教师在从事文化遗产保护法相关研究、立法实践、司法实务、实证调研等过程中建立的人脉关系,引导立法者、文化遗产管理者、司法参与者等不同类型主体中的代表人士走进课堂。二是"走出去",借助课程主讲教师的身份便利,鼓励并指导学生在文化遗产保护法治领域申请、承担、参与相关自主科研或调研项目,在实证研究的过程中"拜访谈对象为师",在深耕田野、接触一线、拓宽视野的同时,与传统课堂讲授的实例教学模式形成有机互补。

第四,实例教学在各相关课程的全面推广,形成规模效益。对于文化遗产保护法而言,实例教学面临学生部门法基础不足、素材有限、实例教学与理论教学配比不易精准拿捏等问题;而对于案例教学丰富的相关部门法来说,文化遗产法治在传统"案例池"中的体现又极为有限。一举两得的解决方案在于,在民法、刑法、行政法、诉讼法、知识产权法、国际法等主干课程的案例教学过程中,适当增加文化遗产保护案例的比重,显著提升特定部门法制度与文化遗产保护的关联度,在相当程度上缓解文化遗产保护法课程过多涉及相关部门法具体制度而诱发的专业性不足、内容配比失调以及相关实例"可司法性"偏弱等问题。由于"实例教学"本身在内涵上宽泛于传统的"案例教学",这就使相关部门法案例教学内容向文化遗产保护领域的拓展不会在本质上影响文化遗产保护法课程实例教学的核心资源储备,反而能够通过课程间的有机互动形成实例教学宏观规模效益显著提升的新格局。

On the Selection and Application of Undergraduate Teaching Examples in "Cultural Heritage Protection Law"

—Taking the Law School of Minzu University of China as an Example

Zheng Yi

Abstract: As a new course in law, "Cultural Heritage Law Protection Law" has broad development prospects under the background of emphasizing the inheritance of history and culture, the comprehensive promotion of the rule of law, and the continuous optimization of the professional layout of colleges and universities, but there is a big gap in the teaching practice of this course. According to the course's basic characteristics, comprehensiveness, practicality, legality, enjoyment, and exploratory nature, the selection of relevant examples should follow the basic principles of functionality, as well as the three general principles of legal professionalism, high acceptability and after-class enlightenment. The relevant examples can be divided into four major categories and fifteen sub-categories according to the use targets and fields. Through the detailed interpretation of thirty-five specific examples, the general skills applicable to the examples can be summarized. In addition to the classroom participation and test results, the teaching results of the "Cultural Heritage Law Protection Law" can also be fully reflected in the content of the mid-term written notes and interviews, the tendency of selecting topics for academic year and final papers, the tendency of students' selections of the topics for independent research projects, and their intention to continue their studies. At the same time, the course is also faced with problems, such as the lack of judicial instances, high dependence on example teaching, and greater restrictions on the basis of other departmental law courses. In this regard, the author of this paper contends that it can be partially solved through structural improvement of applicable methods, scientific expansion of the source of example samples, and introduction of example teaching resources outside of the classroom, which ultimately meets the educational reform requirements of "value-added evaluation".

Key Words: undergraduate course of "Cultural Heritage Protection Law", example teaching, Law School of Minzu University of China

比较研究

涉外法治人才培养的英国实践及其借鉴

彭立峰*

摘　要：在经济全球化日益复杂的进程中，我国面临日益严峻的国际法律风险。打造一支优秀的涉外法治人才队伍是成功应对该风险的人才保障。考察英国涉外法治人才培养模式，发现其特点包括国际律师定位的培养目标、律师协会有效监管的培养过程、法律素养和专业技能并重的培养内容。我国可立足国情借鉴英国实践，遵循试点改革和严格监管的路径，从法学本科教育、法学研究生教育和律师实习三个方面综合改革涉外法治人才培养模式。

关键词：涉外法治人才　英国　法学高等教育

随着经济全球化的日益深入和复杂，我国对涉外法治人才的需求日益增大和迫切。截至2018年年底，我国人口总数为13.9亿，共有执业律师42.3

---

* 彭立峰，西北政法大学经济法学院副教授。研究方向：经济法、法学教育。

万多人[①],其中能够胜任涉外法律事务的律师并不多。如何满足我国对涉外法治人才的需求成为我国法律人才培养的重大现实课题。英国是全球最开放的法律服务市场之一,英国收入排名前100位的律师事务所有一半是跨国律师事务所。截至2014年,人口总数约为0.65亿的英国,仅英格兰和威尔士就有执业律师17.6万多人[②],其中多为优秀的国际律师。这些优秀的国际律师造就了英国律师业的发达,"全世界前十强律师事务所排名,英国的律所几乎占了半壁江山(分别为排名第三的Clifford Chance,排名第四的Linklaters,排名第六的Freshfields Bruckhaus Deringer,排名第七的Allen &Overy)"。[③] "他山之石,可以攻玉。"[④]英国培养涉外法治人才的长期实践或可为我国改革涉外法治人才培养模式提供有益借鉴。

一、英国涉外法治人才培养的基本模式

总体而言,英国涉外法治人才培养的基本模式主要由以下三个阶段构成:法学高等教育阶段——法律职业技能培训阶段——实习阶段。

(一)法学高等教育阶段

在英国,完成法学高等教育是从事法律职业的基础和前提。学生可以通过以下两个途径完成该阶段的教育:一是本科学习法学专业,毕业时取得合格法学本科学位(qualifying law degree)。二是本科学习非法学专业,取得非法学学士学位后参加为期一年的"转化课程"(conversion courses),并通过共同职业考试(common professional examination),获得法

---

① 参见《2018年度律师、基层法律服务工作统计分析》,载司法部网,http://www.moj.gov.cn/government-public/content/2019-03/07/634-229827.html。

② 参见吴晨:《英国法律服务市场的开放和对外国律师的管理》,载中国律师网2021年6月23日,http://www.acla.org.cn/article/page/detailById/23976。

③ 武汉市司法局司法考试课题组:《司考十年反思录:以武汉市的司考数据为例兼论中国的职业法律教育》,中国政法大学出版社2013年版,第119页。

④ 参见《诗经・小雅・鹤鸣》。

律研究生证书(Graduate Diploma in Law)。“转化课程”的内容和要求与法学本科大致相同,但学习时间显著缩短,其强度和难度可想而知。据统计,2007~2008年22所提供“转化课程”的学校中,有1/3的学校学生首次考试的未通过率超过了50%,有两所学校该比率高达75%。[⑤] 虽然完成本科法学教育并不是从事法律职业的必要前提,但实践中英国的执业律师大部分都完成了本科法学教育,仅约30%的执业律师并非法律科班出身。[⑥] 因此,以下着重考察英国的本科法学教育。

1. 学制和教学内容。在英国,高中毕业成绩优秀者可进入大学攻读法学本科。根据事务律师协会(Law Society)与出庭律师协会(Bar Council)联合发布的《关于合格法学学位的联合声明》(以下简称《联合声明》),英国法学本科教育一般学制为3年,每学年为30周,分为3个学期。法学本科需修满360学分,每学年一般需修满120学分。每个学分意味着至少10小时的学习时间,因此每学年的学习时间至少为1200小时,每周的学习时间至少40小时。

根据《联合声明》,英国法学本科的核心课程应包括公法(包括宪法、行政法和人权法)、刑法、合同法、侵权法、财产法、衡平法、信托法、欧盟法等。在此框架内,各法学院可以自主地设立必修课程和选修课程。通常法学院均围绕核心课程设置相应的必修课程,并根据自身的特点开设大量各具特色的选修课程,供学生自由选择。例如,伦敦大学东方与非洲学院开设了28门选修课程,包括亚非国家的主要法律问题、国际经济法、比较阿拉伯法、少数民族法律问题、经济犯罪等,法学本科生可自由选择其中2门进行学习。

2. 教学方法。英国法学本科学生在整个法律课程中体验一系列具有代表性的但不是唯一的教学方法,主要包括讲授(lecture)、讨论(seminar)、案例分析(workshop)和法律诊所(legal aid clinic)等。

---

⑤ See QED LAW. Pass Rates for GDL, LPC. And BVC. http://www. qedlaw. Co. uk/2008/08/28 pass-rates-for-gdl-lpc-and-bvc.

⑥ 参见苏金远、刘粤琳、李强:《英格兰和威尔士法律教育制度及对我国的启示》,载《西安交通大学学报(社会科学版)》2013年第4期。

其中,讲授通常适用于大班教学,在课程中所占的比例不大。上课前,教师通常会发放学习材料(handout),包括但不限于推荐的教材、案例、论文、学术著作和视听资料等;课堂上,教师主要围绕着课程的重点和难点进行讲解。讨论适用于小班教学(12人左右)。课堂上,学生通常围绕自己所写的论文、某一具体法律问题等特定主题进行演示、评论、交流和辩论;教师引导和控制讨论的方向、内容和节奏。案例分析通常学生人数不超过20人。课堂上,教师先将学生分为若干小组,向每小组下发书面案例材料(多数为真实案例),然后大量采用苏格拉底式问答等方法组织、引导学生就其中的事实和法律问题进行小组内和小组间的讨论分析,并进行评价和指导。法律诊所采用和客户面对面交流、模拟案例情境和参与法律机构活动等多种方式进行。参与法律诊所可以视为选修或者必修,可能被视为获得学位的必要条件。

3. 考核方式。法学院的考核注重对学生的整体学习过程与学习结果进行综合判断。总体而言,学生在校学习3年期间,都要经过学期考试、学年考试,最后参加毕业考试并提交一篇学位论文。其中,考试根据《大学学习模块计划评估规则》(MAR)的规定进行,考试范围不限于教材,也包括课堂讲授内容和学习材料(handout)。考试方式既包括开卷考试和闭卷考试,也包括笔试和口试,还包括课堂考试、当天或若干天完成的开卷考试、案例分析报告、学期课程论文。考试成绩的评定通常综合考虑卷面成绩和课堂表现(包括但不限于到课率、课前预习、课堂演示、课堂讨论和辩论等)。学位论文考查中虽然各法学院对学位论文的具体要求有所差异,但通常包括一定的字数、注释、参考文献等学术规范性、创新性要求。学位论文由教师集体评议。

考试和学位论文通过后,学生才能毕业,被授予学位。大多数法学院授予学生法学学士学位(LL. B),牛津大学和剑桥大学的法学毕业生则被授予文学学士学位。⑦ 学习成绩与学生荣誉、奖学金和就业等关系紧密,例如,阿伯丁大学的学位证书上直接体现学位论文的分数,如果学

---

⑦ 参见刁立宏、刘刚、王坚:《中国法学教育改革与实践探索》,西北工业大学出版社2017年版,第104页。

生论文成绩为出色，且其他考试成绩也达到一定标准，那么该生就可以拿到一级荣誉学位证书，这将直接使他在就业以及接下来可能进行的法律职业技能培训申请中得益。因此法学院学生通常学习都很努力。

（二）法律职业技能培训阶段

在英国，律师是从事法律职业的起点。律师分为事务律师（solicitor）和出庭律师（barrister）两类。事务律师侧重于为客户提供持续的、普遍的法律服务；出庭律师侧重于在法庭、仲裁或调解中充当辩护人。由于业务性质不同，事务律师和出庭律师分别由事务律师协会和出庭律师协会进行行业自律管理。相应地，法律职业技能培训亦分为事务律师技能培训和出庭律师技能培训两大类。学生此时需选择未来的执业方向并申请相应的法律职业技能培训。

1. 事务律师技能培训。有志成为事务律师者，需接受事务律师技能培训。依据事务法律协会规定的教学大纲，事务律师技能培训的主要内容为法律实务课程（legal practice course，LPC），其目标是使潜在的事务律师学会运用法律知识满足客户要求的技能，具体包括与客户接触和洽谈、接受委托、签署委托服务文书、提供法律建议、起草法律文件、审查法律文件等法律职业技能。

LPC 通常由法学院负责，学习时间为 1 ~ 2 年，分为两个阶段。第一阶段为 3 门必修课程，包括商法理论及实务操作、财产法理论及实务操作、诉讼法。第二阶段为选修课程，包括融资、并购、婚姻、继承、劳动合同、仲裁、诉讼等。学生根据日后的职业规划和所属事务所的要求自由选择 3 门选修课程。根据《LPC 评估规则》，LPC 评估包括笔试和法律职业技能评估。其中，笔试主要是考查学生运用知识的能力，因此可以开卷，允许参考相关的材料。法律职业技能评估主要是评估学生法律实务的能力，多通过实务能力评估表对学生的情况进行检测和量化。评估合格者，完成事务律师技能培训。

2. 出庭律师技能培训。有志成为出庭律师者，需申请出庭律师技能培训。由于每年申请者众多，审查标准严格，竞争激烈，通常仅有 1/3 左右的申请者能够入选出庭律师技能培训。依据出庭律师协会规定的教学大纲，出庭律师技能培训的主要内容为出庭律师专业培训课程（bar professional training course，BPTC），其目标是使潜在的出庭律师学会出庭律师所需要的法律知识和业务技能，包括沟通、与客户关系、商业意识、工作量安排、与其他人共事、自我认识与发展、法律专长运用与职业操守等。

入选出庭律师技能培训者，需先注册加入格雷（Gray's Inn）、林肯（Lincoln's Inn）、内殿（Inner Temple）和中殿（Middle Temple）这四大律师公会之一，然后才能注册学习 BPTC。BPTC 学习时间为 1 年。BPTC 的课程包括必修课程及选修课程，其中必修课程包括民事诉讼与证据、刑事诉讼与证据、律师讨论技能、辩护技巧、法庭外争端解决机制、职业道德等。选修课程包括家庭法、贸易法、劳动法、医疗侵权法等，学生根据日后的职业规划和所属事务所的要求自由选择 2 门选修课程。BPTC 的评估方式多元，既包括笔试和口试，也包括实务考核，还包括出席所加入的出庭律师协会的 12 次符合条件的聚会。评估合格者，完成出庭律师技能培训。

（三）实习阶段

完成事务律师技能培训或出庭律师技能培训者，若要成为事务律师或出庭律师，需在律师事务所等实务部门进行实习。

1. 事务律师实习。完成事务律师技能培训者，可以向律师事务所或其他经批准的组织（例如，地方政府、刑事公诉署等）提出实习申请，申请获准的可签订为期 2 年的实习合同，成为实习事务律师（trainee solicitor）。在这期间，实习事务律师至少要亲历三个领域的诉讼及事务性工作，并可领取工资。除此之外，实习事务律师还需要完成为期 12 天的职业技能课程（professional skills course，PSC）。PSC 的课程包括至少 18 小时的财政与商业技巧课程、至少 18 小时的咨询与沟通技巧课程、至少 12 小时的客户服务与专业标准课程以及至少 24 小时的选修课程（所选课程必须属于上述必修的三门课程的领域内）。实习期满，考核合格的实习事务律师方能进行事务律师执业。

2. 出庭律师实习。完成出庭律师技能培训者，可以向律师事务所提出实习申请。律师事务所必须在 www. pupillages. com 上发布实习岗位信息,并保证每位学生每月至少获得 1000 英镑的薪酬。由于申请者众多而实习岗位不多,竞争激烈。例如,Clifford Chance 律师事务所每年提供的实习岗位约 120 个,而申请者多达 2500 多人,实习申请成功率仅为 4.8%。总体而言,通常只有 1/3 的申请者能够与律师事务所签订为期 1 年的实习合同,成为实习出庭律师。1 年的实习期(one-year pupillage)包括非执业的 6 个月实习(the non-practicing six months)和执业的 6 个月实习(the practicing six months)。在此期间,实习出庭律师在一名经验丰富的出庭律师的指导下掌握实践操作能力。实习期满,考核合格的实习出庭律师方能进行出庭律师执业。

二、英国法律职业人才培养的长期实践

(一)培养目标:国际律师

英国法律职业人才培养的目标定位于养成国际律师。在这一点上,英国政府、律师事务所和法学院达成高度共识。

1. 英国政府的选择。英国政府认为,在经济全球化和法律服务业竞争日益激烈的过程中,法律职业人才的培养必须打破民族国家的疆域限制,向国际化、专业化和高层次化方向发展,培养高水准的国际律师。这样的国际律师才能适应形势发展的需要,才能在激烈的市场竞争中胜出,才能从人才上保障英国法律服务业的发达。发达的法律服务业不仅可以促进英国经济增长,而且能够增强英国在国际社会的影响力。因此,英国政府实行完全开放的法律职业人才培养政策,致力于培养高水准的国际律师。英国女王每年都要为那些招收海外学生最多、教育最成功或在海外办学最成功的大学颁发"女王奖章"。⑧

2. 英国律师事务所的共同需求。在全球开放的法律服务市场中,高

⑧ 参见张朝霞:《英国高等法学教育观察——以朴茨茅斯大学为例》,载《法学教育研究》2012 年第 2 期。

水准的国际律师是英国律师事务所的共同需求。英国有1万多家律师事务所,其中很多律师事务所都设有海外分所。例如,sinelair Roeheand TemPely律师事务所在布鲁塞尔、布加勒斯特、新加坡、河内、我国香港、上海等地都设有分所。律师事务所越来越多地被客户请求处理涉及欧洲共同体法律、国际法和外国法律等的各种各样的国际法律问题。这使很多律师不但精通一门乃至几门外语,而且从执业之初就选择欧洲共同体法、国际公法、国际私法或其他国家的法律作为其专业领域。律师事务所自然青睐此种律师,并致力于为自己培养此种人才。如2008年,高伟绅(Cliffond Chance)律师事务所和年利达(Linklaters)律师事务所就与培训机构签订了独家合作协议,由培训机构为其提供立足于全球的定制培训,目标是使受训者成为将来在世界任何地方工作都可以完全胜任的高水准的国际律师。

3. 英国法学院的共同目标。培养高水准的国际律师,也是英国法学院的共同目标。这既配合了英国政府的法律职业人才培养政策,又满足了律师事务所的人才需求,还保障了学生的就业和职业发展。此外,法学院将法律职业人才的培养范围从英国本土扩展至全球,既有利于高水准国际律师的培养,又可以增加法学院的收入,还能够提升法学院的国际声誉和影响力。法学院纷纷采用国际化战略,国际化色彩浓重,不仅有来自德国、法国、美国、挪威、爱尔兰等不同国家的国际化教师,还有来自欧洲大陆、亚洲、美洲、大洋洲等不同地区的国际化学生。法学院不仅有英国本土的校区,还有海外的国际校区,例如,法学大学除在英国的伦敦、布里斯托、伯明翰、曼彻斯特等地设有12个本土校区外,还在中国香港特别行政区等地设有国际校区。法学院不仅提供包括国际和欧盟商业法、全球化公司的社会责任、国际商事仲裁法等在内的诸多国际化课程,还提供包括海外见习、国外访问等在内的大量国际化教学实践。如诺森比亚大学(Northumbria University)于2012年设立了覆盖全球的诊所教育网络系统,允许学生参与全世界的法律诊所教育。

(二)培养过程:律师协会的有效监管

在英国法律职业人才培养的过程中,律师协会(包括事务律师协会和出庭律师协会)对人才培养的质量进行有效监管。律师协会对法律职业人才培养的质量监管是全过程、全方位的。这主要体现在以下几个方面。

1. 律师协会有效监管法学高等教育。在法学高等教育阶段,律师协会的质量监管主要通过以下措施实现:(1)律师协会对提供法学高等教育的机构进行认可。只有由事务律师协会和出庭律师协会认可的法学院,才能成为合格的法学本科教育学院。(2)律师协会规定法学本科教育的核心科目。根据事务律师协会与出庭律师协会颁布的《联合声明》,法学院提供的合格法学学位教育必须包括合同法、侵权责任法、刑法、衡平法和普通法、欧盟法、土地法、宪法和行政法等核心科目。在此前提下,各法学院可以自由决定具体课程、学分和考核等。(3)律师协会参与法学高等教育标准的制定和质量评估。律师协会参与制定的法学本科《学科基准声明》(Subject Benchmark Statement: Law)确立了英国法学高等教育的质量标准。律师协会参与监督、检查和评估法学院的教育质量,最终的评估报告可能影响法学院的声誉和认可度。通过以上监管措施,律师协会保证了英国法学高等教育的高水准和同质性,保证了法律职业人才拥有基本一致的法律教育背景。

2. 律师协会有效监管法律职业技能培训。其主要监管措施包括:(1)律师协会对提供法律职业技能培训的机构进行认可。只有由事务律师协会认可的机构才能提供事务律师技能培训,只有由出庭律师协会认可的机构才能提供出庭律师技能培训。(2)律师协会制定法律职业技能培训大纲和质量标准,其内容主要包括培训时间、阶段、课程、考核等。各机构均应在大纲规定的框架内提供律师职业技能培训。(3)律师协会对潜在律师进行建档和跟踪管理。如潜在的事务律师在接受职业培训之前须登记注册为事务律师协会的成员,事务律师协会对潜在事务律师在职业培训过程中的表现均予以记录备案。备案的这些记录可能影响潜在事务律师职业培训的考核成绩。(4)律师协会监督和评估各机构提供的职业技能培训质量,其评估结果直接影响各机构的声誉和认可度。通过以上监管措施,律师协会保证了英国法律职业技能培训的高水准和同质性。

3.律师协会有效监管实习。律师协会对实习的监管大体分为两类。第一类是对提供实习岗位的律师事务所的监管。例如,出庭律师协会要求律师事务所在指定网站上公开其实习岗位的相关信息,以保障实习机会的公开、公平和公正;要求律师事务所为每位实习出庭律师提供相应的实习待遇,以保障实习律师的基本生活需求。第二类是对实习律师的监管。例如,事务律师协会对每位实习事务律师的实习情况进行记录备案;出庭律师协会对每位实习出庭律师的实习情况进行记录备案,包括其参加律师学院定期餐会的情况等。这些记录会影响实习律师的实习考核成绩。通过对律师事务所和实习律师的有效监管,律师协会保证了实习的高水准和同质性。

(三)培养内容:法律素养和专业技能并重且呈梯度式提升

1.法律素养和专业技能并重。高水准的国际律师既需要扎实的法律素养,也需要过硬的专业技能。或许正是因为认识到这一点,英国法律职业人才的培养既重视法律素养的养成,也重视专业技能的培训。大体而言,英国法律职业人才培养的第一阶段即法学高等教育阶段侧重于法律素养的教育,兼顾专业技能的培养。第二阶段即法律职业技能培训阶段和第三阶段即实习阶段则侧重于专业技能的培养,兼顾法律素养的养成。从培养时间、强度以及难度等方面综合考量,法律素养和专业技能两者总体基本持平(见表1)。

表1 英国法律职业人才培养各阶段时间和内容

阶段	时间	法律素养	专业技能
第一阶段 (法学高等教育阶段)	3年	侧重法律通用知识	兼顾法律职业能力
第二阶段 (法律职业技能培训阶段)	1~2年	兼顾法律专业知识	侧重法律职业技能
第三阶段 (实习阶段)	1~2年	兼顾法律执业知识	侧重法律执业能力

2. 法律素养和专业技能梯度式提升。就法律素养的养成而言,英国法律职业人才培养按照法律通用知识—法律专业知识—法律执业知识的路线进行,实现法律素养的梯度式提升。遵循着该路线,法学高等教育阶段的课程主要为法律通用知识类课程,奠定学生的法律素养理论基础。如合同法、侵权责任法、刑法、宪法和行政法等。法律职业技能培训阶段的课程主要为法律专业知识类课程,帮助学生成为某一特定专业领域的职业人才。其中,有的课程是对法学高等教育阶段必修课程的深化,例如,LPC 的婚姻法、继承法、税法、仲裁法等课程。有的课程则是对法学高等教育阶段选修课程的拓宽,例如,BPTC 的家庭法、贸易法、劳动法、医疗侵权法等课程。实习阶段的课程则主要为法律执业知识类课程,使学生完成培训后就能顺利执业。如法律顾问意见课程、法律会计学课程等。

就专业技能的养成而言,英国法律职业人才培养按照法律职业能力—法律职业技能—法律执业能力的路线进行,实现专业技能的梯度式提升。遵循着该路线,法学高等教育阶段关注养成学生的职业能力,奠定其专业技能基础。例如,法学大学开设了必修的 36 课时职业能力课程,帮助学生进行职业规划和养成职业能力、行为、态度。[⑨] 伦敦大学要求学生从替代性纠纷解决方式等 22 门课程中选修 4 门实践课程。杜伦大学鼓励学生参加法律援助等法律公益活动[⑩]。牛津大学“2014 ~ 2015 年法学本科学生手册”明确要求学生拥有以下职业能力:在诸多环境之下与不同对象沟通法律信息和观点的能力、快速而准确阅读并整理法律材料的能力、运用计算机进行文字处理和进行最新法律前沿研究的能力、有效运用个人时间进行法律事务的组织与策划能力、作为集体或团队成员进行创建性工作的能力、独立工作能力、适应技术革新变化的能力等。法律职业技能培训阶段关注养成受训者的专业技能。针对潜在

⑨ 参见马子悦、吕伊雯:《以专业和实践为导向培养法律人才——访英国法学大学副校长彼得·克利斯普教授》,载《世界教育信息》2019 年第 15 期。

⑩ See Talking about Quality Best Practice Career Services, http://www. qaa. ac. uk/en/Publications/Documents/Talking-about-Quality-Best-Practice-Career-Services, 14. pdf. 2014 - 8 - 14.

事务律师,重点培养其沟通、与客户关系、商业意识、工作量安排、与其他人共事、自我认识与发展、法律专长运用与职业操守等专业技能。针对潜在出庭律师,则要求其应当达到职业行为及礼节标准,掌握调查取证、法庭辩护、律师讨论与谈判、文书起草、文案工作和法律检索等专业技能。实习阶段关注养成实习者的执业能力。如咨询与沟通能力、客户服务能力和律师事务所事务处理能力等。

分阶段的梯度式提升导致残酷的层层淘汰。诚如英国知名律师网站 the lawyer 的评论所说,层层淘汰的残酷竞争使“选择法律职业就意味着选择了一条荆棘之路,因为每一步都充满了艰辛”。[11]

三、我国涉外法治人才培养模式的改革路径

英国采用法学高等教育(3 年) + 法律职业能力培训(1 ~ 2 年) + 实习(1 ~ 2 年)的模式,以 6 年为周期造就的大批国际律师不仅满足了本土需求,还在全球法律服务市场中占据显著优势。立足我国国情,借鉴英国实践,我国或可从以下路径改革涉外法治人才培养模式。

(一)路径一:试点改革

国际律师是英国法律职业人才培养的共同目标,这是由英国的国情决定的。由于国情的不同,国际律师或涉外法治人才不宜是我国法律职业人才培养的普遍目标。“据统计,全国共有 164 个县(市、区)没有律师。其中,126 个县既没有律师也没有律师事务所,38 个县有律师事务所没有律师。此外,还有 92 个县(市、区)只有 1 名律师。”[12]可见,满足本土需求仍应是我国法律职业人才培养的普遍目标。因此,我国改革涉

---

[11] 武汉市司法局司法考试课题组:《司考十年反思录:以武汉市的司考数据为例兼论中国的职业法律教育》,中国政法大学出版社 2013 年版,第 125 页。

[12] 司法部《关于加快解决有些地方没有律师和欠发达地区律师资源不足问题的意见》(2013 年 7 月 3 日,司发通〔2013〕111 号),载司法部网 2013 年 7 月 3 日,http://www.moj.gov.cn/policyManager/policy_index.html?showMenu=false&showFileType=2&pkid=1b3a4e9806b84efeb125aab568bcc294。

外法律人才培养模式应试点进行,不宜全面铺开。

出于对减少改革阻力和增大改革绩效的考虑,我国涉外法律人才培养模式试点改革不宜另起炉灶,可在现有框架内进行。我国当前法律人才培养的基本模式为:法学本科教育(4年)+法学研究生教育(2~3年)+律师事务所实习(1年)。在此框架内,我国可以借鉴英国三阶段梯度式提升的经验,系统梳理涉外法治人才与法律学科教育、法律职业资格制度、法律职业培训等相关教育体系的契合点,整合高校、研究机构、涉外律师事务所、涉外企业等诸多法学理论界和法律实务界的优质资源,通力合作,共同改革,以7年为周期,逐步造就大批优秀的涉外法治人才。其主要框架见表2。

表2　中国涉外法治人才培养改革框架:各阶段时间和内容

阶段	性质	时间	试点方式	法律素养	专业技能
第一阶段	法学本科教育	4年	法治人才实验班	侧重法律通用知识	兼顾法律职业能力
第二阶段	法学研究生教育	2年	法治人才硕士实验班	兼顾法律专业知识	侧重法律职业技能
第三阶段	律师事务所实习	1年	法治人才实习基地	兼顾法律执业知识	侧重法律执业能力

(二)路径二:严格监管人才质量

涉外法治人才面对的法律业务突破了民族国家的地域、法律以及语言等的限制,这使得涉外法治人才除了掌握本国法律知识外,还必须掌握他国法律以及国际法律;除了掌握本国语言和文字外,还必须掌握他国语言和文字;除了面临本土竞争外,还必须面临全球法律服务市场激烈的竞争。这就从根本上决定了涉外法治人才的专业性和高端性。因此,我国如果要培养出大量与经济全球化发展日趋多样化和复杂化相适应的涉外法治人才,必须遵循严格监管人才质量的改革路径。其基本要求应包括:

第一,严格人才质量标准。司法部负责制定全国涉外法治人才的培养标准体系及实施指南,并指导和监督实施,以保证涉外法治人才的同质性和高端性。该标准体系应体现高标准、严要求,并贯穿涉外法治人才培养的全过程、全方位。该标准的制定应保障律师协会、高校法学院以及涉外企业等机构的积极参与,并充分考虑法学理论界、法律实务界和涉外企业的观点。

第二,严格进入门槛,严格考核机制,做到"严进严出"。严格涉外法治人才的进入门槛,不仅要严格接受培养学生的进入门槛,确保"得天下英才而教育之"⑬,也要严格培养机构、培养人员的进入门槛,确保培养质量。严格涉外法治人才考核机制,严格过程考核和结果考核,确保学生完成培养就能够胜任涉外法律业务,成为真正的涉外法治人才。

第三,严格监管。涉外法治人才培养的监管由司法部负责,但可赋予律师协会适当的监管权,两者共同对涉外法治人才培养进行全方位、全过程地严格监管。借助现代网络、云计算与大数据等技术,建立全国涉外法治人才培训信息综合服务网络,对涉外法治人才培养的全过程进行量化、精细化和数字化监管。

四、我国涉外法治人才培养模式的改革措施

遵循试点改革和严格监管人才质量的基本路径,我国可集中从法学本科教育、法学研究生教育和律师实习这三方面改革涉外法治人才培养模式。借鉴英国法律职业人才培养的实践经验,我国似可采取以下改革措施。

(一)改革法学本科教育,培养涉外法治人才的通识和职业能力

第一,制定涉外法治人才本科教育的标准课程体系及实施指南。该标准课程体系至少应就涉外法治人才本科教育的培养目标、核心课程、学生应掌握的内容、学生应有能力完成的任务、考核方式等规定统一的

---

⑬ 参见《孟子·尽心上》。

标准。在该标准课程体系的框架内,各高校法学院应享有一定的自主权,如设置具有自身特点的选修课程等。

第二,严格准入。(1)严格培养机构的准入。可由司法部会同教育部、中华全国律师协会等在一本院校内,遴选一批高水准的高校法学院开展改革试点,入选高校法学院才能成为合格的涉外法治人才培养机构。(2)严格培养学生的准入。高校法学院可以在高考招生时,招收高考总成绩优秀且外语单科成绩优秀者进入实验班;也可以在学生入校后组织专门测试,将通过测试者组成实验班。(3)为了激励优秀学生进入实验班,高校法学院可采取免学费和住宿费、提供生活费、给予奖学金、增加研究生推免名额等优惠措施。

第三,该阶段侧重法律通用知识的传授,兼顾法律职业能力的培养,以奠定涉外法治人才的法律素养理论基础和法律职业能力基础。主要的改革措施包括:(1)改革课程设置,有针对性地增加法律核心课程和法律外语课程。(2)实验班普遍采用小班制(10~20人),为其配备最好的师资。如有可能,配备固定的教室和专门的图书资料室。(3)改革教学方法,除传统的课堂讲授外,普遍采用案例分析、讨论、法律诊所、翻转课堂、情景式教学、沉浸式教学等教学方法,增强教学互动性,提升教学效果。(4)改革考核机制,严格准出。就考核内容而言,除了考核学生对法律知识的掌握程度外,还应考核学生的法律职业能力,例如,对法律知识的理解能力、口头表达能力、书面表达能力、团队合作能力等。就考核方式而言,除了采用结果考核方式外,还应更多地采用过程考核方式,全面考核学生在课堂前、课堂中和课堂后的整体表现。就考核方法而言,除传统的闭卷考试外,更多地采用撰写案例分析报告、口试等考核方法。

(二)改革法学研究生教育,培养涉外法治人才的专业知识和职业技能

第一,制定涉外法治人才研究生教育的标准及实施指南。该标准体系应包括专业课程标准体系和职业技能培训标准体系两个组成部分,分别就专业课程教育和职业技能培训的时间、内容、程序、考核等规定统一的、细化的标准。

第二,严格准入。主要包括:(1)严格培养机构的准入。由司法部会同教育部、中华全国律师协会等,遴选一批高水准的法学研究生院开展改革试点,入选的法学研究生院才能成为合格的涉外法治人才培养机构。(2)严格培养学生的准入。在法学类研究生新生入学后,法学研究生院可遴选部分优秀者组成法治人才硕士实验班。各法学研究生院可自主确定其遴选要求,但至少应包括外语成绩优秀、已通过国家统一法律职业资格考试等要求。(3)法学研究生院可采取免学费、给予奖学金等多种措施,激励优秀学生进入研究生实验班。

第三,该阶段侧重法律职业技能的培养,兼顾法律专业知识的传授,以奠定涉外法治人才的法律素养专业基础和法律职业技能基础。主要的改革措施包括:(1)改革培养内容。适当减少法律专业知识类课程,仅保留在法律通识基础上进行相当深化和拓展的精品课程。适当增加法律外语类课程。增加法律职业技能的培训,加大其比重。(2)遴选优秀且具备合格律师资格的教师承担研究生实验班核心课程的教学任务。法学研究生院应为这些任课教师提供强化培训、指导和帮助,以保障授课质量。(3)遴选优秀且具备相当法律实务经验的教师担任研究生实验班学生的指导教师,每位指导教师指导的学生数量不超过2名。指导教师应全程跟踪指导学生逐步掌握法律专业知识和法律职业技能,并针对学生的具体情况因材施教,指导学生进行合理的职业规划和职业准备。(4)加强法学研究生院和涉外法律实务界的联系与交流,采用多种方式进行不同层次的协调与合作,共同强化法律职业技能培训。

第四,改革考核机制,严格准出。(1)改革法律专业知识考核。任课教师应综合、量化考核学生的学习过程、学习态度、学习能力和学习结果,并公平、客观地评定学生的考核成绩。考核方式不宜采用传统的闭卷考试,选择大型、综合、开放式的案例分析进行开卷考试更为适宜,规范的口试也值得推荐和推广。(2)改革法律职业技能考核。指导教师应在全程跟踪指导学生习得法律职业技能的基础上,充分尊重学生见习指导人员等给出的评估意见,再按照涉外法治人才研究生教育标准及实施指南的要求,实事求是地量化和综合评定学生的考核成绩。

(三)改革律师实习,培养涉外法治人才的执业知识和执业能力

根据《律师法》的规定,申请律师执业,应当在律师事务所实习满一年。一年的实习期是培训潜在律师执业能力的关键期。我国《律师法》、《律师执业管理办法》、《申请律师执业人员实习管理规则》和《申请律师执业人员实习考核规程》等构建了我国律师实习管理制度的基本框架。在此框架内,我国可采取以下改革措施强化潜在涉外法治人才实习阶段执业能力的培训。

第一,分区域整合法律实务界、法学院以及外语学院、商学院等优质资源,设立涉外法治人才实习集中培训基地,并在各实习基地之间建立协调联动和资源共享机制。例如,整合西北五省(陕西省、甘肃省、青海省、宁夏回族自治区、新疆维吾尔自治区)的资源,设立西北涉外律师实习基地,主要培养满足西北地区需求的涉外法治人才。实习集中培训基地可以根据本区域实际情况增加实习期间集中培训的内容,主要包括法律外语培训、涉外法律实务知识和执业技能培训等。例如,西北省份可以增加"一带一路"国家的法律及其非通用语等集中培训内容。

第二,提高实习的进入门槛。主要包括:(1)提高指导潜在涉外法治人才实习的进入门槛。遴选一批优秀的涉外律师事务所作为实习基地,遴选一批优秀的涉外律师作为指导人员,入选的涉外律师事务所和涉外律师才能指导潜在涉外法治人才的实习。(2)提高潜在涉外法治人才实习期间的劳动报酬或者生活补助标准。例如,不得低于所在地最低工资的2倍等。(3)提高实习进入门槛。潜在涉外法治人才申请实习的,应满足一定的专业技术条件和外语水平条件。例如,通过法律职业资格考试且成绩达到一定要求、外语成绩达到一定要求等。除通用语外,也应关注非通用语,特别是"一带一路"沿线国家的非通用语。

第三,强化执业能力的实务训练及其考核。(1)实习指导律师应当指导潜在涉外法治人才参与提供涉外法律服务(包括涉外诉讼业务和涉外非诉讼业务),进行涉外法律业务基本技能训练,掌握涉外法律业务执业规则和执业能力。(2)严格实习考核标准。例如,增加法律外语水平、涉外法律专业知识掌握程度、涉外法律业务处理能力等考核事项,调增上述事项占考核总分值的比重,并增设法律外语水平考核内容为否决性指标。(3)建立潜在涉外法治人才实习管理信息系统,对潜在涉外法治人才的实习情况进行全过程跟踪记录。该记录可在司法部和律师协会之间共享,是评定潜在涉外法治人才实习成绩的主要依据,并记入潜在涉外律师的执业档案、纳入信用管理体系。

On the Review and Reference of the Successful Experience of Cultivating the Rule-of-Law Talent who Handles Foreign-Related Matters in the United Kingdom

Peng Lifeng

Abstract: In the increasingly complex process of economic globalization, China is facing increasingly harsh international legal risks. To build an outstanding team of the rule-of-law talent who handles foreign-related matters is the personnel guarantee for successfully coping with this risk. This article examines the talent cultivation model of the rule-of-law talent who handles foreign-related matters in the United Kingdom and it finds that the various characteristics include the cultivation goals of international lawyers, the cultivation process of effective supervision of the bar association and the cultivation content of legal literacy and professional skills. Based on Chinese specific conditions, the successful experience of the United Kingdom can be learnt and borrowed by following the path of pilot reform and strict supervision, and comprehensively reform the cultivation model of the rule-of-law talent who handles foreign-related matters in the United Kingdom from the three aspects: undergraduate legal education, postgraduate legal education and lawyer internship.

Key Words: rule-of-law talent who handles foreign-related matters, the United Kingdom, higher education of the law

管理经纬

立足新发展阶段机遇和挑战
推进西部政法院校高质量发展

郑高键*

摘　要："十四五"时期，高等教育进入普及化发展阶段，高等教育发展从规模扩张到内涵发展的新阶段，促进高质量发展成为高校改革发展的必然选择。西部政法院校应正视面临的机遇和挑战，把习近平法治思想作为法治人才培养的根本指导思想和行动指南，对标立德树人，着力提高人才培养能力和质量；对标学科贡献，着力构建"一流"学科体系；对标国家战略，着力提升服务经济社会发展水平；对标文化自信，着力深化学校法治文化内涵建设；对标国际影响，着力拓展对外交流合作和开放办学新局面；对标大学治理，保障高质量发展。准确定位服务面向，坚持特色办学，培养"德法兼修"的高素质法治人才。

关键词：大学职能　新阶段　高质量发展　学科体系　内涵建设

"十四五"时期，我国高等教育进入普及化发展

---

* 郑高键，甘肃政法大学副校长，教授，法学博士。研究方向：刑事法学理论与实务、法学教育。

阶段,将实现从高速发展转向高质量发展。主动适应新时代高等教育发展从规模扩张到内涵发展的新阶段,把握新发展阶段教育改革和发展的时代主题与根本要求,促进高质量发展成为高校改革发展的必然选择。同时,世界正经历百年未有之大变局,国内外经济社会发展形势急剧变化,高等教育发展的外部环境和内部条件发生着复杂而深刻的重大变革,高等教育既面对着诸多风险挑战,也带来了新的发展机遇。在新发展阶段,甘肃政法大学作为地处甘肃的西部政法院校,要坚持把习近平法治思想作为法治人才培养的根本指导思想和行动指南;准确定位服务面向,坚持特色办学,保持定力,抢抓机遇,积极作为;对标高质量发展要求,补短板、强弱项、铸根基、固优势,着力重点领域突破;主动对接国家战略,积极服务区域经济社会发展和法治建设,全面提升学校综合实力和竞争力,培养“德法兼修”的高素质法治人才。

一、新发展阶段西部政法院校的发展机遇

新时期推进全面依法治国、贯彻落实习近平法治思想为学校发展赋予了新使命。国家“十四五”发展规划和2035年远景目标纲要清晰擘画了我国未来发展新的宏伟蓝图,贯彻落实习近平法治思想、贯彻落实总体国家安全观、推进全面依法治国、构建中国特色法治体系,在法治轨道上推进国家治理体系和治理能力现代化,是“十四五”时期我国改革发展的重要任务。在全面依法治国进程中,既需要在习近平法治思想指导下推出高质量研究成果、推动中国特色社会主义法治理论创新,为国家战略和区域经济社会发展提供智力支撑,又需要创新人才培养机制,培养德才兼备的高素质法治人才。这为学校赋予了新的汇聚办学资源、凸显优势特色、实现内涵发展、履行责任担当的时代使命。

“一带一路”建设的纵深推进为学校发展拓展了新空间。甘肃是“丝绸之路经济带”的重要节点和国家向西开放的重要门户,加强与“丝

绸之路经济带”沿线国家贸易、投资、金融、基础设施建设、旅游等领域的合作，离不开高水平的法治保障和法律服务。“一带一路”建设的纵深推进，需要统筹国内法治和国际法治，创新多元化、复合型的人才培养体系，着力培养一大批具有家国情怀和世界眼光、精通相关国家语言、通晓国际法律规则、善于处理国际法律事务的高素质涉外法治人才。这为学校充分利用地缘优势，打造高等教育对外开放新优势、新高地，提升在“丝绸之路经济带”沿线国家的影响力和竞争力，推进高等教育国际合作与交流拓展了新的发展空间。

新时代推进西部大开发形成新格局为学校发展增添了新动力。党中央、国务院《关于新时代推进西部大开发形成新格局的指导意见》《关于新时代振兴中西部高等教育的若干意见》确立了加快形成西部大开发新格局、推动西部地区高等教育高质量发展的时间表和路线图。甘肃承担着构筑国家西部生态安全屏障、黄河流域生态保护和高质量发展、维护西部地区国家安全和社会稳定的历史重任。推进西部大开发形成新格局、中西部地区高等教育振兴，为学校深化内涵建设提供了新的历史机遇。这为学校积极作为，深化改革，激发内生动力和活力，强化法学办学优势特色，主动服务国家战略，精准对接区域经济社会发展重大需求，着力提升社会服务能力和水平增添了新的动力。

高等教育发展新态势为学校发展提出了新要求。“十四五”时期是我国实现教育现代化、建设教育强国，全面建设高质量教育体系的重要时期，是未来高等教育体系与模式建构的关键窗口期。推进高等教育分类管理和高等学校综合改革，构建多元高等教育体系，提升高等教育毛入学率，建设高质量本科教育，分类建设一流大学和一流学科，加强新文科、新工科建设，建立学科专业动态调整机制和特色发展引导机制，稳步扩大专业学位研究生规模，成为我国高等教育发展的新态势。这为学校进一步找准定位，顺势而为，转变发展方式，汇聚办学资源，优化学科专业结构布局，提升核心竞争力提出了新要求。

二、新发展阶段西部政法院校面临的挑战

从外部看,当今世界正经历百年未有之大变局,新一轮科技革命和产业变革持续深入,高等教育国际化加速发展,能否更加积极主动适应教育全球化是学校面临的时代挑战;新发展阶段我国高等教育的地位从原来对经济社会发展起支撑作用向支撑引领并重发展,对学校的人才培养、科学研究、社会服务、国际交流等提出了更高要求;高等教育从大众化阶段进入普及化阶段,结构从相对单一向多元、多样化转变,全国各地对高水平大学的建设投入力度进一步加大,高校之间慢进则退的竞争态势进一步加剧;国家全面深化高等教育改革红利持续释放,开放式、个性化的学习方式掀起了高等教育新的变革,人才培养正形成线上教育和线下教育深度融合的新模式,学校在改革教师评价和学生评价等方面的任务十分艰巨。西部政法院校在一流学科建设、优秀生源吸引、高层次人才引进、创新发展能力提升等方面的压力持续加大。

从内部看,对标高水平政法大学建设目标,在回应师生期盼、服务社会上,西部政法院校还存在一些突出问题,主要表现在以下几个方面:

(1)人才培养方面。以创新型人才培养为中心的运行机制、专业动态调整机制尚不健全,教学改革、质量支撑保障体系有待进一步完善,人才培养质量有待进一步提高。

(2)学科建设方面。缺乏接近或达到国内一流水平的法学学科方向,其他学科与法学学科交叉融合度不高,各学科发展不均衡,新兴交叉学科建设与发展成效不明显,学科资源配置、动态调整等机制仍需完善。

(3)师资队伍建设方面。师资队伍规模总体偏小,结构不尽合理,有一定影响的领军人才和拔尖人才不足,团队建设、高层次人才引育和稳定的保障机制尚需完善,教师教书育人能力有待提升,管理服务队伍建设亟需加强,薪酬绩效激励导向作用发挥不够,以质量、贡献为导向的人才评价体系有待完善。

(4)科研和社会服务方面。高质量代表作成果数量与队伍规模不相匹配,高水平原创性、标志性成果较少,高层次项目少,研究机构的科研潜能和特色优势未能充分显现,智库建设仍需加强,在解决国家重大战略需求和区域社会发展中的参与度和贡献度上有待进一步提升。

(5)国际化发展方面。对外合作办学的意识不强,国际化办学的动力和能力不足,与国(境)外高水平大学和科研机构的实质性合作较为缺乏,师生的国际视野不够开阔,学校的国际知名度和影响力不高。

(6)大学治理方面。以大学章程为核心的大学治理体系尚未建立,依法治校、依规治校的体制机制有待完善,学院的办学实体地位未得到充分落实,充分有效的激励约束机制、科学规范的统筹协调机制还未形成,规范化、科学化和精细化管理水平有待进一步提高。

总体来看,新发展阶段学校面临的机遇与挑战并存,机遇大于挑战,我们要正视问题,审时度势,抢抓机遇,补齐短板,以新思路新举措新作为加快学校高质量转型发展,全面推进高水平政法大学建设。

三、新发展阶段推进西部政法院校高质量内涵发展的思路和重点举措

新发展阶段,学校要坚持以习近平新时代中国特色社会主义思想为指导,以习近平法治思想作为法治人才培养的根本指导思想和行动指南。牢记为党育人、为国育才使命,牢固树立人才培养中心地位和本科教育基础地位;抢抓新时代推进西部大开发形成新格局和新时代振兴中西部高等教育的重要机遇,以服务国家重大战略和甘肃经济社会发展需求为导向;坚持“提升内涵、强化特色、服务需求、争创一流”的办学思路,找准定位,发挥优势,错位竞争;以强化法学学科专业特色优势为着力点,精准引育领军拔尖人才,产出标志性特色研究成果,形成学校的比较优势和竞争优势,着力提升在服务区域经济社会发展的贡献度,培养甘肃政法大学特质的“热爱西部、扎根西部、奉献西部”高素质法治

人才。

(一)对标立德树人,着力提高人才培养能力和质量

人才培养是高等教育一切工作的核心点,人才培养水平是衡量高等教育质量的关键。政法院校作为法治人才培养的主阵地,必须把习近平法治思想作为法治人才培养的根本指导思想和行动指南。必须紧紧围绕"培养什么样的人、如何培养人以及为谁培养人"这一根本问题,坚持立德树人根本任务,围绕"双一流"建设目标,进一步巩固人才培养中心地位,加强教育教学改革,创新人才培养模式,全面提高各层次人才培养质量,形成多层次、高水平的人才培养体系。

1.全面落实立德树人根本任务。立德树人是我党高等教育思想的核心理念,是我国传统教育思想的理论精髓,是国际高等教育改革的共同潮流。① 要将思想政治素质作为社会主义法治人才培养的第一要务,把立德树人的成效作为检验学校一切工作的根本标准,着力培养社会主义建设者和接班人。要大力推进习近平新时代中国特色社会主义思想和习近平法治思想进教材、进课堂、进头脑,开好"习近平新时代中国特色社会主义思想概论""习近平法治思想概论"课程。要全面培养学生的道德情操、意志品质、创新意识和奉献精神,更加坚定学生的理想信念、家国情怀和民族认同。要充分认识到"立德树人,德法兼修"在法治人才培养中深刻的思想内涵和时代意义,必须准确理解、把握并贯穿于法治人才培养全程,推行"健全人格教育",从政治信仰、道德情操、专业素养等方面把"德法兼修"的要求落到实处。要高度重视法律职业伦理教育,将培养"有灵魂"的法治人才作为政法院校的神圣使命,将法治精神的培养和道德品行的养成紧密结合并融入法学教育中,努力营造尊法重德的教育氛围。要将"德法兼修"内化于心、外化于行,将思政教育与法律人文教育有机结合,正面引导法科学生的理想信念及价值追求;要把中国特色社会主义的本质属性通过教育内化为法治人才的道路自信、理论自信、制度自信和文化自信;要注重德行、情怀、良知等的教育,给法

① 参见靳诺:《立德树人:高等教育的根本任务和时代使命》,载《中国高等教育》2017年第18期。

治人才培养进行中国特色社会主义的方向定位,在法治人才的培养中铸以“以人民为中心”的法魂;要将习近平法治思想的核心要义和工作要求贯彻落实到法治人才培养的全过程和各方面,要深刻认识习近平法治思想在法治人才培养中的定向与铸魂作用。培养忠于党、忠于国家、忠于人民、忠于法律的高素质社会主义法治人才。

2. 全面提升人才培养质量。本科教育是高等教育人才培养的基础、核心和关键,决定着高等教育培养的人才质量是否符合经济社会发展的需求,决定着研究生教育生源是否优秀,影响着基础教育改革的方向。高校要从思想上牢固树立人才培养质量意识、推进人才培养质量革命、创建人才培养质量文化,将质量为本的思想贯穿到人才培养的各个环节,严格执行本科专业类教学质量国家标准,推进本科专业三级认证工作。要将新工科、新文科建设真正从理念变为行动,贯彻细化到人才培养方案的各个方面,积极推进新文科、新工科建设,推动人工智能、大数据、区块链等现代信息技术与现有专业融合发展,大力发展社会需求的新兴专业,推动传统专业改造升级,加强专业内涵建设。要构建“以学生为主体、以教师为主导、以教学为中心,以质量为生命”的课堂形态,深入开展“课堂教学革命”,推进一流课程建设。要积极统筹课程资源,冲破院系界限,科学总结教学经验,将学生的人文、科学素养作为培养重点,构建科学合理的人才培养课程机制。要紧紧围绕一流本科教育行动计划,紧盯“双万计划”,创新人才培养模式,健全与司法实务部门的协同机制,推行“产学联合、校企合作”的开放型专业人才培养模式,稳步推进跨校联合人才培养。要结合学校区位特点和生源特点,将思想政治、职业伦理、法律专业、人文科学教育有机结合,把培养具有创新精神和实践能力的“下得去、用得上、留得住”的法学人才作为教育改革的突破口。要以解决好法学知识教学与实践教学的关系为突破口,强化实践育人作为高素质法治人才培养的基本路径;要将完善法治人才培养模式的重点放在健全和完善实践育人工作体系上,通过创新实践育人形式和拓宽实践育人内容强化法治人才培养的实践教学环节,不仅让学生能够在实践教学环节中了解到中国法治实践的最新经验和生动案例,了解中国特色社会主义法治理论研究的最新成果,而且使其能够亲身参与法治建设的具体实践,为法治建设贡献自己的力量。要以"立德树人、服务需求、提高质量、追求卓越"为主线,以质量和特色为核心,全面落实研究生教育大会精神,全面提升研究生培养质量。要优化学术学位与专业学位研究生分类培养机制,完善以培养创新能力为导向的学术学位研究生培养模式和以提升职业能力为导向的专业学位研究生培养模式;健全研究生生源质量、学业培养、学位授予全过程质量监控管理与信息化服务体系;建设高水平的导师队伍;不断提高研究生科研创新能力、实践动手能力和国际化水平。

(二)对标学科贡献,着力构建"一流"学科体系

学科建设是大学建设的龙头,学科建设的水平直接决定着人才培养、科学研究、社会服务的水平。学校要坚持"打造高峰、强化特色、提升支撑、整体推进"的学科发展思路,积极探索"法学+"的学科建设路径,形成高峰学科引领,特色优势学科带动,支撑学科联动,各学科分层建设、交叉融合、协调发展的学科建设格局,提升学校学科总体实力,提升服务国家战略和甘肃省经济社会发展重大需求的能力。

1. 强化特色,打造高峰学科。进入普及化阶段后,高等教育的质量标准、发展类型要从同质化同构化转向多样化成为必然趋势,而多样化的关键则在于特色建设。作为学科专业特色鲜明的政法院校,必须强化法学这一传统特色优势学科建设,才能具有核心竞争力。在全国开设法学本科的618所院校中,政法类高校的法学在学科排名中都处于前列,特色优势明显,也唯有法学学科才能打造成为政法院校的高峰学科,凸显政法院校的特色和优势,支撑学校的高质量发展。

2. 优化布局,扶持关联学科。没有高原就难以形成高峰,唯有厚重宽广的高原才能形成坚实高耸、"一览众山小"的高峰。法学高峰学科的建设既需要高原学科即基础学科的孕育,同时也需要布局合理的社科科学和自然科学等相关学科的支撑。要围绕"法学+",加强法学学科与其他学科的交叉融合,整合学科资源,组建跨学科、跨学院的综合交叉平台,面向学科前沿和国家经济社会的发展需求,重点培育具有较大发展潜力的国家安全学、监察法学、法经济学、人工智能与数据法学、法治文化学、法社会学、警事法学等新兴交叉学科建设，推动形成新的学科增长点，彰显学校优势与特色，提升学科综合实力和核心竞争力。

3. 保持定力，发展基础学科。高等教育不仅仅是专业教育，而是素质教育与专业教育的有机统一，是一种体系化教育。高校的学科建设同样既有应用学科，也有基础学科。对于政法院校而言，基础学科在支撑高校素质教育、促进高峰学科建设、繁荣校园文化等方面具有重要意义。但在建设发展的过程中，基础学科经常性地会出现被忽视、被边缘化的境遇。因此在学科建设中，一定要充分认识到基础学科的地位和作用，保持必要的发展定力，合理配置资源对其进行发展。

4. 优化学科评价与治理机制。要构建以"质量、成效、特色、贡献"为价值导向的学科评价标准，注重多元评价，强化人才培养中心地位，突出标志性学术成果的创新价值和学术贡献，强化学科、智库等平台对国家、区域重大战略需求和经济社会发展的实际贡献。强化学院学科建设主体地位，打破学院、学科壁垒，创新学科组织模式，完善学科领军人才、带头人管理考核机制，实现学科资源协同共享，形成学科合力。整合优势学科资源，着力打造"丝路法学院＋"模式，加快构建适应"丝绸之路经济带"沿线国家人才需求的开放性学科体系。

（三）对标国家战略，着力提升服务经济社会发展水平

大学是一个国家创新的主体，是开展基础和应用研究，以智力成果服务国家经济社会发展的生力军。政法类院校唯有深度融入国家和区域发展战略，才能发挥自身学科专业优势，真正成为国家法治建设、平安建设的生力军，真正践行习近平总书记关于社会主义大学的"四个服务"。因此学校必须以"聚学问焦点、育科研新人、出创新精品、建学术高地、厚学术基础"为主线，以制度建设为保障，以高质量科研成果、智库报告产出为导向，切实推进科学研究与人才培养和社会服务等方面协同发展。

1. 推动科研协同创新。以服务国家需求和区域经济社会发展需要为导向，按照"人才培养、学科建设、科学研究"三位一体的模式积极组建凸显学科专业优势的科研协同创新中心,发挥不同主体的优势,构建校校、校企、校所、校地协同发展、合作攻关的科研模式,推进学术研究成果集群式产出。争取国家级科研平台建设实现新的突破、产出更多高水平的科研成果,争取国家重点研发计划、国家自然科学基金重大和重点项目、国家社会科学基金重大招标项目和重点项目、教育部人文社科重点项目等高层次项目立项数的增长,提升学校服务国家战略的贡献度。

2. 提升新型智库建设水平和学术影响力。新时代法治中国、平安中国建设为政法院校的发展明确了方向,同时也提出了更多的任务和挑战。要充分依托现有科研团队,发挥学科专业优势,积极回应国家法治建设、平安建设中的现实问题、重大需求,努力建设"定位清晰、特色鲜明、多元融合、各界认同、影响广泛"的新型智库;要根据国家和区域战略需求,积极开展重大决策咨询研究与服务,推进"产学研用"有效结合,增进学校优势学科、特色学科服务社会的功能。要找准定位,积极推进科研工作主动对接"一带一路"和黄河流域生态保护和高质量发展等国家战略,服务法治甘肃、平安甘肃建设,提升学校在理论创新、战略研究、咨政建言等方面的能力和水平,增强学校在普法宣传、法治教育等方面的社会影响力。

(四)对标文化自信,着力深化学校法治文化内涵建设

引导大学生在弘扬中华优秀传统文化中坚定文化自信,是大学文化育人功能的体现。大学文化既包括大学自身的传统和精神,同时也包括体现、承载大学传统与精神的辅助性文化手段,前者即为本体性大学文化,后者即为装饰大学的文化。② 政法院校大学文化的突出特色在于法治文化,因此,不仅要进行一般意义上以文化人、以文育人的大学文化建设,更要深化大学法治文化建设,以创新法治文化为导向,积极构建体现政法院校特色的法治文化。

1. 深入学习宣传贯彻习近平法治思想。"习近平法治思想是马克思主义法治理论中国化的新发展新飞跃,是习近平新时代中国特色社会主

---

② 参见刘铁芳:《大学文化建设:何种文化如何建设》,载《高等教育研究》2014 年第 1 期。

义思想的重要组成部分，是全面依法治国的根本遵循和行动指南。"③同时习近平法治思想也是政法类高校发展的根本遵循。要把习近平法治思想作为党委理论学习中心组学习的重点内容，不断深化思想认识、筑牢理论根基；要把习近平法治思想融入学校教育的各个环节、各个过程，将其纳入法治理论教学体系，做好进教材、进课堂、进头脑工作，提高各级师生运用法治思维和法治方式开展工作的本领。要加强宣传解读，运用各类融媒体手段和平台，推动习近平法治思想深入人心。要发挥"习近平法治思想研究中心"等平台作用，深入宣讲习近平法治思想，加强对法治领域错误思想观点的辨析批驳，帮助干部群众明辨是非，更加坚定走中国特色社会主义法治道路的信心。

2. 大力弘扬宪法精神。深入持久开展宪法宣传教育，推动在全社会牢固树立宪法法律至上、法律面前人人平等等基本法治观念，维护宪法权威。开展好"12·4"国家宪法日、"宪法宣传周"系列宣传，推动宪法宣传教育常态化、制度化。落实《青少年法治教育大纲》，把宪法融入校园文化，持续组织参加全国学生"学宪法讲宪法""宪法晨读"等系列活动，增强青少年宪法观念。

3. 传承创新校园法治文化。发扬和发展"崇尚法治、艰苦奋斗、默默奉献、自强不息"的甘肃政法大学精神，加强校训精神、教风、学风的深度融合，强化忠诚担当使命的"初心"教育，持续强化和弘扬学校在治疆治藏治边法治人才培养中形成的扎根西部、服务西部、奉献西部的育人育才"红色基因"文化。充分发挥法学类专业学生社团作用，组织开展"法律进学校""法律进社区""法律进农村"等法治实践活动，深化和拓展法务见习暨"三下乡"等社会实践活动，创建法治品牌栏目、节目，做好法治文化惠民工作。注重在共建"一带一路"中发挥法治文化作用，推动与"丝绸之经济带"沿线国家、地区的高校开展法治文化交流合作，举办法治国际论坛，讲述中国法治故事，传播中国法治文化，提升社会主义法治文化影响力，将学校建设成为中国法治文化西向国际传播的重要

③ 王晨：《习近平法治思想是马克思主义法治理论中国化的新发展新飞跃》，载《中国法学》2021 年第 2 期。

窗口。

(五)对标国际影响,着力拓展对外交流合作和开放办学新局面

国际交流合作是大学发展到一定阶段必然产生的内在需求,学校要强化国际交流合作意识,拓宽交流合作视野、丰富交流合作渠道、提升学校国际影响力。西部政法院校在国际交流合作中要结合自己的区位优势和特色,将大学特点、学科建设、高端人才培养相结合,坚持有所为有所不为的原则,从对学校发展的支撑程度,提升大学的建设层次和工作水平,认真评估合作项目的价值。④

1. 推进涉外法治人才的培养。当前国际形势纷繁复杂,我国在扩大对外开放、参与全球治理、推进"一带一路"倡议的过程中,维护以国际法为基础的国际秩序,充分运用法治思维解决国际交流中的问题显得尤为迫切和重要,涉外法治人才的培养对于应对当前国际挑战具有重要意义。在涉外法治人才培养过程中,必须大力拓展与国(境)外高水平大学的合作交流,积极支持学生参加各类出国(境)交流学习项目,开拓国际视野,培养国际交流能力,才能提升人才培养质量以服务国家国际交流合作的需要。

2. 推进学术研究国际化。习近平总书记在考察清华大学时指出,要努力构建中国特色、中国风格、中国气派的学科体系、学术体系、话语体系。⑤ 而中国特色、中国风格、中国气派只有在国际交流合作中才能体现和彰显,才能就此讲好中国故事、传播中国声音。因此,政法院校要支持教师与国(境)外专家加强交流合作,举办高水平国际会议和学术交流活动,共建高层次科研合作平台,打造国际学术会议和论坛品牌。

(六)对标大学治理,保障高质量发展

"大学治理现代化是国家治理现代化的有机组成部分,是实现高等

---

④ 参见赵旻、陈海燕:《国际交流合作在大学的职能定位研究》,载《中国高等教育》2017年第17期。

⑤ 参见习近平系列重要讲话数据库,载人民网2021年4月19日,http://jhsjk.people.cn/article/32082039。

教育现代化、建设高等教育强国的重要目标。”⑥大学治理应以理顺和优化行政与学术、学校与学院的权责关系为重点，深化学校内部管理体制机制改革，激发校院两级办学活力，不断提升办学治校的科学化、法治化、民主化水平，保障大学高质量发展。

1. 完善内部治理结构和治理体系。严格落实党委领导下的校长负责制，健全党委统一领导、党政分工合作、协调运行的工作机制；构建科学的学术和行政组织架构，严格落实学校章程，充分发挥校学术委员会职责，统一行使对学术事务的决策、审议、评定和咨询等职权；健全教职工代表大会依法参与学校民主管理和监督职能，畅通师生代表参与学校重大事项的渠道；全面推进依法治校，不断提高学校法治工作水平，构建完善的依法决策保障制度体系。

2. 深化教育评价综合改革。全面准确贯彻落实《深化新时代教育评价改革总体方案》，坚持落实立德树人根本任务，系统推进教育评价改革。着重完善学科建设、人才培养、师资队伍建设、科学研究、国际交流合作、社会服务等各个领域的评价标准与方式方法，使学校履行立校使命的水平明显提高，立德树人落实机制更加完善，引导教师潜心育人的评价制度更加健全，促进学生全面发展的评价方法更加多元，全面建立尊重教育规律、富有时代特征、彰显学校特色的教育评价体系。

3. 推进治理模式改革。推进管理重心下移，明晰管理部门职责，完善运行和办事流程；规范学院决策、运行机制，进一步落实学院办学自主权，充分调动和发挥学院在办学治院、争取条件、配置资源方面的积极性；健全二级单位和教职工分类考核评价体系，完善与岗位职责、工作业绩、实际贡献紧密联系的激励机制；建立以重大发展目标、年度发展计划、重要专项事务为主要内容的督办机制和问责机制。

---

⑥　王胜章：《树立全周期管理意识　推动大学治理现代化》，载《学习时报》2019 年 9 月 3 日，第 6 版。

Promoting High-Quality Development of the Colleges and Universities of Political Science and Law in Western Region Based on the Opportunities and Challenges in the New Stage

Zheng Gaojian

Abstract: During the "14th Five-Year Plan" period, higher education has entered the stage of popularization development, and the development of higher education has expanded from scale to a new stage of connotation development. Promoting high-quality development has become an inevitable choice for the reform and development of colleges and universities. The colleges and universities of political science and law in western region should face up to the opportunities and challenges. The colleges and universities should take Xi Jinping Thought on the Rule of Law as the fundamental guiding ideology and action guide for the cultivation of the rule-of-law talent, and take the education policy of fostering virtue through education as the standard to strive to improve the ability and quality in talent cultivation; the colleges and universities should also take disciplinary contributions as the reference to establish the "top-class" disciplinary system and take the national strategies as the principle to optimize the capabilities to serve economic and social development; The colleges and universities should take culture confidence as the policy to deepen the connotative construction of the rule-of-law culture on campus; They should also consider the international influence to expand the new horizons for international cooperation and exchange and open education; They should also take university governance as the standard to guarantee the high-quality development. With those measures, colleges and universities of political science and law in western region can precisely position their service orientation and cultivate high-quality rule-of-law talent with both virtue and law specialties with insisting their own special characteristics in school running.

Key Words: university functions, new stage, high-quality development, disciplinary system, connotation construction

《法学教育研究》稿约

《法学教育研究》创办于2009年，是国内较早系统关注法学教育研究的专门性学术出版物，由西北政法大学高等教育研究所主办、法律出版社定期出版。2017年起本书每年出版4卷，现已入选南京大学CSSCI来源集刊。

宗旨：本书恪守科学性、实践性、创新性、开放性原则，集中出版法学教育教学研究成果，探索法学教育教学规律，促进法学教育事业的发展。

主要栏目有理论探讨、教学研究、比较研究、教材体系、管理经纬、学问人生、教育法制、法务反哺、法学资讯、书评等。

《法学教育研究》致力于搭建高水平的学术探讨平台，所有来稿均以学术价值为遴选标准。敬请作者来稿时提供：(1)中英文题目及作者姓名，标题尽量确切、简洁；(2)中英文摘要(不超过200字)；(3)中英文关键词(3～5个)；(4)作者简介(含姓名、工作单位、职称、学历学位、研究方向、通信地址、邮政编码、联系电话、电子邮箱)，如果来稿系作者承担的省级以上科研基金项目，请注明项目名称和编号；(5)正文；(6)注释。

注释：是对文内某一特定内容的进一步解释或补充说明。用①②③……数字标注序号，采用当页脚注整篇连续编号形式。著作类包括“序号,著者:《书名》,出版社出版年,起止页码”。论文类包括“序号,作者:《题目》,载《报刊名》出版日期或期号”。

声明:《法学教育研究》已许可中国学术期刊(光盘版)电子杂志社在中国知网及其系列数据库产品中以数字化方式复制、汇编、发行、信息网络传播全文。《法学教育研究》已许可北大法宝法学期刊数据库以电子形式对本书进行制作、以不脱离于数据库的形式进行传播和销售;《法学教育研究》被北京万方数据股份有限公司、万方数据电子出版社数据库收录,相关著作权使用费和稿费一并支付;《法学教育研究》已被维普网全文收录。如无特别说明,笔者提交文章发表的行为即视为同意上述声明。

本书的微信公众号为 fxjyyj-xfd,定期发布相关信息,敬请关注,官方网站为 http://ler. nwupl. cn/。本书的网络采编系统现已开通,网址为 http://fxjy. cbpt. cnki. net,请通过网络采编系统投稿。

联系方式:

E-mail: fxjyyj@ 126. com

电话:029 - 88182796

地址:西安市长安区西长安街 558 号

西北政法大学长安校区 80 号信箱

邮编:710122

图书在版编目(CIP)数据

法学教育研究. 2022. 第三十七卷 / 范九利主编
. -- 北京 : 法律出版社, 2022
ISBN 978 - 7 - 5197 - 7372 - 4

Ⅰ. ①法… Ⅱ. ①范… Ⅲ. ①法学教育 - 研究 - 中国
Ⅳ. ①D92 - 4

中国版本图书馆 CIP 数据核字(2022)第 231089 号

法学教育研究(2022 · 第 37 卷)
FAXUE JIAOYU YANJIU (2022 · DI 37 JUAN)

范九利 主编

责任编辑 孙东育 曲 杰
装帧设计 李 瞻

出版发行 法律出版社
编辑统筹 学术 · 对外出版分社
责任校对 王 丰
责任印制 陶 松
经　　销 新华书店

开本 710 毫米×1000 毫米 1/16
印张 24 **字数** 346 千
版本 2022 年 4 月第 1 版
印次 2022 年 4 月第 1 次印刷
印刷 永清县金鑫印刷有限公司

地址:北京市丰台区莲花池西里 7 号(100073)
网址:www. lawpress. com. cn
投稿邮箱:info@ lawpress. com. cn
举报盗版邮箱:jbwq@ lawpress. com. cn

销售电话:010 - 83938349
客服电话:010 - 83938350
咨询电话:010 - 63939796

书号:ISBN 978 - 7 - 5197 - 7372 - 4
定价:98. 00 元

凡购买本社图书,如有印装错误,我社负责退换。电话:010 - 83938349